Christian Rusch
**Geschichte: Wissen – Sollen – Hoffen**

# Kantstudien-Ergänzungshefte

---

Im Auftrag der Kant-Gesellschaft
herausgegeben von
Manfred Baum, Bernd Dörflinger,
Heiner F. Klemme und Konstantin Pollok

## Band 221

Christian Rusch

# Geschichte: Wissen – Sollen – Hoffen

―

Untersuchung zu Kants Geschichtsphilosophie

**DE GRUYTER**

ISBN 978-3-11-162929-2
e-ISBN (PDF) 978-3-11-115056-7
e-ISBN (EPUB) 978-3-11-115132-8
ISSN 0340-6059

**Library of Congress Control Number: 2022951750**

**Bibliografische Information der Deutschen Nationalbibliothek**
Die Deutsche Nationalbibliothek verzeichnet diese Publikation in der Deutschen Nationalbibliografie;
detaillierte bibliografische Daten sind im Internet über http://dnb.dnb.de abrufbar.

© 2024 Walter de Gruyter GmbH, Berlin/Boston
Dieser Band ist text- und seitenidentisch mit der 2023 erschienenen gebundenen Ausgabe.

www.degruyter.com

Für meine wunderbare Frau Lena, meine Kinder Mathilda und Oskar –
und in tiefer Dankbarkeit für meine Eltern Ulrike und Achim

# Vorwort

Die vorliegende Untersuchung wurde am 30.11.2021 in leicht veränderter Form von der Philosophischen Fakultät der Ruprecht-Karls-Universität Heidelberg als Dissertation gleichen Titels angenommen.

Danken möchte ich an erster Stelle meinem Doktorvater Professor Peter McLaughlin für die anhaltende und umsichtige Betreuung sowie allen Teilnehmerinnen und Teilnehmern des wissenschaftsphilosophischen Kolloquiums für ihre Unterstützung und konstruktive Kritik, durch die vorliegender Text wesentlich an Klarheit gewann. Dank gilt auch Herr Professor Peter König für die Übernahme des Zweitgutachtes und seine Anregungen für die Druckfassung der Arbeit.

Jenseits des wöchentlichen Kolloquiums halfen Hein van den Berg, Martin Brecher, Paul Guyer, Philipp-Alexander Hirsch, Phillip Sloan, Thomas Sturm, und John Zammito durch ihre Rückmeldungen auf meine Fragen, ihr offenes Interesse und großzügiges Teilen aus ihren aktuellen Forschungsarbeiten. Ihnen allen bin ich dankbar.

Abschließend möchte ich besonders meinen Freunden Ingo Sahm, Detlef Thiel und Christel Lange für den motivierenden Austausch und das Lesen der Arbeit in ihrer Entstehung danken.

Mein größter Dank gilt meiner Familie, die mich auf dem nicht immer leichten Weg ausdauernd begleitet hat

―――

Wie sagte doch unser Kronzeuge Diderot: „Die Jungend liebt Ereignisse und Fakten, das Alter Reflexionen." Wenn das wahr ist, muß ein Historiker immer zugleich alt und jung sein, fürwahr ein paradoxer Beruf.

Reinhart Koselleck anlässlich der Verleihung des Preises des Historischen Kollegs 1989

# Inhalt

**Einleitung** —— **1**

**1 Geschichte als Wissenschaft im 18. Jahrhundert** —— **9**
1.1   Forschungspraxis —— **12**
1.2   Akademien und Universitäten —— **18**
1.3   Kritik an der Aufklärungshistorie —— **25**

**2 Geschichte und Natur – Was ist der Mensch?** —— **27**
2.1   Der Mensch als Naturwesen: Kant zum Begriff der Menschenrasse —— **27**
§ 1   Die Schriften —— **28**
§ 2   Naturgeschichte und Naturbeschreibung —— **32**
§ 3   Gattung, Rasse, Vererbungsregeln —— **37**
§ 4   Keime und Anlagen —— **38**
§ 5   Stammesgeschichtliche Implikationen —— **48**
§ 6   Naturwesen Mensch —— **50**
2.2   Mensch und Naturgeschichte —— **51**
§ 1   Materie, Lebenskraft, Keime —— **54**
§ 2   Stufenordnung des Lebendigen —— **55**
§ 3   Tier, Mensch, Naturgeschichte, Religion —— **56**
2.3   Kants Anthropologie —— **58**
§ 1   Kants Anthropologie 1772 – 1796 —— **58**
§ 2   Von pragmatischer Hinsicht und weltbürgerlicher Absicht —— **61**

**3 Geschichte – Was soll ich tun?** —— **67**
3.1   Was soll ich tun? —— **67**
§ 1   Arten von Vernunft —— **68**
§ 2   Homo Noumenon: Prämisse einer Geschichte in weltbürgerlicher Absicht? —— **73**
§ 3   Homo Noumenon und das Subjekt der Geschichte —— **79**
§ 4   Der Mensch als Natur-, Letzter und End-zweck —— **80**
3.2   Was sollen wir tun? —— **86**
§ 1   Schriften zur politischen Philosophie —— **87**
§ 2   Die Idee einer ‚reinen Republik' —— **90**
§ 3   Rechtfertigung des Staats —— **91**
§ 4   Kontextualisierungsversuche —— **108**

**4 Geschichte – Was kann ich wissen? —— 119**
4.1   Die Republik als Idee —— **120**
4.2   Vernunftbedürfnis und regulative Prinzipien —— **122**
§ 1   Vernunftbedürfnis —— **122**
§ 2   Regulative Prinzipien —— **131**
§ 3   Regulative Prinzipien in der *KrV* —— **133**
§ 4   Regulative Prinzipien und die *KUK* —— **136**
4.3   Das Geschichtszeichen —— **142**

**5 Geschichte – Was darf ich hoffen? —— 151**
5.1   Kants Religionsphilosophie —— **151**
5.2   Religion und Geschichte —— **156**

**6 Geschichte – Sollen-Wissen-Hoffen —— 163**
6.1   Die Geschichte des Menschengeschlechts —— **163**
6.2   Vom mutmaßlichen Anfang zum ewigen Frieden —— **169**
§ 1   Von Adam und Eva zur Französischen Revolution —— **169**
§ 2   Französische Revolution und die Anlagen des Menschengeschlechts —— **172**
§ 3   Von der Französischen Revolution zum Ewigen Frieden —— **175**
§ 4   Ewiger Frieden —— **179**

**Schluss —— 184**

**Abkürzungen und Zitierweise —— 186**

**Literatur —— 187**

**Namensregister —— 201**

**Sachregister —— 202**

# Einleitung

Hat die Geschichte einen Sinn? Lässt sich ein Prinzip ableiten, anhand dessen sich die Entwicklung der Menschheit entfaltet? Welchen epistemischen Status hätte ein solches Prinzip? – solcherlei Fragen scheinen derzeitig nur noch von „historischem" Interesse zu sein. Allein die Rede von „der Entwicklung der Menschheit" scheint fragwürdig geworden zu sein.[1] Anfang des 21. Jahrhunderts stehen hingegen andere Themen im Fokus der akademischen Philosophie. Die Artikel zum Begriff ‚Geschichtsphilosophie' der *Enzyklopädie Philosophie* und der *Stanford Encyclopedia of Philosophy* schließen mit der Frage „Ende der Geschichtsphilosophie?" beziehungsweise einem Appell „Rethinking the philosophy of history."[2] Die wichtigsten unter den wenigen Zeitschriften zum Themenkreis sind *History and Theory* (Wesleyan University) und *Journal of the Philosophy of History* (herausgegeben von Frank R. Ankersmit, University of Groningen).

Im Gegensatz zur akademischen Welt scheint das Interesse einer breiteren Öffentlichkeit an geschichtsphilosophischen Fragestellungen allerdings ungebrochen, seien es großzügig finanzierte Bildungsprojekte wie das *Big History Project*, initiiert von Bill Gates und David Christian, Steven Pinckerts *Enlightenment Now: The Case for Reason, Science, Humanism, and Progress* (2018) oder die internationalen Bestseller des in Jerusalem lehrenden Historikers Yuval Harari *Sapiens: A brief History of Humankind* (2011). In der *Frankfurter Allgemeinen Zeitung* war am 08.03.2020 sogar ein Interview mit Kant persönlich zu Fragen der allgemeinen globalen Entwicklung zu lesen.[3]

---

[1] Eine klare Absage an eine traditionelle Geschichtsphilosophie à la Hegel und Marx erteilt Popper: „[D]enn ich möchte es klarmachen, dass es eine ‚Geschichte' in dem Sinn, in dem die meisten Menschen davon sprechen, einfach nicht gibt." (2003, 316). Ins Negative gewandt wird die Geschichtsphilosophie bei Horkheimer und Adorno: „Indem Geschichtsphilosophie die humanen Ideen als wirkende Mächte in die Geschichte selbst verlegte und dieses mit deren Triumph endigen ließ, wurden sie der Arglosigkeit beraubt, die zu ihrem Inhalt gehört [...]. In der Geschichtsphilosophie wiederholt sich, was im Christentum geschah: das Gute, das in Wahrheit dem Leiden ausgeliefert bleibt, wird als Kraft verkleidet, die den Gang der Geschichte bestimmt und am Ende triumphiert [...]. Weil Geschichte als Korrelat einheitlicher Theorie, als Konstruierbares nicht das Gute, sondern eben das Grauen ist, so ist denken in Wahrheit ein negatives Element." (1998, 236). Für die Ablösung der Geschichtsphilosophie von der philosophischen Anthropologie plädiert Odo Marquard: „Die Geschichtsphilosophen haben die Welt nur verschieden verändert; es kommt darauf an, sie zu verschonen." (1982, 13).

[2] Lamprecht (2002, 1090b) und Little (2012).

[3] Die Antworten auf die Fragen der Autorin Janne Kieselbach sind der Schrift *Idee zu einer allgemeinen Geschichte in weltbürgerlicher Absicht* entnommen. Kieselbach spricht dieser Schrift bis

Diese Diskrepanz zwischen akademischem Betrieb und öffentlichem Interesse bestand nicht immer. Während der zweiten Hälfte des 18. Jahrhunderts erlebte die Geschichtsphilosophie in Deutschland ihre Blütezeit. Knapp zwanzig Jahre, nachdem Isaak Iselin als Erster im deutschsprachigen Raum mit seinem Werk *Philosophische Mutmaßungen über die Geschichte der Menschheit* (1764) die Fragen und Methoden aufgegriffen hatte, die Voltaire später in einem Begriff bündeln sollte,[4] entwickelte Kant in Königsberg seinen epochemachenden Neuentwurf der Philosophie.

Der Autor der drei *Kritiken* schreibt aber nicht nur zur Erkenntnistheorie und Moralphilosophie, sondern auch zur Diskussion um die philosophische Betrachtung des Phänomens Geschichte, am prononciertesten in seinem 1784 erschienenen Aufsatz *Idee zu einer Geschichte in Weltbürgerlicher Absicht*, der wie alle geschichtsphilosophischen Schriften Kants mit Ausnahme der *Methodenlehre* der *Kritik der Urteilskraft* nicht selbstständig erschienen ist – ein Umstand, der die Verortung der Geschichtsphilosophie als der öffentlichen Diskussion geschuldetes Beiwerk gestärkt hat.[5] Kants Hauptwerke entfalten ein Projekt von geradezu exemplarischer Ahistorizität, weshalb Transzendentalphilosophie und Geschichtsphilosophie nur aus zeitgeschichtlichen Gründen im Schriftwerk des Königsberger Professors zusammenzufinden scheinen – obwohl die *Kritik der reinen Vernunft* mit einer Verortung der kritischen Philosophie in der Geschichte endet (*KrV*, B880–884).

Dass dieses „Beiwerk" aber keineswegs isoliert neben der kritischen Philosophie steht, sondern deren Begriffe und Grundthemen aufgreift und gegen eine *un*kritische Geschichtsphilosophie wie diejenige Herders antritt, soll die vorliegende Untersuchung veranschaulichen.

Dass die systematische Verortung dieses Teils von Kants Denken mit dem Hinweis auf einen „major dogmatic error"[6] als „ungeschichtlich"[7] oder einfach als „größtenteils gescheitert"[8] abgetan wird, greift zu kurz. Jedoch sind eine zusam-

---

heute „Gültigkeit" zu (https://www.spiegel.de/wissenschaft/mensch/donald-trump-und-brexit-was-wuerde-immanuel-kant-dazu-sagen-a-5ba455a4-8ebd-4ee6-8232-11531e9d6412).

4 Voltaire gebrauchte 1764 den Begriff ‚Geschichtsphilosophie' zuerst in seiner Rezension zu David Humes *Complete History of England* (Dierse/Scholtz 1974, 416).

5 Riedel diagnostiziert pointiert: „Unter Hegels Eindruck ist Kant als Geschichtsphilosoph von den Philosophen, unter Rankes Einfluß von den Historikern vergessen worden – ein Vergessen, dem Friedrich Meinecke, der Geschichtsschreiber des Historismus, durch seine Zuordnung des Kantischen Geschichtsbegriffs zu einer vormodernen, seit Herder überwundenen Denkweise nachträglich das gute Gewissen verschafft hat." (1974, 20).

6 Yovel (1980, 155).

7 Meinecke (1959, 288).

8 Mori (1990, 101).

menhängende Darstellung und eine daran anknüpfende Kontextualisierung von Kants Geschichtsphilosophie nach wie vor schwierig zu finden. Vor nun schon über fünfzig Jahren hat Manfred Riedel[9] bereits diagnostiziert:

> Es ist schon oft gesagt und ebenso oft wiederholt worden, daß auch der gute Kant-Kenner in einige Verlegenheit gerät, wenn ihm zur Aufgabe gemacht wird, die Stellung der Geschichtsphilosophie im Rahmen des kritischen Unternehmens und des von Kant geplanten philosophischen Gesamtprojekts zu bestimmen.[10]

Warum aber gerade hier vielseitige Bezüge in Kants Philosophie zu erwarten sind und unser Umgang mit Geschichte durch die Beschäftigung mit der Gedankenwelt des Königsberger Philosophen dazugewinnen kann, zeigt ein Blick auf die Forschungsliteratur. Das Interesse an Kants Geschichtsphilosophie in der Forschung präsentiert sich wechselhaft. Neben den regelmäßigen Beiträgen der entsprechenden Sektion des Internationalen Kant-Kongresses erscheinen umfangreiche Veröffentlichungen zum Thema mit unterschiedlichen Schwerpunkten in regelmäßigen Abständen von etwa zwanzig Jahren.[11]

Neben diesem verhaltenen, aber anhaltenden Interesse der Forschung nehmen insbesondere im Zusammenhang mit Jahrestagen, wie 1995 dem 200. Jahrestag des Erscheinens von *Zum ewigen Frieden*, themenbezogene Veröffentlichungen zu.[12]

Als neuere Kommentare zu Kants geschichtsphilosophischen Schriften liegen im anglophonen Raum *Kant's Idea for a Universal History with a Cosmopolitan Aim* (2009), herausgegeben von Amélie Oksenberg Rorty und James Schmidt sowie in Deutschland in der Reihe *Klassiker Auslegen* der Band 46 *Immanuel Kant – Schriften zur Geschichtsphilosophie* (2011), herausgegeben von Otfried Höffe vor. Auch auf dem Internationalen Kant-Kongress 2010 in Pisa mit dem Leitthema *Kant und die Philosophie in weltbürgerlicher Absicht* wurden zahlreiche Beiträge zu diesem Themenkreis vorgestellt.

Einzelstudien zu systematisch flankierenden Themen betreffend müssen Horn (2014) und Sturm (2009) erwähnt werden. Beide befassen sich im Rahmen ihrer jeweiligen Fragestellung umfassend mit Geschichtsphilosophie. Horn sieht in ihr eine Explikation für jene „nichtideale Normativität" von Kants Rechtsphilosophie,

---

9 Riedel selbst hat sich mehrfach in kürzeren Schriften (1970, 1973) zu Kants Geschichtsphilosophie geäußert, so auch prominente Kantforscher, wie zum Beispiel Allison (2009) und Ameriks (2009). Allen gemein ist der geringere Umfang der Arbeiten verbunden mit der Konzentration auf einen besonderen Schwerpunkt oder der Charakter des einführenden, allgemeinen Überblicks.
10 Riedel (1974, 3).
11 Weyand (1963), Yovel (1980) und Kleingeld (1995).
12 Höffe (1995), Bialas/Häßler (1996) und Merkel/Wittmann (1996).

die er in seinem Buch analysiert.[13] In *Kant und die Wissenschaft vom Menschen* will Sturm in erster Linie die wissenschaftstheoretische Stellung der Anthropologie rekonstruieren und analysieren.[14] Die Geschichtsphilosophie biete ihr eine „Inspirationsquelle",[15] und Kant betone, „dass die pragmatische Geschichtsforschung durch eine Anthropologie theoretisch unterstützt werden muss."[16] Ob die beiden Autoren ihre Ziele erreichen, kann offenbleiben – was sich an ihnen in jedem Fall zeigt, ist, dass Kants Geschichtsphilosophie ein systematisch ertragreiches Feld ist, das nicht unbeachtet bleiben sollte.

Unter den Untersuchungen, die sich in den vergangenen fünfzig Jahren ausführlich mit diesem Thema beschäftigt haben, sind Weyand (1963), Despland (1973), Glaston (1975), Yovel (1980) und Kleingeld (1995) hervorzuheben. Arbeiten älteren Datums wie Medicus (1902) oder Troeltsch (1904) scheinen demgegenüber eher von nur noch historischer Relevanz und werden, wenn überhaupt, beiläufig herangezogen.

Weyand erarbeitet Kants Geschichtsphilosophie in seiner Dissertation aus dem Jahr 1963 am Leitfaden der Einzelwerke[17] chronologisch und ergänzt diese Gesamtschau um kurze, jeweils zwei bis drei Seiten lange Überlegungen zu Einzelaspekten.[18] Ziel seiner Untersuchung ist eine Prüfung der weitverbreiteten These, Kant sei in seiner Geschichtsphilosophie wieder in vorkritische Gedankengänge zurückgefallen, und falls nötig deren Korrektur.[19] Für die Beschäftigung mit Kants Geschichtsphilosophie ist Weyands Buch eine nach wie vor wertvolle Quelle – und die zitierte Zielsetzung bildet auch vorliegenden Arbeit eine Grundannahme.[20] Jedoch wird durch die Strukturierung anhand der Fragen „Was kann ich wissen?",

---

13 Horn (2014, 9).
14 Sturm (2009, 26).
15 Sturm (2009, 50).
16 Ebenda.
17 Weyand teilt dabei in Schriften vor dem Erscheinen der *Idee* (insgesamt acht Einzelschriften im Umfang von neun Seiten, darunter *Von den verschiedenen Rassen der Menschen*), die *Idee* zur *KUK* (89 Seiten) und die folgenden Schriften inklusive des *Opus Postumum* (35 Seiten) ein.
18 Auf den Seiten 172–185 werden die Stichworte „Entwicklung und Fortschritt", „Vorsehung und Freiheit", „Individuum und Gattung" sowie „Geschichte und Religion" von Weyand behandelt.
19 Weyand (1963, 15).
20 Ebenso ist William Glastons *Kant and the Problem of History* von 1975 ein nützliches Werkzeug. Glaston kommentiert in seinem Buch die Schriften *Mutmaßlicher Anfang der Menschengeschichte* und *Idee zu einer Geschichte in weltbürgerlicher Absicht*. Er erhebt dabei nicht den Anspruch, Kants Geschichtsphilosophie in den systematischen Kontext einzuordnen, sondern analysiert vielmehr die genannten Einzelschriften und setzt diese in Zusammenhang mit Rousseaus und Aristoteles' politischem Denken.

„Was soll ich tun?", „Was darf ich hoffen?" und „Was ist der Mensch?" (8: 343 f.)[21] ein Schwerpunkt gesetzt, der Einzelaspekte, wie zum Beispiel das Verhältnis der Geschichtsphilosophie zur Rechtsphilosophie und die Bestimmung des Menschen als Gattungswesen, genauer analysiert.

Michel Desplands *Kant on History and Religion* (1973) hat, wie der Titel schon verrät, eine systematisch eindeutige Stoßrichtung: Er begreift Kants Geschichtsphilosophie als Teil seiner Religionsphilosophie.[22] Eine der international einflussreichsten Untersuchungen, Yovels *Kant and the Philosophy of history* aus dem Jahr 1980 (1989 in einer französischen Übersetzung), gelangt dagegen zu einer entgegengesetzten Diagnose. Yovel bezeichnet Kants Religionsphilosophie hier als „latent philosophy of history"[23] und kommt im Epilog zu dem Schluss, dass Kants Geschichtsphilosophie dem gesamten System einen „focal end-of-reason" verleihen würde, der alle Bereiche seines Denkens zu bündeln vermöge.[24] Diese systematische Aufladung ist kritisiert worden und wird sich auch in der vorliegenden Arbeit als überzogen herausstellen. Pauline Kleingeld forderte eine systematisch weniger implikationsreiche Interpretation und stellte heraus, dass, obgleich Yovels Untersuchung „beeindruckend" sei, sie auch eine „hegelisierende Interpretation und Bewertung" darstelle.[25] Sie selbst demonstrierte in *Vernunft und Fortschritt*, 1994 bei Hendrik Adriaanse und Jürgen Habermas als Dissertationsschrift vorgelegt, eine offenere Herangehensweise, an die – vor allem hinsichtlich der erkenntnistheoretischen Aspekte – angeknüpft werden soll. Abgesehen von diesen größeren Einzelstudien fällt beim Blick auf die Forschungsliteratur auf, dass die systematische Einordnung charakteristischer Elemente von Kants Geschichtsphilosophie, wie die Vorsehung der Natur, der Fokus auf dem Kollektivbegriff ‚Menschengeschlecht', die implizite Verschränkung von Moral und gesellschaftlich-historischen Rahmenbedingungen, oft gebrochen erscheint – ein Mosaik mit blinden, unverbundenen

---

[21] Die ersten drei der Fragen tauchen außer in der zitierten Stelle der Logikvorlesung auch in der *KrV* (B832) sowie im *SdF* bei der Darlegung der philosophischen Grundsätze der Schriftauslegung auf (7:38 ff.).
[22] „The ultimate aim of this study is a reinterpretation of Kant's views on religion and especially of Religion within the Limits of Reason Alone. The interpretation I am offering is a fresh one, I believe, because Kant's writings on religion are brought into the wider context of Kantian thought, not by reference exclusively to his writings on ethics, but rather by reference to his writings on history." (Despland 1973, 1).
[23] Yovel (1980, 7)
[24] „Methodologically, it provides the system with a focal end-of-reason (the highest good), by which all branches of philosophy are to be united architectonically [...]." (Yovel 1980, 271).
[25] Kleingeld (1995, 4).

Stellen. Eine Konsequenz daraus sind Relativierungen, Abwertung[26] oder auch eine systematische Aufladung der Texte.[27]

Neben der Kantforschung im engeren Sinne wurden außerdem vielfach einzelne Elemente der geschichtsphilosophischen Texte herausgegriffen, um sie innerhalb eigener Theorieansätze zu revitalisieren.[28] Diese Differenzen in der Rezeption von Kants Geschichtsphilosophie führen zum einen den Abstand seines Denkens vor Augen, liefern aber gleichsam Ansatzpunkte, die eine zu enge Deutung erweitern.

Bei der Frage nach der Bedeutung von Kants Geschichtsphilosophie heute kann zudem, abgesehen von der eigentlichen Forschungsliteratur zu Kant, auf eine Reihe von Einzelstudien aus dem Bereich der Geschichtstheorie des 20. Jahrhunderts, die Kant zur eigenen Theorieentwicklung heranziehen,[29] zurückgegriffen werden. Die Auseinandersetzung mit ihnen eröffnet eine weitere Perspektive auf das an Kants Geschichtsphilosophie weiterhin Lebendige.

Der Blick auf die Forschungslage lässt die geschichtsphilosophischen Schriften Kants wie ein Prisma[30] erscheinen, das einzelne Stücke von Kants Denken bricht und verstreut; gleichzeitig lässt sich mit Nagl-Docekal und Langenthaler aber auch konstatieren, dass, „wer Teilargumente herausbricht [...,] riskiert, sowohl die subtile Anthropologie als auch das weitreichende Differenzierungspotential der Philosophie Kants aus den Augen zu verlieren."[31] In der vorliegenden Arbeit wird daher die Geschichtsphilosophie Kants als ein Teil der kritischen Philosophie zu lesen sein, der wesentliche Verbindungen zur theoretischen sowie zur praktischen Philosophie aufweist. Kants Nachdenken über Geschichte umfasst nämlich alle vier systematischen Fragen „Was kann ich wissen?", „Was soll ich tun?", „Was darf ich hoffen?" und „Was ist der Mensch?" (9: 25).

Hierzu wird der Darstellung und werkimmanenten Analyse der geschichtsphilosophischen Leitbegriffe ein Blick auf den historischen Kontext und den Diskurs über Geschichte vorangestellt (*Kapitel 1*). Die historische Verortung soll dabei helfen, die inhaltlichen und methodischen Bezüge, die Kant zwischen dem, was wir heute unter dem Begriff ‚Kulturgeschichte' sammeln, und dem Gegenstandsbereich der Naturgeschichte des 18. Jahrhunderts zieht, besser verständlich zu machen.

Vor diesem Hintergrund tritt die Analyse des Übergangs von einer Naturphilosophie, aus der das teleologische Denken abgeleitet scheint, zur Geschichtsphi-

---

26 Mori (1990).
27 Baumgartener (1976).
28 Honneth (2004) und Kittsteiner (1980).
29 Foucault (2010) und Ricoeur (1996).
30 Brandt (2007, 181) spricht von einem „Schmelztiegel der Kantischen Geschichtsphilosophie".
31 Nagl-Docekal/Langenthaler (2004, 10).

losophie klarer zutage. Mittels der historischen Kontextualisierung kann zuletzt die ursprüngliche Problemdimension in Kants Umgang mit Geschichte im Gegensatz zu späteren Entwicklungen der Geschichtsphilosophie bei Vertretern des deutschen Idealismus, wie Schelling und Hegel, schärfer abgegrenzt werden. Beispielhaft für die sich abzeichnenden Differenzen wird Kants Kritik an Herders Geschichtsphilosophie vorgestellt (*Unterkapitel 2.2*). Innerhalb des historisch-institutionellen Kontexts soll dann anhand der Kontroverse um den Gegenstandsbereich der Naturgeschichte zwischen Kant und Georg Forster eine erste Grenzziehung des Bereichs der Geschichtsphilosophie vorgenommen werden, indem die Vielschichtigkeit des Begriffs „Mensch" in der Frage „Was ist der Mensch?" herausgearbeitet wird. Zugleich werden in *Kapitel 2* theoretische Voraussetzungen wie etwa die Historisierung der Natur und die Standortbestimmung gegenüber durch Forschungsreisen in den Fokus gerückten fremden Kulturen dargestellt.

Nach dem Ausloten der naturgeschichtlich-anthropologischen Dimension wird in *Kapitel 3* die politisch-praktische Stoßrichtung von Kants Texten thematisiert: der Übergang von seiner Geschichtsphilosophie zur Moral- und Rechtsphilosophie. In der *Methodenlehre* der *KUK* (§§ 83, 84) führt Kant die Begriffe ‚letzter Zweck' und ‚Endzweck' ein und spricht im Vorwort von der „großen Kluft" (5:176) im System. In diesem Zusammenhang muss bei der systematischen Verortung von Kants Geschichtsphilosophie Höffes Deutung geprüft werden, wonach das Konstruktionsprinzip von Kants Geschichtsphilosophie primär moralphilosophisch, weswegen diese am besten als Anhängsel der großen moralphilosophischen Schriften *Grundlegung der Metaphysik der Sitten* (1785), *Kritik der praktischen Vernunft* (1788) und der *Metaphysik der Sitten* (1797) zu verstehen sei.[32] Gleiches gilt für die scheinbar gegenläufige These, dass Kants Geschichtsphilosophie eine Konsequenz und Fortführung der Naturgeschichte sei. Es gilt, beide Thesen auf ihre systematische Tragfähigkeit zu prüfen und gegebenenfalls einen alternativen Ansatz zu entwickeln.

*Kapitel 4* befasst sich mit dem epistemischen Hintergrund von Kants Geschichtsphilosophie. Hierfür werden vor allem die Figur des Vernunftbedürfnisses und der regulativen Prinzipien sowie die verschiedenen Zweckbegriffe und der Bezug zu dem Begriff ‚Leitfaden' bedeutsam sein. Ausgangspunkt ist die wirkungsvollste Arbeit der letzten Dekaden in diesem Bereich: Pauline Kleingelds *Fortschritt und Vernunft* (1995).

*Kapitel 5* geht der dritten systematischen Frage nach und arbeitet die Gemeinsamkeiten und Unterschiede zwischen dem religiösen und dem geschichtsphilosophischen Hoffen heraus, da das zugrunde liegende Verlaufsmodell der Ge-

---

32 Ähnlich Nagl-Docekal (1996).

schichtsphilosophie eine Verbindung zu der Frage „Was darf ich hoffen?" eröffnet. Jedoch unterlässt es Kant, einen Bezug zum ‚ethischen gemeinen Wesen' und zum ‚höchste[n] Gut' (6: 99) herzustellen, wie in der Religionsphilosophie der Fall ist, woran ein Unterscheidungskriterium festgemacht werden kann.

Die Explikation der systematischen Bezüge von Kants geschichtsphilosophischen Schriften mit seiner theoretischen und praktischen Philosophie soll die Möglichkeit einer neuen Nuancierung der bisherigen Ergebnisse ermöglichen und den eindimensionalen Vorwurf eines dogmatischen Fehltritts Kants entkräften.[33] Ziel ist dabei nicht, die Geschichtsphilosophie als einen Abschluss des Systems zu inszenieren, vielmehr soll gezeigt werden, dass durch die Berücksichtigung des historischen Kontexts Kants Geschichtsphilosophie nicht einfach neben der kritischen Philosophie steht, sondern diese vor dem historischen Hintergrund reflektiert und dass sie zugleich einen innovativ Ansatz dargestellt.

Kants Geschichtsphilosophie fokussiert primär weder die Frage „Was darf ich hoffen?" noch die Frage „Was soll ich tun?", da sich Geschichte jenseits der Interessen des einzelnen Menschen vollzieht. Sie ist aber auch nicht bloß ein Teil der Anthropologie oder gar Kants Versuch, die Frage „Was ist der Mensch?" zu beantworten. Geschichtsphilosophie geht ebenso nicht in der Frage „Was kann ich wissen?" auf, da es Kant nur sekundär um die empirische Geschichtsschreibung geht und da die ‚reine Republik' begrifflich auf die darzustellende rechtsphilosophische Rechtfertigung verweist. Zentrale Elemente von Kants Geschichtsphilosophie wie der ‚Leitfaden' des Fortschritts zur ‚reinen Republik' gewinnen erst vor dem Hintergrund aller vier Fragen angemessene systematische Tiefenschärfe, da mittels verfassungsmäßig festgelegter Merkmale einer Regierung empirisch und zugleich normativ relevante Differenzen zwischen einer bestehenden Verfassung und einer früheren identifiziert werden können. Diese Unterschiede ermöglichen wiederum, Ereignisse in eine systematische Ordnung zu bringen. Begründungstheoretisch bleiben Gesetzestexte und politischer Wandel dabei aber sekundär, da „die Quellen jener Urteile in der bloßen Vernunft" zu suchen sind (6: 229 f.). In dieser Leseperspektive lässt sich aus der Geschichtsphilosophie keine Brücke für eine Vereinigung des Systems konstruieren, jedoch wird Geschichtsphilosophie als Sprengstoff, der aus dem System eliminiert werden müsste, entschärft. Das Ergebnis ist eine kontextbewusste, systematisch-zeitgeschichtliche Darstellung von Kants Geschichtsphilosophie.

---

[33] Mori (1990).

# 1 Geschichte als Wissenschaft im 18. Jahrhundert

Kant verfasste seine geschichtsphilosophischen Schriften zwischen 1756 und 1789. Während dieser Zeit hob in Frankreich eine Revolution an, die mit dem Untergang der Monarchie und dem Ausruf der Republik enden und das europäische Staatengefüge nachhaltig verändern sollte. Thomas Cook segelte mit Georg Forster von England nach Neuseeland, und Letzterer verfasste einen bis heute aufgelegten Bericht über diese Reise.[34] In Preußen zog mit Friedrich II. der militaristisch aufgeklärte Rationalismus in Berlin ein, und das ehemalige Herzogtum am Rande des Heiligen Römischen Reichs stieg neben Frankreich, Österreich, England und dem Zarenreich Russland zu einer der fünf europäischen Großmächte auf, was erst der Ausgang des Ersten Weltkriegs revidierte. Kants Heimatstadt Königsberg war mit 55 000 Einwohnern, einem Drittel der Bevölkerung des damaligen Berlins und fast doppelt so vielen Einwohnern wie München, die Hauptstadt Ostpreußens. 1758 wurde es vom Zarenreich besetzt und 1763 wieder friedlich geräumt.

Dieses Kapitel soll veranschaulichen, was Kant während dieser Zeit vor Augen hatte, wenn er von einer „empirisch abgefaßten Historie" (8: 30) spricht, und welche Faktoren hierfür bestimmend waren. So können die Konturen von Kants Denken über Geschichte deutlicher hervortreten als zum Beispiel vor dem Hintergrund der Geschichtsphilosophie des 19. Jahrhunderts. Dabei geht es nicht um den Beleg eines direkten Einflusses einzelner Schriften auf Kants Texte, sondern vielmehr darum, durch einen bisher weniger beachteten Kontext einen unverstellten Bezug zum Text zu ermöglichen. Anhand der hier verfolgten Fragestellung *„Was hatte ein Gelehrter im späten 18. Jahrhundert vor Augen, wenn er von ‚Geschichte' sprach?"* soll neben inhaltlichen Bezügen Kants zudem die Auswahl der Textgrundlage der vorliegenden Arbeit transparenter werden.

Die folgende Darstellung der jungen Fachwissenschaft Geschichte orientiert sich in wissenschaftstheoretischer Hinsicht an der gegenwärtigen Forschungspraxis.[35] Dabei dienen die von Jäger und Rüsen aufgestellten Kriterien der Überprüfbarkeit von Aussagen, des systematischen Erkenntnisfortschritts, des bewusst abgegrenzten Gegenstandsbereichs, der Institutionalisierung und damit zusam-

---

34 1777 wurde Georg Forsters *A Voyage round the World* erstmals veröffentlicht und zuletzt 2007 als *Reise um die Welt* bei Eichborn publiziert.
35 Hierzu Küttler: „Die Perspektive der Entstehung erhellt die Abhängigkeit der historiographiegeschichtlichen Strategie vom jeweils zugrundeliegenden Konzept" (1994, 62), sowie Blanke: „Die Bedingungen der Möglichkeit einer Rekonstruktion der Geschichte der Geschichtswissenschaften ist also abhängig von dem jeweiligen wissenschaftstheoretischen Credo." (1994, 381).

menhängend der Kanonisierung entsprechender Forschungsmethoden als Orientierungspunkte.[36]

Hierdurch werden unvermeidlich Aspekte in den Vordergrund treten, die für Zeitgenossen Kants und ihn selbst vielleicht weniger von Bedeutung waren, und andere, ehemals bedeutsame Elemente wiederum weniger Berücksichtigung erfahren. Diesen Anachronismus gilt es im Auge zu behalten.[37] Er bedeutet aber kein prinzipielles Hindernis im Bestreben, einen neuen Zugang zu Kants geschichtsphilosophischen Werken herzustellen, sondern eröffnet vielmehr eine zeitgemäße Orientierungsmöglichkeit. Unter diesen Voraussetzungen sollen die Formierung des Forschungsbetriebs der Geschichtswissenschaft im 18. Jahrhundert unter Berücksichtigung der geschichtswissenschaftlichen Forschungsmethodik (*Unterkapitel* 1.1), dessen Institutionalisierung an Akademien und Universitäten in Deutschland (*Unterkapitel* 1.2) sowie dessen Zielsetzung untersucht werden (*Unterkapitel* 1.3).

Die „Eroberung der geschichtlichen Welt" – so notiert Ernst Cassirer[38] 1932 – sei die begriffliche Leistung der klassischen deutschen Philosophie des 19. Jahrhunderts und insbesondere der europäischen Aufklärungsphilosophie gewesen. Mit dieser Einschätzung wendet sich Cassirer gegen eine seit dem 19. Jahrhundert verbreitete Tradition, die in der Aufklärungshistorie[39] mehr eine Verwandtschaft zur Literatur als zur Wissenschaft sah.[40] Srbik bringt die dahinterstehende abwertende Haltung 1950, gewissermaßen im Nachhall des historischen 19. Jahrhunderts, auf den Punkt:

> Viele haften an der Oberfläche mit seichten Vernünfteleien, ohne sich in die Vergangenheit wirklich einfühlen und einleben zu können; sie blieben an dem abstrakten Menschenbild der vorhistorischen Zeit kleben und urteilten von dem konstruierten Ideal eines antireligiösen, vernunftvergottenden, auf seinen Fortschritt und die Höhe seiner Erkenntnis stolzen Zeitalters aus über das Gewesene, im Besonderen über die ‚Unwissenheit' und ‚Rohheit' des Mittelalters und den ‚Aberglauben' und ‚Fanatismus' der positiven Religion.[41]

---

36 Jäger/Rüsen (1992, 41).
37 Fulda (1996, 10–18) kritisiert diese Tendenz der Forschung zur Historiografiegeschichte ausführlich.
38 Cassirer (1932, 263).
39 Im Folgenden adressiert ‚Aufklärungshistorie' vor allem deutschsprachige Geschichtsschreiber, Historiker, Philosophen und Fachgelehrte, die ab 1750 publizierten und sich explizit von einer polyhistorischen und literarisch-rhetorischen Geschichtsschreibung absetzten (Blanke/Fleischer 1991, 33–44).
40 So wurde zum Beispiel Voltaires *Siècle des Louis XIV.* oft den Fabeln und Romanen zugeordnet (Blanke/Fleischer 1991, 44ff.).
41 Srbik (1950, 108); siehe auch Below (1973, 6ff.). Blanke (1994, 65) weist auf die mangelnde Quellenbasis dieses Befundes hin.

Die These Kant und seine Zeitgenossen seien bestenfalls borniert Vordenker gewesen, scheint unter Berücksichtigung der historiografischen Forschung der letzten Jahrzehnte kaum haltbar, zumal Kant selbst anmerkt: „Fast jedes Jahrhundert hat einen Stil, oder eine eigne Form" (24: 171). Die Geschichtswissenschaft der Aufklärung ist zu einem eigenen Forschungsschwerpunkt geworden, wodurch eine umfassende Darstellung des Forschungsstands an dieser Stelle zu weit führen würde,[42] weshalb hier nur ein knapper Einblick in die für das Ansuchen der vorliegenden Arbeit bedeutendsten Entwicklungen gegeben sei.

Rüsen diagnostiziert 1981, dass seit den 1960er Jahren das „Klischee, in dem Aufklärung gleichbedeutend war mit der Unfähigkeit zur historischen Bildung, einer tiefgreifenden Kritik unterzogen und der Versuch gemacht worden sei, der Aufklärung eine völlig neue und diesmal positive Rolle in der historischen Bildung zuzusprechen."[43] Davor waren, angefangen mit Cassirer, lediglich vereinzelt Stimmen in diese interpretatorische Richtung gegangen, unter ihnen Lamprecht (1896), Breysig (1901) oder Fueter (1911).

In den 1960er Jahren sind es dann vor allem die Arbeiten von Kraus (1963, 1973), die eine Re-Fokussierung und ein Umdenken anstoßen. Knapp zehn Jahre später beginnen Koselleck, Lutz und Rüsen mit der Herausgabe des sechsbändigen Werks *Theorie und Geschichte* (1977–1990), das vor allem im vierten Band *Formen der Geschichtsschreibung* historiografiegeschichtlich neue Impulse setzt. Im Anschluss hieran treten Forscher wie Bödeker (1986), Iggers (1997) und Reill (1994) mit Einzelarbeiten zur Aufklärungshistorie hervor.

In der Folgezeit stammen die wichtigsten Arbeiten zur Historiografiegeschichte von Blanke (1994[a], 1994[b]), Blanke und Rüsen (1984) sowie Blanke und Fleischer (1991), jüngere Arbeiten zu diesem Thema von Gierl (2012), Borgtedt (2004) und Borowsky (2005). Allen gemein ist, trotz unterschiedlicher Schwerpunktsetzungen, der Versuch, einen Bezug zwischen der zeitgenössischen Geschichtsschreibung und derjenigen des 18. Jahrhunderts herzustellen und dabei Letztere in ihrer Komplexität und Eigenheit zu erfassen. Unterschiedliche Pole bilden einerseits Bödeker (1986), Vierhaus (1986), Iggers (1997) und Reill (1994), die eine Trennung zwischen Historismus und Aufklärungshistorie prinzipiell hinterfragen[44] und den Begriff der

---

[42] Borgtedt (2004, 80–89) und Blanke (1994) liefern einen konzisen Überblick über die Forschungsgeschichte.
[43] Rüsen (1981, 190).
[44] „Wenn auch ein gewisser Wandel im Lebensgefühl und im Umgang mit der Geschichte vom 18. zum 19. Jahrhundert nicht zu bestreiten ist, erscheinen uns die Kontinuitäten im Bereich der Methode als stärker, insbesondere, wenn auch der Historismus in der Philologie, in der Rechtswissenschaft und in der Theologie in den Blick genommen wird." (Bödeker/Iggers/Knudsen/Reill 1986, 10).

,Akzentverschiebung' bevorzugen, und andererseits Muhlack (1986) und Blanke (1994, 1991), die in der Aufklärungshistorie eine eigene Epoche zwischen Humanismus und Historismus identifizieren.[45]

Zusammenfassend kann festgehalten werden, dass in der Forschungsliteratur zumindest in einer Hinsicht Einigkeit besteht: Die Geschichtsschreibung des 18. Jahrhunderts war vielfältiger, als für gewöhnlich angenommen wird. Ein Blick in den methodischen Handwerkskoffer der Historiker des 18. Jahrhunderts bestätigt dies.

## 1.1 Forschungspraxis

Am Beginn des Studiums der Geschichtswissenschaft stehen schon seit langem die Einführung in spezifische Fachmethoden, seien es Numismatik, Epigrafik, Sphragistik oder Heraldik, und die Einübung des philologisch-kritischen Umgangs mit Dokumenten.[46] Ein Rückblick auf die methodischen Werkzeuge des 18. Jahrhunderts zeigt eine vielleicht unvermutete Vielfalt und ein entwickeltes methodisches Bewusstsein dieser Zeit – Kant selbst bemerkte in der *Einleitung* zur *Logik*: „Zum historischen Wissen gehört die Wissenschaft von den Werkzeugen der Gelehrsamkeit – die Philologie, die eine kritische Kenntniß der Bücher und Sprachen (Literatur und Linguistik) in sich faßt." (9: 45)

Johann Christoph Gatterer prägte 1761 in seinem *Handbuch zur Universalgeschichte* den Ausdruck „historische Hülfswissenschaften." Als Elemente der Philologie,[47] der Kirchen-, der Rechts-[48] und der Hofgeschichte waren diese Methoden teilweise jedoch schon lange vor dem 18. Jahrhundert bekannt.[49] So ging es zum Beispiel den humanistischen Antiquaren im 17. Jahrhundert darum, möglichst ursprüngliche, echt antike und auch mittelalterliche Texte zu finden und zu beschaffen. Die Beurteilung der verwandten Quellen gründete dabei auf das Wissen (*eruditio*), die Erfahrung (*experientia*) und die Rechtschaffenheit (*integritas*) des

---

[45] Blanke und Fleischer sprechen von einem „Bindeglied zwischen humanistisch-rhetorischem Geschichtsdenken einerseits und dem Historismus andererseits." (1991ª, 42).
[46] Verwandte Begriffe: ,elementa et adiumenta historica', ,auxilia historica', ,subsidia historica' (Koselleck 1975, 632).
[47] Die kritische philologische Methode auf historischer Grundlage, die so oft der Geschichtsschreibung des 19. Jahrhunderts als charakteristisches Element zugeschrieben worden ist, war bereits um die Mitte des 18. Jahrhunderts ausgebildet und verbreitete sich in Jurisprudenz und Theologie (Bödeker 1986, 12). Das Verhältnis Historie–Philologie betreffend siehe Muhlack (1986).
[48] Koselleck (1975, 632).
[49] Etwa Jean Bodins *Methodus ad facilem historiarum cognitinnem* aus dem Jahr 1566 und die Sammlung *Artis Historicae Penus* aus den 1570er Jahren.

Geschichtsschreibers.⁵⁰ Die Tätigkeit eines Gelehrten grenzte sich schon damals bewusst von der rhetorisch-erzählenden Historie, der Historiografie, ab – seine Leitbegriffe waren „Belegbarkeit" und „Wahrheit" im Gegensatz zur „schönen Form".

Herausragende Beispiele dieser neuen Art der Geschichtsschreibung waren Jean Mabillon (1632–1797), Jean Bolland (1596–1665) und Daniel Papenbroch (1628–1714). Papenbroch, ein Korrespondent von Leibniz, war neben Bolland selbst einer der bedeutendsten Vertreter der sogenannten Bollandisten, die im 17. Jahrhundert die Heiligen-Viten mittels eines historisch-kritischen Kommentars (*Acta Sanctorum*) gegenüber Anfeindungen aus dem Protestantischen wie auch dem nicht säkularen Gelehrtenkreis zu verteidigen suchten. Zudem gab es religiöse Orden wie die Benediktiner und die Jesuiten, die sich systematisch mit dem quellenkritischen Studium befassten und damit die Grundlage für viele heute noch bedeutende Archive legten.⁵¹ Das bekannteste Beispiel für die Anwendung historischer Quellenkunde im Mittelalter ist die sogenannte Konstantinische Schenkung, eine gefälschte Urkunde aus dem 8. Jahrhundert n. Chr., die vorgibt, aus der Zeit um 315 zu stammen. Hierin überlässt Kaiser Konstantin I. Papst Silvester I. die geistliche und politische Herrschaft über Rom, Italien und das westliche Reich. Lorenzo Valla zeigte 1435 mittels philologischer Methoden, dass das Latein der Urkunde nicht aus dem 4. Jahrhundert stammen konnte, sondern erst viel später entstanden war.⁵²

Die Historiker des 18. Jahrhunderts konnten also auf ein schon elaboriertes Methodenreservoir zurückgreifen. Neben diesen klassischen Bestandteilen und Arbeitsmitteln gab es im 18. Jahrhundert aber auch neue methodische Ansätze, die im 19. Jahrhundert in Vergessenheit gerieten und erst wieder im 20. Jahrhundert⁵³ aufgegriffen wurden, wie die Verbindung zwischen Geschichte und Statistik.⁵⁴ Quantitativ erfassbare Daten über den Zustand und die Entwicklung von Staat und Gesellschaft, Wirtschaft und Kultur traten in Preußen, Bayern (ab 1777 Kurpfalz-Bayern) und im Kurfürstentum Chur-Braunschweig-Lüneburg (Hannover) zunehmend neben die traditionelle Geschichtserzählung.⁵⁵ Mit der Erfassung quantifi-

---

50 Gross (1998, 81).
51 Gross (1998, 81–83).
52 Hierzu Fuhrmann (1966).
53 Siehe zum Beispiel die Parallelen zwischen modernen sozialhistorischen Ansätzen und August Ludwig Schlözers Aufsatz *Über die Erste Bekanntwerdung des Tabaks in Europa* (1770) und Friedrich Nicolais *Geschichte der falschen Haare und Perücken* (1801). Ebenso kann Adam Smiths *Wealth of Nations* (1776) in diesen Kontext gestellt werden.
54 John Graunts erhob und bearbeitete in der zweiten Hälfte des 17. Jahrhunderts in London erstmals demografische Daten in größerem Stil. Ihren „Durchbruch" in den Gesellschaftswissenschaften hatte die Statistik aber erst im 19. Jahrhundert (hierzu Hacking 2006 und Valera 1986).
55 Dazu Reichmann (1968) und Bödeker (1986, 12–14).

zierbarer Aspekte der Lebensumstände einfacher Einwohner vollzog sich gleichzeitig ein unbeabsichtigter Schritt der Emanzipation der Landes- von der Regentengeschichte. Im Fokus standen Eheschließungs-, Geburts-, Sterbe- und Steuerregister der Untertanen. August Ludwig von Schlözer (1735–1809) formulierte 1804 pointiert, Statistik sei „stillstehende Geschichte" und Geschichte „fortlaufende Statistik".[56] Auch Kant verweist an prominenter Stelle seiner *Idee* auf den Erklärungswert von Sterbe- und Geburtenraten (8: 17). Der nicht namentlich erwähnte Gewährsmann für seine Bemerkung ist Johann Peter Süßmilch, der Verfasser der einflussreichen Schrift *Die göttliche Ordnung in den Veränderungen des menschlichen Geschlechts aus der Geburt, dem Tode und der Fortpflanzung desselben* (1761–1762). Explizit verweist Kant in *Der einzig mögliche Beweisgrund* 1763 im Rahmen der Kritik am physikotheologischen Gottesbeweis auf Süßmilch. Er kritisiert hierin dessen Interpretation der höheren Geburtenrate von Mädchen,[57] verfehlt hier allerdings den Punkt Süßmilchs, welcher gegen eine soziobiologische Rechtfertigung von Kriegen argumentiert.[58] Die an die statistischen Methoden anknüpfende politische Ökonomie bildete ein weiteres Erklärungsmodell, welches die Entwicklung von Geschichtsschreibung und Geschichtsphilosophie prägte.[59] Abschließend bleibt zu sagen, dass maßgebliche geschichtswissenschaftliche Methoden am Ende des 18. Jahrhunderts bekannt waren und dass sie auf das eingangs erwähnte Kriterium der Überprüfbarkeit abzielten.[60]

---

56 Zitiert nach Brecher (1980, 11).
57 „Es kann bei dieser Art zu denken sich öfters zutragen, daß die Zwecke der Gesetze, die man sich einbildet, unrichtig sind, und dann hat man außer diesem Irrthume noch den Schaden, daß man die wirkende Ursachen vorbeigegangen ist und sich unmittelbar an eine Absicht, die nur erdichtet ist, gehalten hat. Süßmilch hatte ehedem vermeint, den Grund, warum mehr Knäbchen als Mägdchen geboren werden, in dieser Absicht der Vorsehung zu finden, damit durch die größere Zahl derer vom Mannsgeschlechte der Verlust ergänzt werde, den dieses Geschlecht durch Krieg und gefährlichere Arten des Gewerbes vor dem andern erleidet. Allein durch spätere Beobachtungen wurde eben dieser sorgfältige und vernünftige Mann belehrt: daß dieser Überschuß der Knäbchen in den Jahren der Kindheit durch den Tod so weggenommen werde, daß noch eine geringere Zahl männlichen als die des weiblichen Geschlechts in die Jahre gelangen, wo die vorher erwähnte Ursachen allererst Gründe des Verlusts enthalten können." (2: 122).
58 „Weil aber viele der Meinung sind, als wären obbemeldte Hindernisse, sonderlich Krieg und Pest, notwendige Übel, deren sich die Vorsehung bedienen müsse, um da durch das Gleich-Gewicht unter denen Menschen zu erhalten, als die sich sonst einander möchten zur Last werden [...] so hat mich solche Meynung veranlasset, ihre Gründe zu prüfen. Daher denn im Folgenden die Frage wird erörtert werden, ob Krieg und Pest nothwendig zum öftern kommen müssen, welches ich verneine." (Süßmilch 1761, 25).
59 Rohbeck (1973, 73 f.).
60 Muhlack (1991, 347) und Hammerstein (1972, 369).

Ebenfalls in dieser Zeit realisierte sich die bewusste Abgrenzung des Gegenstandsbereichs – ein weiteres zentrales Merkmal der Wissenschaftlichkeit des Fachs. Die Verbindung des bekannten technisch-methodischen Wissens der Archivare, Theologen und Philologen mit einer neuen Art der Darstellung und des Gegenstandsverständnisses vollzog sich gegen Ende des 18. Jahrhunderts. Ein Projekt der Zeit, das den Prozess der Loslösung der Geschichtsschreibung von der Regentengeschichte begünstigte, bildete die Universalgeschichte. Der programmatische Titel von Schillers Antrittsvorlesung in Jena am 26. Mai 1789 „Was heißt und zu welchem Ende studiert man Universalgeschichte?" gibt Zeugnis davon ab. Geschichte sollte nicht mehr im Dienst der Kirche oder des Herrschergeschlechts stehen, vielmehr im besten Fall allumfassend sein. In erster Linie ist das veränderte Gegenstandbewusstsein am Ende des 18. und zu Beginn des 19. Jahrhunderts allerdings an der Etablierung des Kollektivsingulars *die* Geschichte zu erkennen. Diese konzeptuelle Novum ist eine begriffliche Untermauerung des Wandels *der* Geschichte an den Universitäten von einer Hilfs- zu einer autonomen Wissenschaft.[61]

Der Wandel von den vielen Geschichten (Historien) zu *der* Geschichte begann im deutschsprachigen Raum während des letzten Drittels des 18. Jahrhunderts.[62] Dabei ging ein Teil des Bedeutungsgehalts von ‚Historie' auf den neuen Begriff ‚Geschichte' über, jedoch wurden der fiktionale Gehalt, die primär didaktisch-illustrative Intention, die Partikularität der einzelnen Historien und die mangelnde Gesetzmäßigkeit zunehmend als überholt wahrgenommen und eliminiert.[63] Auch Kant formuliert im Zusammenhang mit seiner Kritik an Forster in *Über den Gebrauch teleologischer Prinzipien in der Philosophie* (8: 162 f.) seine Vorbehalte gegenüber dem alten Begriff ‚Historia':

> Das Wort Geschichte in der Bedeutung, da es einerlei mit dem griechischen Historia (Erzählung, Beschreibung) ausdrückt, ist schon zu sehr und zu lange im Gebrauche, als daß man sich leicht gefallen lassen sollte, ihm eine andere Bedeutung, welche die Naturforschung des Ursprungs bezeichnen kann, zuzugestehen will; zumal da es auch nicht ohne Schwierigkeit ist, ihm in der letzteren einen andern anpassenden technischen Ausdruck auszufinden.

---

61 Koselleck (975, 678). Jakob Burckhardt verwirft später diesen Begriff und spricht stattdessen „vom Studium des Geschichtlichen" (1905, 354).
62 Charakteristisch für die frühere Auffassung ist Hausen: „Die Geschichte an und für sich selbst ist eine Reihe von Begebenheiten, sie hat keine allgemeinen Grundsätze und ist demnach als keine Wissenschaft zu betrachten." (1766, 131).
63 Koselleck (1975, 653).

Kant bezieht sich hier auf den Streit zwischen dem Zugang der Naturbeschreibung und der Naturgeschichte – in der vorliegenden Untersuchung Thema des zweiten Kapitels.

Als Zeichen des zugrunde liegenden konzeptuellen Umbruchs darf ebenfalls das Stutzen Friedrichs des Großen im 700 Kilometer entfernten Berlin gelesen werden, als Johann Biester ihm mitteilte, er beschäftige sich mit ‚der' Geschichte. Der Begriff ‚Geschichte' im Kollektivsingular war dem König noch nicht geläufig.[64] Aber ab Mitte des 18. Jahrhunderts verschafften sich Stimmen aus dem Lager der frühen Historiker wie Johann Stephan Pütterer und Johann Christoph Gatterer Gehör. Pütterer bezweckte, „Geschichte auf eine zu akademischen Vorlesungen schickliche Art in einen gewissen Zusammenhang […] in ein System"[65] zu bringen, und Gatterer stellte fest, dass es nur eine Historie geben könne, weil die Begebenheiten auf der Welt sonst „insularisch" blieben.[66] Beide forderten eine neue Herangehensweise: Ein Sachverhalt, seine Darstellung und seine Erforschung[67] sollten unter dem Begriff ‚Geschichte' auf einen Begriff gebracht werden und „in allen diesen Bedeutungen soll nunmehr, wenigstens in der anständigen Schreibart, dafür das deutsche ‚Geschichte'"[68] verwendet werden.

Manifest wird der veränderte Sprachgebrauch auch in *Zedlers Universallexikon*. ‚Historie' tritt dort in vielen Formen und an verschiedenen Stellen auf. *Zedler* listet „Universal-Historie", „Wissenschafts-Historie", „Kirchen-Historie", „Rechts-Historie" des alten, mittleren und neueren Römischen Reichs, „Römische-Historie", „Sächsische Historie", „Staats-Historie", „Gelehrten Historie", „Historie der Naturgeschichte" und viele weitere auf. ‚Geschichte' hat im *Zedler* allerdings keinen eigenen Eintrag. Der Artikel „Historie" stellt diese in Anlehnung an antike Vorstellungen deutlich in die Nähe der Erzählung mit praktischem Wert:

> was wir selber nicht erfahren können, in diesem müssen wir der Erfahrung anderer folgen […]. Die Historie ist also nichts anderes als Erfahrung, welche wir von anderen bekommen und wegen ihres Zeugnisses davon halten, daß sie wirklich geschehen sind: Doch sind nur einige Dinge, welche wegen ihres zukünftigen Nutzens berichtet werden [, und] man kann den Grund der Veränderungen, die wir noch jetzt täglich vor uns sehen, nicht entdecken, wenn wir nicht in die vergangene Zeit zurückgehen und daraus die wahren Ursachen begreifen.[69]

---

64 Koselleck (1975, 657).
65 Pütterer, *Grundriß der Staatsveränderungen des Teutschen Reichs* (¹1752; 1769).
66 Gatterer, *Vom historischen Plan und der darauf sich gründenden Zusammenführung der Erzählungen* (1767, 85).
67 Koselleck (1975, 657).
68 Adelung, *Grammatisch-kritisches Wörterbuch* (1775, Bd. 1, 1210).
69 *Zedler* (1735, Bd. 13, 283).

Neben der spürbaren pragmatischen Stoßrichtung betont *Zedler* also auch den Kausalzusammenhang und die epistemische Güte der ‚Historie', die später im Begriff ‚Geschichte' aufgeht.

Die Entwicklung des Kollektivsingulars ‚Geschichte' wurde begleitet von der Forderung, die mittels der neuen Methoden erhobenen Daten in einen umfassenden systematischen Zusammenhang zu stellen.[70] Dieser Wandel von der Praxis des Sammelns und Überliefern einzelner Berichte, Erzählungen und Nachrichten zu einer systematisch geordneten Gesamtschau[71] vollzog sich angesichts einer Anfang des 18. Jahrhunderts verbreiteten skeptischen Haltung gegenüber der wissenschaftlichen Erfassung kultureller Ereignisse. Mit dem Erfolg von Newtons Gravitationstheorie wurde die Forderung nach formallogischen Kriterien an Verfahren und Gesetzmäßigkeit auch über die Naturwissenschaft hinaus lauter. Die normative Ausweitung dieses Anspruchs an die methodischen Verfahrensweisen setzte Wissenschaftsbereiche wie die Geschichte, unter Rechtfertigungsdruck.[72] Andererseits schienen Ereignisse aus der belebten und kulturellen Welt zu komplex, um sie befriedigend zu mathematisieren.[73] Denker wie Christian August Crusius (1715– 1775), Johann Martin Chladenius (1710–1759) und Lord Bolingbroke[74] (1678–1751) verliehen dieser spezifischen Form des methodischen Skeptizismus, dem sogenannten *Pyrrhonismus historicus*, Ausdruck. Crusius notierte 1747: „Die Verknüpfungen der Dinge in der Welt sind zu mannigfaltig, als wir die Begebenheiten aus den Ursachen, oder diese aus jenen durch den Weg der Demonstration entdecken könnten."[75]

Mit der zunehmenden Emanzipierung der Geschichtswissenschaft an den deutschen Akademien und Universitäten ab den 1750er Jahren gewannen erkenntnistheoretische Fragen jedoch eine andere Stoßrichtung, und alternative Stimmen zum *Pyrrhonismus historicus* wurden lauter. So bekennt Pütter 1752: „Ich habe mich am meisten bemüht, zuerst die Geschichte auf eine zu akademischen

---

70 Bödeker (1986, 19).
71 „Die humanistischen Erzählungen hatten sich an die rhetorischen Regeln und an die natürliche Chronologie gehalten und sich von Ereignis zu Ereignis bewegt. Im Gegensatz dazu wählte die Geschichtsschreibung der Aufklärung einzelne geschichtliche Erscheinungen aus, die sie nach dem Kriterium ihrer Wichtigkeit im verschiedene Lebensbereiche umfassenden interpretativen System darzustellen versuchte." (Gross 1998, 91).
72 „Zufällige Geschichtswahrheiten können der Beweis von notwendigen Vernunftswahrheiten nie werden." (Lessing $^1$1777; 1897, 5).
73 „Ob man es nun zwar in der Historie zu einer vollkommenen Gewißheit nicht bringen kann, so hat doch dabei die Wahrscheinlichkeit, welche gleichfalls eine Art der Wahrheit ist, statt." (*Zedler* 1735, Bd. 13, 283).
74 Bolingbroke (1738).
75 Crusius (1747, 1041).

Vorlesungen schickliche Art in einen gewissen Zusammenhang, ich weiß nicht, ob ich es sagen darf, in eine Art von System zu bringen."[76] Kants Vorschlag, mittels regulativer Prinzipien (5: 376 und 404) aus einem unverbundenen Aggregat von Einzelereignissen eine systematische Einheit zu konstruieren, darf als Stimme gegen diese skeptische Haltung und für die Möglichkeit historischer Erkenntnis interpretiert werden.

Begleitet wurde der theoretische Versuch, ein systematisches Ganzes aus der Geschichte zu bilden, von dem wachsenden Bewusstsein der unvermeidlichen Standortgebundenheit des Historikers. Dies stellt einen weiteren markanten Ausdruck des neuen erkenntnistheoretischen Bewusstseins dar.[77] 1766 stellte Thomas Abbt in seiner *Geschichte des menschlichen Geschlechts, soweit selbige in Europa bekannt worden* fest, „daß die Geschichte von einerlei Volk in Asien anders lautet als in Europa"[78], und Johann Martin Chladenius führte 1752 in seiner *Allgemeinen Geschichtswissenschaft* das Schlagwort ‚Sehpunkte'[79] ein, um die aktive Rolle des Historiker im Rekonstruktionsprozess zu unterstreichen.[80] In Göttingen griffen August Ludwig Schlözer, Ludwig Timotheus Spittler und Gatterer den Gedanken auf, ebenso wie Johann Georg Büsch 1775 in seiner *Encyklopädie der historischen, philosophischen und mathematischen Wissenschaften* in Hamburg.

Mit diesen Entwicklungen waren einerseits Bedingungen geschaffen, einen grundsätzlichen Skeptizismus zu überwinden, und andererseits stellten diese eine sie bedeutende Voraussetzung für die Institutionalisierung einer methodisch eigenständigen Fachwissenschaft an Akademien und Universitäten dar.

## 1.2 Akademien und Universitäten

> Es war kein übeler Einfall desjenigen, der zuerst den Gedanken faßte und ihn zur öffentlichen Ausführung vorschlug, den ganzen Inbegriff der Gelehrsamkeit (eigentlich die derselben gewidmeten Köpfe) gleichsam fabrikenmäßig, durch Vertheilung der Arbeiten, zu behandeln. (7: 17)

---

76 Pütter (1752, 14).
77 Standortgebundenheit ist seitdem kein Einwand mehr, sondern Voraussetzung geschichtlicher Erkenntnis (Koselleck 1977, 27). Paradigmatisch hierfür Büsch: „Indessen können neu entstehende Vorfälle uns eine Geschichte wichtigmachen, welche uns vorhin wenig oder gar nicht interessierte." (1775, 12). Siehe auch Gatterer (1768, 7).
78 Abbt (1766, 119).
79 „Aus dem Begriff des Sehe-Punkts folgt, daß Personen, die eine Sache aus verschiedenen Sehe-Punkten ansehen, auch verschiedene Vorstellungen von der Sache haben müssen." Chladenius ($^1$1752, 100).
80 Chladenius ($^1$1742; 1969, 185 und $^1$1752, 74 und 152).

Als Kant 1798 das Vorwort zum *Streit der Fakultäten* verfasste, kannte er die „Fabrik der Gelehrsamkeit" zumindest in Königsberg gut. Sie war über Jahrzehnte sein Lebensmittelpunkt, um den herum sich sein Tag, seine Woche, seine Jahre und nicht zuletzt auch sein philosophisches Schaffen organisierten.

Geschichte als Fachwissenschaft fand nicht zuletzt dadurch Eingang in den universitären Fächerkanon, dass Ende des 18. Jahrhunderts ein erstarkendes Bürgertum zum Träger einer neuen Geschichtskultur wurde.[81] Je mehr historisch-politische Bildung zum Erkennungszeichen der sich formierenden bürgerlichen Gesellschaft wurde, desto günstiger waren die Bedingungen für den Wandel vom Hofgeschichtsschreiber des 16. und 17. Jahrhunderts, der primär Regenten-, Konfessions- und Landesgeschichte aufzeichnete, zum Geschichtswissenschaftler im modernen Sinne.[82] Kants *Streit der Fakultäten* ist auch ein Zeugnis dieses Autonomiebestrebens der Wissenschaften gegenüber der Regierung und ein gutes Beispiel für den Kampf gegen eine staatliche Einflussnahme auf Lehre und Forschung.

> Eine Regierung, die sich mit den Lehren, also auch mit der Erweiterung oder Verbesserung der Wissenschaften befaßte, mithin selbst in höchster Person den Gelehrten spielen wollte, würde sich durch diese Pedanterei nur um die ihre schuldige Achtung bringen, und es ist unter ihrer Würde, sich mit dem Volk (dem Gelehrtenstande desselben) gemein zu machen. (7: 19)

Noch vor dem Bürgertum und den Fachwissenschaftlern war jedoch der Gelehrte (*homme de lettre*) des 18. Jahrhunderts Träger eines veränderten Geschichtsbewusstseins. Kant fasst Vertreter dieser Disziplin als „zunftfreie Gelehrte" (7: 17). Sie gehörten nicht zwangsläufig einer Universität an[83] und zeichneten sich vielmehr, so Voltaire in seinem Artikel „homme de lettre" in der *Encyclopédie*, durch Kenntnisse auf vielen Gebieten aus und unterschieden sich so vom reinen Fachgelehrten (*érudit*). Voltaire hatte zum Zeitpunkt der Niederschrift das Paris des 18. Jahrhunderts vor Augen, entdeckte aber auch in Preußen in mancherlei Hinsicht vergleichbare Strukturen. Er bemerkte 1768, dass sich die Gelehrten Berlins auf verschiedene Gesellschaften wie den *Montagsclub*, die *Mittwochsgesellschaft*, die *Feßlersche Lesegesellschaft* und die 1701 gegründete *Königliche Akademie der Wissenschaften* (ursprünglich *Brandenburgische Sozietät*) verteilten.

Damit ist ein weiterer Sammelpunkt historisch interessierter Gelehrter genannt: Die Akademien des 18. Jahrhunderts, die jenseits der Universitäten eine Frühform von Geschichtsforschung betrieben. Akademien waren nicht an den

---

[81] Hierzu Borowsky (2005, 13–61) und Blanke/Fleischer (1991).
[82] Bödeker (1986, 13) und Koselleck (1975, 691). Gatterer äußerte Stolz darüber, Professor der Geschichte und nicht nur Hofhistoriograf und Diener eines Fürsten zu sein.
[83] Chartier (2004, 122).

überlieferten Fächerkanon und das Korsett der vier Fakultäten gebunden.[84] Außerdem war ihre Zielsetzung richtungsweisend für die Forschungsuniversität des 19. Jahrhunderts.

Den Akademien ging es um „nützliche Studien" und um die „ehre und zierde der Teutschen Nation", zu der auch Landes- und Kirchengeschichte gehörten, wie es zum Beispiel in der Stiftungsurkunde der Preußischen Akademie heißt.[85] Die *Académie des inscriptiones et des belles lettres* (ab 1663) und die *Royal Society* (ab 1660) waren die ersten Institutionen, die sich von der Akademie zu Florenz, dem Ausgangspunkt der neuzeitlichen Akademien, abhoben, indem sie eine neue Organisation von Forschung prägten. Später folgten diesem Vorbild die *Akademie zu Berlin* (1700), gegründet von Leibniz, und 1752 die *Sozietät der Wissenschaften zu Göttingen*.[86] Im Zusammenhang mit der Darstellung der außeruniversitären Entwicklungsstränge einer neuzeitlichen Geschichtswissenschaft muss auch die *Bayerische Akademie der Wissenschaften* genannt werden, die 1759 unter Mitwirkung des Rechtshistorikers Johann Georg Lori gegründet wurde. Lori war neben der Göttinger Schule einer der wichtigsten Vertreter der sich entwickelnden methodisch bewussten Geschichtsschreibung in Deutschland.[87]

Am einflussreichsten für Kant war die *Berliner Akademie*, die ab 1741 in vier Klassen eingeteilt war: die experimentelle Philosophie (Chemie, Anatomie, Botanik), die mathematische Klasse (Geometrie, Algebra und Mechanik), die spekulative Philosophie (Logik, Metaphysik und Ethik) sowie die Klasse der schönen Künste mit den Altertumswissenschaften, Sprachen und eben der sich etablierenden Geschichte.[88]

Obwohl die Akademien nicht an den Fächerkanon der Universitäten gebunden waren und so die vorhandenen methodischen Werkzeuge leichter neue Anwendungsfelder finden konnten, standen sie, wie die Universitäten, unter dem Einfluss des Landesherrn.[89] Manche Preisfrage offenbart diese Bande: 1774 forderte die *Berliner Akademie* Aufsätze zu den „Ursachen, welche die hervorragende Stellung der alten Markgrafen von Brandenburg erklären und die Entwicklung Brandenburgs zur Weltmacht vorbereitet haben" – Herrschaftslegitimation und Ge-

---

84 Ferrone (2004, 170) und Kraus (1976).
85 Zitiert nach Kraus (1976, 242).
86 Kraus (1976, 236).
87 Kraus (1976, 240).
88 Im Hof (1993, 99).
89 „Selbst die Akademien – die zur Zeit ihrer Entstehung ein Mittel gegen die kulturelle Starre der Universitäten und eine Unterstützung der sich darin trotz allem rührenden neuen Kräfte darstellen – konnten sich nicht der Bevormundung des Landesfürsten entziehen." (Merker 1982, 246).

schichtsschreibung in Symbiose.[90] Gelehrte Gesellschaften waren im Vergleich zu den Akademien im Allgemeinen freier bei der Setzung ihrer thematischen Schwerpunkte. Eine Zwischenstellung nahmen die Zeitschriften ein,[91] in denen Gelehrte Geschichte als Medium der bürgerlichen Emanzipation nutzten.

Die inoffizielle Mittwochgesellschaft hatte als öffentliches Organ die *Berlinischen Monatsschriften*, in denen Kant 1784 *Was ist Aufklärung?* veröffentlichte. Auch zu nennen ist der *Teutsche Merkur*, auf den in *Kapitel 2* im Zusammenhang mit dem Streit zwischen Kant und Herder bzw. Forster näher eingegangen wird. Gerade im territorial zerklüfteten Deutschland[92] war die Zeitschriftenkultur der Aufklärung, ähnlich wie die Preisfragen der Akademien, ein wichtiges Werkzeug, um die methodisch-theoretischen Diskussionen zu bündeln.[93] Quantitative Analysen der deutschsprachigen Zeitschriften der letzten Jahrzehnte des 18. Jahrhunderts belegen ebenfalls ein steigendes Interesse an historisch-politischen Artikeln.[94] Allein für das Jahrzehnt unmittelbar vor Revolutionsausbruch wies Kraus die Existenz von 131 historischen Zeitschriften nach[95] und mit der *Allgemeinen historischen Bibliothek* (1767–1771) und dem *Historischen Journal* (1772–1782) etablierten sich in Göttingen zugleich zwei Fachzeitschriften zum Thema – wenn auch nicht für lange Zeit.

Bedeutende Voraussetzungen der Institutionalisierung der Geschichtswissenschaft[96] sind demnach schon Ende des 18. Jahrhunderts auch außerhalb der Universität zu erkennen, jedoch erscheint erst im 19. Jahrhundert die Geschichtswissenschaft genau an dieser Stelle. Mit Humboldts Reform der Universität bekam die Geschichtswissenschaft einen festen Platz an der Alma Mater, zuerst in Berlin und dann mehr und mehr im ganzen deutschsprachigen Raum.[97] Vor der Reform hatten

---

90 Kraus (1963, 231).
91 „An Berlin, dessen Struktur sich auf unterschiedlichen Niveaus in zahlreichen kleineren Landeshauptstädten wiederholt, lassen sich mithin zwei Grundzüge der Lage der Gelehrten in Deutschland veranschaulichen. Da ist zunächst die wesentliche Rolle der Zeitungen." Chartier (2004, 148).
92 Ein Postwagen, der Briefe und Zeitschriften transportierte, benötigte für sieben Kilometer rund eineinhalb Stunden. Je nach Straßennetz ergeben sich für die Strecke zwischen Leipzig und Paris (ca. 1000 km) elf bis zwölf Tage. Rund 630 bis 700 Kilometer trennten Königsberg von Berlin (dazu Stollberg-Rilinger 2000, 118 ff.).
93 Zwanzig der Preisfragen der Königlich-Preußischen Akademie der Wissenschaften 1744–1786 kamen aus dem Bereich der Mathematik, Physik und Medizin, 25 aus der Philosophie, Philologie und Literatur, sieben aus dem Bereich der Geschichte (Kraus 1976, 24).
94 Dann (1981).
95 Kraus (1963, 365).
96 Bödeker (1986, 20) bemerkt, dass „Historie am Ende des 18. Jahrhunderts als eigenständige Wissenschaftsdisziplin verstanden werden konnte".
97 Borgstedt (2004, 86).

die Universitäten der frühmodernen Territorialstaaten eine epistemische[98] und eine herrschaftsaffirmative[99] Funktion. Ihre Hauptaufgaben bestanden in der Berufsvorbereitung von Theologen, Juristen und Medizinern für den Staatsdienst und in der Legitimation der Landeskonfession.[100] Kant bezeichnete diese Gruppe von Studierenden im *Streit der Fakultäten* als „Literaten", „die als Instrumente der Regierung, von dieser zu ihrem eigenen Zweck (nicht eben zum Besten der Wissenschaften) mit einem Amte bekleidet, zwar auf der Universität ihre Schule gemacht haben müssen." Kant spekuliert, dass sie vieles von dem Gelernten vergessen haben, da sie „nur so viel, als zur Führung eines bürgerlichen Amts, das seinen Grundlehren nach nur von Gelehrten ausgehen kann", behalten müssten; sie seien „Geschäftsleute oder Werkkundige der Gelehrsamkeit" und als solche auch legitimes Objekt der Zensur des Staats (7: 18).

Was im 19. Jahrhundert zur Geschichtswissenschaft werden sollte, hatte unter diesen Voraussetzungen bis zum Ende des 18. Jahrhunderts an Deutschlands Universitäten den Status einer Hilfswissenschaft, die den unterschiedlichen Fächern, vor allem der Jurisprudenz,[101] der Theologie und den Kameralwissenschaften diente, die ihrerseits zum Großteil Staatsdiener heranbilden sollten.[102]

Weitgehend unabhängig von der Funktion als Hilfswissenschaft gab es bereits an den Universitäten des Mittelalters die sogenannte Historie als Erzählkunst. Sie war den *Artes liberales*, wie etwa der Grammatik oder der Rhetorik, zugeordnet.[103] Diese literarisch-philologische Herkunft von Geschichte spiegelt sich auch in ihrer Eingliederung in die vier Klassen der *Berliner Akademie* wider. Geschichte wurde 1743, nach einigen Diskussionen über den Fortbestand des zu wenig praktisch orientierten Fachs, zusammen mit dem Bereich für deutsche Sprache und den *Belles*

---

98 Weber (2002, 151) und Iggers (1994, 79).
99 So ist zum Beispiel die 1694 von Leopold I. gegründete Friedrichs-Universität Halle eine Konsequenz aus der Überforderung der Ritterakademie, die den Bedarf an kompetenten Landesverwaltern nicht mehr decken konnte (Ferrone 2004, 171 f.).
100 Der Zweck der Historie für die Ausbildung der politischen Eliten fand in den Preisfragen auch thematischen Niederschlag. Foucault (1986, 32) spricht von „Jupiterhistorie" und diagnostiziert ein „diskursives Ritual der Souveränität" mit affirmativer Funktion. Voltaire schreibt: „Man hat bisher nur die Geschichte der Könige geschrieben und niemals der Nation. Es sieht so aus, als ob es vierzehn Jahrhunderte lang im Frankenland nur Könige, Minister und Generäle gegeben hätte! Ist denn der Volkscharakter, die Gesetzgebung, das Rechtsherkommen, die geistige Arbeit keiner Beachtung wert?" (zitiert nach Goertz 1995, 33).
101 In Halle etablierten um 1700 Johann Peter Ludewig und Nikolaus Hieronymus Gundling die Reichshistorie als Hilfswissenschaft des Reichsrechts (Hammerstein 1972).
102 Bödeker (1986, 16).
103 Koselleck (1975, 658) sieht es als Leistung der Aufklärungsphilosophie, dass sich die Historie von Theologie, Jurisprudenz, Rhetorik und Moralphilosophie löste.

*Lettres* zur Klasse der Philologie zusammengefasst.[104] Der institutionelle Rahmen änderte sich jedoch kaum, „da Geschichte weiterhin als *ars*, mehr als Kunst denn als Wissenschaft, aufgefasst wurde"[105] und der Rhetorik zugeordnet blieb.

Koselleck bewertet diese Emanzipation wie Cassirer als Verdienst der Aufklärungsphilosophie, kraft derer sich die Historie als Wissenschaft von der sie flankierenden Rhetorik und Moralphilosophie lösen und von der ihr übergeordneten Theologie und Jurisprudenz befreien konnte.[106]

Die Etablierung der Geschichte als universitäres Fach lässt sich daher als Emanzipationsprozess in zweifacher Hinsicht auffassen: von der Hilfswissenschaft zu einer ebenbürtigen Fakultät und von der rhetorischen Geschichtserzählung zur Geschichtswissenschaft. Beide Prozesse müssen gesondert betrachtet werden, fließen aber an der Stelle zusammen, an der Geschichte sich als eigenständiges Fach etabliert.

Ob dies regional schon im 18. Jahrhundert geschah, bleibt strittig. In Göttingen forderten Schlözer und Gatterer während der 1760ziger Jahre programmatisch, von Namen, Zahlen und einer normativ-affirmativen Überlieferung der Vergangenheit zu deren Ergründung durch Wirkungen und Ursachen überzugehen.[107] Zu den Zentren dieser mehr und mehr eigenständigen universitären Geschichtsforschung gehörten im 18. Jahrhundert vornehmlich die protestantischen Aufklärungsuniversitäten wie Göttingen und Halle,[108] aber auch Münster und München spielten eine wichtige Rolle[109] – wobei die Anzahl historischer Lehrstühle an protestantischen Universitäten schneller zunahm als an katholischen Universitäten.

Exemplarisch hierfür steht die Universität Göttingen, die davon profitierte, dass sich das Kurfürstentum Braunschweig-Lüneburg während des 18. Jahrhunderts zu einer eigenständigen territorialen Macht im Zentrum des Deutschen Reichs entwickelte. Im Zuge des Aufstiegs der Stadt nahm 1734 die Georg-August-Universität den Lehrbetrieb auf, um dem steigenden Bedarf des Landes an Theologen, Juristen und Ärzten zu genügen. 1751, also knapp 20 Jahre später, wurde die Akademie der Wissenschaften in Göttingen gegründet, welche die *Göttingischen Anzeigen von Gelehrten Sachen* herausgab. Einflussreiche Historiker, die an der Göttinger Uni-

---

104 Harnack (1900, Bd. 1, 275).
105 Bödeker (1986, 11).
106 Koselleck (1975, 658).
107 Dazu Iggers (1994, 81) und Bödeker (1986, 15).
108 Brandt bemerkt Ansätze zu einer Reorganisation der früheren Paradeuniversität Halle. Allerdings fiele diese im Vergleich zur 1734 neu gegründeten Universität in Göttingen im Niveau zurück (1997, LXV).
109 Dazu Hunger (1933) und Blanke/Rüsen (1984), Hauer (1994, 89) und Hartwig (1990) zu der Bedeutung in Deutschland insgesamt.

versität lehrten und regelmäßig in den *Göttingischen Anzeigen* publizierten, waren Gatterer, Schlözer, Spittler, Pütterer und Heeren. Zwar waren diese noch immer Professoren für Philologie, Theologie oder Jura und nicht für Geschichte, jedoch verwendeten sie die erprobten textkritischen Methoden der Philologen zur Etablierung eines mehr und mehr unabhängigen historischen Wissenschaftsbereichs auf empirischer Grundlage.[110]

Gatterer zum Beispiel erhielt dann 1759 eine Professur für Geschichte und gründete 1765 das *Historische Institut,* an dem von 1773 bis 1777 Karl Freiherr vom und zum Stein studierte. Stein wurde später Mitbegründer der *Monumenta Germaniae Historica,* dem nach wie vor wichtigsten Quellenwerk der Mediävistik in Deutschland.

Obwohl Kant knapp 1000 Kilometer von Göttingen entfernt lehrte und vor dem eigentlichen Aufstieg der empirischen Geschichtswissenschaften und des historischen Denkens in Königsberg lebte,[111] erwähnte er in seinen Vorlesungen Gatterer und lobte ihn für seine „die politische Geographie betreffenden Schriften" (9: 165 und 234). Gatterers *Weltgeschichte in ihrem ganzen Umfange* stand in Kants Bibliothek[112] und er las auch die *Göttinger Gelehrten Anzeigen* (6: 356).[113] Trotz der Territorialisierung und Konfessionalisierung der deutschen Universitäten in der zweiten Hälfte des 18. Jahrhunderts scheint es unter Berücksichtigung der verstreuten Äußerungen Kants,[114] wahrscheinlich, dass er von den Entwicklungen in Göttingen Kenntnis genommen hat. Die Philosophische Fakultät der Universität Königsberg war zu Kants Zeiten in neun Lehrstühle untergliedert. Die erwähnten Vorformen geschichtswissenschaftlicher Methoden waren hier bei den Lehrstühlen für Poesie, für Naturrecht und für Literaturgeschichte zu finden.[115] Bestrebungen, ein autonomes Fach Geschichte an der Albertina zu etablieren, erlebte Kant jedoch nicht mehr.

Die Etablierung der Fachwissenschaft Geschichte ist in Deutschland im Vormärz weitgehend abgeschlossen. Dabei war die klassische Philologie Vorbild für die Geschichtswissenschaften: Leopold von Ranke (1795–1886) diente das philologische Seminar in Leipzig, an dem er 1814–1818 studiert hatte, als Modell für sein historisches Seminar in Berlin.[116] Die systematische Quellenkritik nach Ranke legte den

---

110 Dazu Möller (1975, 111), Becher (1980, 8) und Reill (1980, 8 f.).
111 Thies (2011, 46).
112 Warda (1922).
113 Hier erschien am 19. Januar 1782 auch eine der ersten Besprechungen der *KrV,* die Kant den Impuls gab, 1788 die *Prolegomena* vorzulegen (Kühn 2007, 292 ff.).
114 Zum Beispiel *Refl.* 1355 (15: 592), *Refl.* 1440 (15: 629) und *Refl.* 1467 (15: 645).
115 Irrlitz (2002, 3 f.).
116 Iggers (1994, 76).

neuen methodischen Bezugspunkt fest und verdrängte die erzählende Methode. Als die ersten Geschichtswerke mit wissenschaftlichem Anspruch werden Schriften aus dem frühen 19. Jahrhundert angeführt, darunter Barthold Georg Niebuhrs *Römische Geschichte* (1811). Niebuhr stellt in seinem Vorwort heraus, dass er „eine andre Ansicht der Historie" habe und es ihm darum gehe „Gedicht und Verfälschung zu scheiden und den Blick anzustrengen, um die Züge der Wahrheit"[117] zu erkennen. 1863 brachte Johann Gustav Droysen in der vier Jahre zuvor gegründeten *Historischen Zeitschrift* die Forderung der Zeit auf den Punkt: „Die Erhebung der Geschichte zum Rang einer Wissenschaft". Droysen ist damals Professor an der Universität Kiel, an der er nach dem Vorbild von Humboldts Friedrich-Wilhelms-Universität (spätere Humboldt-Universität) Forschung und Lehre zu verbinden sucht.[118] Ranke fasste das emanzipierte methodische und epistemische Bewusstsein seiner Zeit mit dem berühmten Credo zusammen, ein Historiker solle „blos zeigen, wie es eigentlich gewesen" sei.[119]

## 1.3 Kritik an der Aufklärungshistorie

> Die Kritik an der Geschichtsphilosophie der Aufklärung ist geradezu konstitutiv für Historismus und Posthistoire.[120]

Ranke, Droysen und Niebuhr, nach wie vor Gründungsfiguren der Geschichtswissenschaft, formulierten wortmächtig die Vorwürfe der Unwissenschaftlichkeit, der arroganten Fortschrittsbesessenheit und eines naiven Pragmatismus gegenüber der Aufklärungshistorie.

Die Kritik des Historismus an ihren Vorgängern adressiert insgesamt weniger deren Methoden und ihre Anwendung oder die institutionelle Organisation der Aufklärungshistorie, Stein des Anstoßes waren vornehmlich zwei konzeptionelle Aspekte der Aufklärungshistorie: (1) ihre Ausrichtung auf den moralisch-didaktischen Wert der Überlieferung und (2) einen in der Universalhistorie angelegten Eurozentrismus.

Dem zweiten Kritikpunkt ist schwerlich zu widersprechen, wenngleich vor dem Hintergrund der vielfältigen Stimmen der Aufklärungshistorie etwas pauschal er-

---

117 Niebuhr (1811, IX).
118 „Verwissenschaftlichung hatte in Deutschland weniger mit Wissenschaft im strengen Sinn als mit Professionalisierung zu tun, also mit der Institutionalisierung von Forschung und Lehre." (Iggers 1994, 75).
119 Ranke (1885, VIII).
120 Rohbeck (2004,151).

scheint. Der erste Kritikpunkt ist deutlich älter als die Aufklärungshistorie selbst. Der Ausspruch *Historia magistra vitae* wurde im 1. Jahrhundert v. Chr. von Cicero geprägt und über das Mittelalter wie die frühe Neuzeit, einzig mit unterschiedlicher Zielsetzung, beibehalten. Gatterer notierte 1767, „daß Geschichte nicht darum gelernt werde, um bloß etwas im Gedächtnis zu haben, sondern vielmehr, um durch große und rührende Beyspiele tugendhaft, klug, gesittet, gesellschaftlich etc. mit einem Worte zu allen Arten von Handlungen und Geschäften geschickt zu werden."[121]

Die Historie lieferte allerdings nicht bloß instruktive Exempel für Politiker und Prediger, sondern sollte ebenso epistemischen Ansprüchen genügen: „Die Geschichtsforscher oder historischen Critiker" sollten demnach untersuchen, was „Falsches und Wahres, Gewisses und Ungewisses in den Geschichten"[122] sei. Mit dieser Zielsetzung geht die Aufklärungshistorie jedoch über die ältere pragmatische Geschichtsschreibung hinaus.[123] Eine verbreitete Ansicht im Selbstverständnis der Historiker des späten 18. Jahrhunderts bestand darin, dass Geschichte Kausalzusammenhänge[124] ergründen und dann gemäß Erwägungen der Nützlichkeit in eine systematische Ordnung bringen solle.

Die Rezipienten dieser Geschichte sollten von ihrem eigenen Verstand Gebrauch machen und anhand der durch den Historiker ausgewählten, wahren Begebenheiten „die Moral von der Geschichte" selbst ableiten. Schlözer hielt dazu fest: „Facta aber zweckmäßig gewählte, und so nebeneinander gestellte Facta, daß der Leser von selbst das Urtheil hinzudenken muß."[125]

---

[121] Gatterer (1767, 27).
[122] Gatterer (1771, Bd. 2, 10).
[123] Prüfer (2002, 103).
[124] „Die Ursachen gehen voran, die Wirkungen folgen, und der Geschichtsschreiber, der so verfährt, ist pragmatisch." (Gatterer 1767, 80). Dilthey spricht in Bezug auf den Göttinger Historiker Spittler von einer „Wissenschaft von der Entstehung der Gegenwart." ($^1$1910, 1960, 266).
[125] Schlözer ($^1$1772/3, 1997, 26).

# 2 Geschichte und Natur – Was ist der Mensch?

Die Historisierung der Natur in der Forschung des 18. Jahrhunderts, der Vergleich mit anderen Kulturkreisen vermittelt durch Reiseberichte und ein durch die Hinzunahme sozialökonomische Fragen neu ausgerichteter methodischer Fokus sind neben der behandelten Institutionalisierung theoretische Voraussetzungen der Entstehung der philosophischen Disziplin Geschichtsphilosophie.[126] Deshalb sollen in diesem Kapitel unterschiedliche Facetten des Menschenbilds in Kants Schriften vorgestellt und gegeneinander abgegrenzt werden.

## 2.1 Der Mensch als Naturwesen: Kant zum Begriff der Menschenrasse

Dass Kants Geschichtsphilosophie am Fortschrittsoptimismus der Aufklärung teilhatte, wird in den meisten Einführungstexten zu diesem Thema betont. Diese grundsätzlich plausible Einschätzung muss jedoch um eine werkimmanente Kontextualisierung seiner geschichtsphilosophischen Schriften ergänzt werden. Kant war ein Denker der Aufklärung und zugleich der Autor der drei *Kritiken* – beides muss im Blick behalten werden, will man seinen Texten gerecht werden.

Im Folgenden wird deshalb zunächst bei Kants Gedanken zur naturgeschichtlichen Klassifikation des Menschen angesetzt, um die Differenz zwischen den Sammelbegriffen ‚Mensch' im Sinne der physischen Gattung, i. e. als Naturwesen, und dem ‚Menschen' im Sinne von Menschengeschlecht (*Unterkapitel* 6.2), dem Subjekt der Geschichte, deutlich zu machen.

Kants Terminologie ist nicht immer trennscharf. Jedoch scheint gerade hier eine wichtige Weichenstellung für das Verständnis seiner Geschichtsphilosophie zu liegen, da sich viele der vermeintlichen Probleme und vor allem der Vorwurf, Kant verfahre hier „unkritisch", entkräften lassen, wenn der Analyse die richtige Begriffsbestimmung zugrunde gelegt wird. Deshalb wird anhand dreier kurzer Schriften[127] herausgearbeitet, was die Gattung Mensch als Naturwesen ausmacht. Nach dieser Vorarbeit können die Bereiche der Natur- und der Kulturgeschichte

---

[126] Hierzu einführend Rohbeck (2004, 29) und ausführlich in *Die Fortschrittstheorie der Aufklärung* (1987), *Technik – Kultur – Geschichte: Eine Rehabilitation der Geschichtsphilosophie* (2000), *Aufklärung und Geschichte* (2012) sowie kürzlich in *Integrative Geschichtsphilosophie* (2020). Zur Historisierung der physischen Natur Toulimin/Goodflied (1985, 157 ff.) und Koselleck (1979, 130 ff.).

[127] Von den verschiedenen Rassen der Menschen (1775), Bestimmung des Begriffs einer Menschenrasse (1785) und Über den Gebrauch teleologischer Prinzipien (1788).

besser unterschieden werden. Außerdem wird so der voreilige Schluss vermieden, dass Kant seine Geschichtsphilosophie als Fortsetzung der Naturgeschichte verstanden habe.

Als Ansatzpunkt für die Verortung des Menschen innerhalb der Naturgeschichte bietet sich die Diskussion über die taxonomische Einteilung von Menschen unterschiedlich pigmentierter Haut an, da sich hier die Differenzen und Überschneidungen zwischen deskriptivem und normativem sowie weltanschaulichem und naturwissenschaftlichem Zugang der Spätaufklärung verdeutlichen lassen.

Im Einzelnen wird der naturgeschichtliche Gattungsbegriff ‚Mensch' herausgearbeitet (§ 3), die Diskussionsplattform, auf der dieser Begriff entwickelt wird, dargestellt (§ 1), die dem Gattungsbegriff zugrunde liegende Unterscheidung von Naturgeschichte und Naturbeschreibung (§ 2) sowie das Keimkonzept (§ 4) vorgestellt und abschließend die stammesgeschichtlichen Implikationen dieser Konzeption hinterfragt (§ 5).

## § 1 Die Schriften

Was die physische Gattung Mensch ausmacht, soll nun anhand kurzer Schriften Kants herausgearbeitet werden. Zur Einordnung folgt zunächst jedoch ein Abriss über deren Entstehungs- und Publikationszusammenhang. Dies scheint angebracht, denn, wie der Schweizer Arzt Christoph Girtanner (1760–1800) bereits vermutete, „sind jene Abhandlungen, weil sie sich in Zeitschriften zerstreut finden, nicht hinlänglich bekannt geworden [...]."[128] Zudem wurden die Fragen, wie und mit welchen Prämissen der Mensch als Naturwesen zu erforschen sei, kontrovers in der Öffentlichkeit diskutiert.

Neben der Niederschrift seiner philosophischen Werke bestimmt Kants Beruf als Universitätsprofessor, namentlich seine Vorlesungstätigkeit wesentlich seinen Alltag. Seit 1772 las er über Anthropologie,[129] und nachdem Kant seine Anthropologie im Wintersemester 1795/96 zum letzten Mal gelesen hatte,[130] arbeitete er an deren Drucklegung, die 1798 verwirklicht wurde. Im Vorwort gibt sich Kant wenig optimistisch, was die Veröffentlichung der *Physischen Geographie* betrifft. Er war damals 74 Jahre alt, und er sollte Recht behalten (7: 122*2), zu seinen Lebzeiten wurde lediglich eine Vorankündigung für die *Physische Geographie* mit dem Titel *Von den verschiedenen Rassen der Menschen* von G. L. Hartung 1775 in Königsberg

---

[128] Gritanner (1796, *3), zitiert nach Barkhaus (1993, 227).
[129] Frierson (2015) und Böhme (1986, 214).
[130] „Seems to have been his 20th run through the material" (McLaughlin 2008, 280).

gedruckt. Die Wiederveröffentlichung einer überarbeiteten Form des Textes in *Der Philosoph für die Welt*, einer Aufsatzsammlung, herausgegeben von J. J. Engel in Leipzig,[131] spricht für ein gewisses Interesse an Kants Überlegungen.[132] Diese ersten Gedanken zu diesem Thema waren primär für den Vorlesungssaal – also Studierenden, russische Offiziere, Kaufleute und Teile des Königsberger Bürgertums – bestimmt.[133] Im November 1785 wandte sich Kant mit dem Artikel *Bestimmung des Begriffs einer Menschenrasse* bestimmter als noch in *Von den verschiedenen Rassen der Menschen* an ein breiteres Publikum sowie an die Fachgelehrten seiner Zeit. Kant tritt mit dem Anspruch auf, dass durch eine ordentliche Begriffsbestimmung Rede- und Schreibgewohnheiten angeglichen werden sollen, um mit der begrifflichen Konfusion aufzuräumen.[134] Dieser Artikel erschien, wie die Mehrzahl Kants kürzerer Schriften, in der *Berlinischen Monatsschrift*.[135] Offenbar war Kant mit der überarbeiteten Fassung des Textes *Von den verschiedenen Menschenrassen* auf Widerspruch gestoßen, den er aber leider nicht präziser benennt.[136] Die beiden Schriften stehen im Kontext eines populären Streitpunkts in der zeitgenössischen Naturforschung: Dem Konflikt zwischen monogenetischen und polygenetischen Theorien. Die monogenetischen Ansätze gingen von einer gemeinsamen stammesgeschichtlichen Herkunft aus, polygenetische von mehreren Populationen an verschiedenen Orten.[137] Johann Unolds vermutete,[138] Kant habe mit der *Bestimmung des Begriffs einer Menschenrasse* auf die Diskussion über *Sketches of the history of Man* (1774) von Henry Home Kames, einem Vertreter des polygenetischen Ansatzes bei der Erklärung der unterschiedlichen Hautfarben,[139] reagiert, da Kant sich abermals klar für eine monogenetische Position stark gemacht hatte. Jedoch ging es Kant in erster Linie nicht um die Ursprungsdiskussion, sondern um eine Begriffsbestimmung. Kants Position ist dabei nicht immer eindeutig, was wiederrum Georg Heinrich Forster zur Kritik veranlasste. Forsters Bezug zu anthropologischen The-

---

131 Weischedel (1968, WW 12: 815).
132 Hoorn (2004, 98).
133 „Welchen als populäre Vorträge beizuwohnen auch andere Stände geraten fanden" (7: 122*2).
134 Sommer (1984, 16).
135 Die meisten und bekanntesten der kurzen Schriften Kants erschienen in der Berlinischen Monatsschrift, die seit 1783 veröffentlicht wurde.
136 Kant (8: 91) spricht lediglich von der falschen Beurteilung einiger „scharfsinniger Männer". Es ist anzunehmen, dass auch Eberhard August Wilhelm Zimmermann gemeint ist, der sich in seiner *Geographischen Geschichte* mit den empirischen Fehlern von Kants Systematik befasste (Hoorn 2004, 107).
137 Hoorn (2004).
138 Unold (1886, 19), siehe auch Barkhaus (1993, 225).
139 Sloan (2006, 633) geht auch davon aus, dass Kants erste *Rassenschrift* im Kontext der Polygenese-Monogenese-Debatte des zeitgenössischen Diskurses steht.

men war der des praktischen Forschers und Entdeckers. Bei Veröffentlichung seiner Replik auf Kant war der Name des 32-jährigen Forster in Europa vor allem durch seine Reisebeschreibung *A Voyage Round the World* (1777) von der zweiten Weltumseglung James Cooks (1772–1775) bekannt. Forster ging als Assistent seines Vaters, des Naturforschers Johann Reinhold Forster, an Bord und veröffentlichte noch vor Cook selbst seinen ausführlichen Reisebericht.[140] Durch den Unterricht des Vaters, seine Reisen, eine kurze Studienzeit an der Warrington Academy in England[141] und vor allem durch die eigene Lektüre und Briefkontakte mit einem Freundeskreis herausragender Gelehrter seiner Zeit[142] wurde Forster zu einem Kenner des Fachs. Forster versuchte, sich schon in seiner ersten größeren Veröffentlichung explizit von den bloß „hypothetisch arbeitenden Systematikern"[143] abzugrenzen und die Theorie mit der konkreten Beobachtung zu verbinden. Das Produkt sollte eine „philosophische Reisebeschreibung"[144] sein:

> Ein Reisender, der nach meinem Begriff alle Erwartungen erfüllen wollte, müßte Rechtschaffenheit genug haben, einzelne Gegenstände richtig und in ihrem wahren Lichte zu beobachten, aber auch Scharfsinn genug, dieselben zu verbinden, allgemeine Folgerungen daraus zu ziehen, um dadurch sich und seinen Lesern den Weg zu neuen Entdeckungen und künftigen Untersuchungen zu bahnen.[145]

Als Forster Kants Artikel zur *Bestimmung des Begriffs einer Menschenrasse* in der *Berlinischen Monatsschrift* las, hatte er eine Professur für angewandte und theoretische Naturkunde im polnischen Wilna inne und versuchte mit Mühen, an aktuelle Zeitschriften aus den Metropolen zu gelangen.[146] Forster beschäftigte sich mit dem Entwurf zweier eigener naturgeschichtlicher Werke, einer Enzyklopädie im Auftrag von Joachim Heinrich Campe und einer Gesamtdarstellung der Naturgeschichte.[147] Bei seiner Kritik an Kant positionierte sich Forster auf der Seite Herders,[148] der sich seinerseits erfreut über den Widerspruch seines Freunds gegen den

---

[140] Hoorn (2004, 21 f.).
[141] Uhlig (2004, 37).
[142] Uhlig (2004, 10 f.).
[143] Hoorn (2004, 23).
[144] Forster (Bd. 2: 9), zitiert nach der deutschen Übersetzung (erschienen 1778 und 1780), die Forster selbst erstellt hatte und die daher neben dem englischen Original stehen kann.
[145] Forster (Bd. 2: 13).
[146] Harpprecht (2007, 351 f.) und Uhlig (2004, 176 ff.). Sloan (1979, 131) macht Forster fälschlicherweise zum Professor in Kassel, was selbiger erst nach der Debatte mit Kant wurde.
[147] Forsters Briefe vom 07.12.1786 an Soemmering (Bd. 9: 567–603) und Jahn (1994, 164).
[148] Hoorn (2004, 116).

"Archischolastiker" Kant äußerte. Herder hatte Forster, Jacobi und Hamann ermuntert, sich gegen Kant zu äußern.[149]

Kants Rezension Johann Gottfried Herders (1744–1803) *Ideen zur Philosophie der Geschichte der Menschheit* (*Unterkapitel* 2.2) verstand Forster als eine angepasste, bibeltreue Anthropologie. Der ehemals in Europa bekannte, aber etwas ins Abseits[150] geratene Forster erkannte die Gelegenheit, durch einen energischen Artikel eine Debatte mit dem berühmten Theoretiker aus Königsberg zu beginnen[151] und drängte daher auch intensiv auf die baldige Veröffentlichung seines Texts.[152]

In *Noch etwas über die Menschenraßen* wählte er gegenüber Kant taktierend den „Standpunkt eines Außenseiters"[153], der sich einerseits nicht mit dem berühmten Professor messen könne, anderseits aber auch eine andere, unvoreingenommene Perspektive[154] auf das Phänomen beanspruchen dürfe. Der Titel deutet darauf hin, dass es ihm um „noch etwas" Weiteres geht, um ein paar Korrekturen, eine Anmerkung, jedoch nicht um einen systematischen Gegenentwurf.[155] Dazu passend ist der Text in der Form eines offenen Briefs verfasst, der in der Oktober- und der November-Ausgabe des *Teutschen Merkurs* (1786) erschien (8: 160). Adressiert ist der Brief an Johann Erich Biester (1749–1816), den Mitherausgeber der *Berlinischen Monatsschrift*.

Hoorn stellt heraus,[156] dass die Publikationsorte, die Kant und Forster bewusst wählten, symptomatisch für eine bestimmte Geisteshaltung waren: Der *Teutsche Merkur* und die *Berlinische Monatsschrift* waren die wichtigsten Zeitschriften der deutschen Spätaufklärung. Forsters Beitrag erschien, unter dem subjektiven Vorzeichen des Briefs, im literarisch orientierten *Merkur*, Kants Begriffsbestimmung in der philosophisch-utilitaristischen *Monatsschrift*. Eine Reflexion des Konkurrenz-

---

[149] Brief an Jacobi vom 25.02.1785 und Brief an Hamann vom 28.02.1785. Riedel (1981, 47) und Schwartz (1998, 110) argumentieren, dass es sich hier um ein Hauptmotiv Forsters handle, was aber keine befriedigende Deutung darstellt.
[150] Forster stilisierte sich in seinem Aufsatz als einen in „sarmatischen Wäldern" nach „geistiger Nahrung" hungernden und der Gefahr einer „Paralysis des Geistes" ausgesetzten Gelehrten (Bd. 8: 130 f.).
[151] Forster distanzierte sich zwar vom Motiv, „einmal neben einem so berühmten Namen" den seinigen platzieren zu wollen, allein diese Zurückweisung zeigt, welche Folgen Forster von seinem Artikel erwartete (Bd. 8, 131). Zammito (2012, 229) nennt Kant „the lion of German academic philosophy" und betont ebenfalls Forsters Motivation, mit einem berühmten Gegner in den Ring zu steigen.
[152] Brief vom 21.07.1786 an Friedrich Justin Bertuch (Forster, Bd. 14: 510).
[153] Hoorn (2004, 127).
[154] Wörtlich: „aus einem anderen Gesichtspunkte" (Forster Bd. 8: 157).
[155] Forster (Bd. 8: 128).
[156] Hoorn (2004, 124 ff.).

verhältnisses der beiden Periodika findet sich in einem Brief Forsters an Friedrich Justin Bertuch, einen Mitherausgeber des *Merkurs*. Forster bezeichnete sich in diesem Zusammenhang als einen „Merkurfreund".[157].

Im Gegensatz zum Aufsatz aus dem Jahr 1775 scheint Forsters Kritik an Kants *Bestimmung des Begriffs der Menschenrassen* die einzig nennenswerte Reaktion der zeitgenössischen Naturforscher gewesen zu sein.[158] Scheidt vermutet daher, dass Kant sich mit der zweiten *Rassenschrift* zu weit von den Fragen der Forschungspraxis entfernt habe und die Fachwelt deshalb unberührt von diesem Text geblieben sei.[159] James Larson wiederum sieht nicht Kants erkenntnistheoretische Überlegungen, sondern sein Eintreten für eine naturgeschichtliche Systematik den mehrheitlich morphologisch arbeitenden Systematikern entgegenlaufen.[160] Naturgeschichte war im ausgehenden 18. Jahrhundert eine im Entstehen begriffene Disziplin. Ihren Höhepunkt, von dem noch zahlreiche naturgeschichtliche Sammlungen wie die in Wien oder Berlin (beide 1889) zeugen, erlebte sie im 19. Jahrhundert, bis sie im 20. Jahrhundert schließlich in der Biologie aufging.

## § 2 Naturgeschichte und Naturbeschreibung

Die Verwendung des Begriffs ‚Naturgeschichte' im 18. Jahrhundert ist ein Indikator des im Umbruch begriffenen Verständnisses dessen, wie Natur erforscht und erklärt werden sollte.

In der Biologie sind Jean-Baptiste Lamarcks (1744–1829) Werke zur Entwicklungsgeschichte der Tierwelt *Philosophie zoologique* (1809) und seine Klassifikation der wirbellosen Tiere *Histoire naturelle des animaux sans vertêbres* (1815–1822) Beispiele für die traditionelle nominale Trennung von Theorie und Deskription, wie sie sich teilweise auch nach dem Ende des 18. Jahrhunderts fortsetzte.[161] Wie Phänomene der Natur zusammenhängen und wie sie entstanden sind, blieb von der Beschreibung und von der systematischen Beobachtung nominell getrennt. Die bewusste Trennung der Disziplinen in einen theoretischen und einen deskriptiven Teil dokumentiert u. a. der Titel Newtons *Philosophiae naturalis principia mathe-*

---

157 Brief vom 21.07.1786 an Friedrich Justin Bertuch (Forster, Bd. 14: 510).
158 Gritanner (1796, *3), siehe auch Barkhaus (1993, 227).
159 Wörtlich „über ihre Arbeit soweit hinauszugreifende Erörterungen eines Philosophen überhaupt in den Kreis ihrer Erwägungen zu ziehen" (Scheidt 1923, 392, zitiert nach Barkhaus 1993, 227).
160 Larson (1994, 170 und 184).
161 Kambartel (1984, 526).

*matica* (1687): Naturwissenschaftliche Theorien mit Erklärungsanspruch fielen unter den Begriff ‚Philosophie'.[162]

Gegen diese Trennung trat gegen Mitte des Jahrhunderts eine neue theoretisch orientierte Naturgeschichte an. Der französischen Naturforscher Georges-Louis Leclere Comte de Buffon (1707–1788) stellte in seiner Naturgeschichte die Theorie eines regelhaften Fortpflanzungsprozesses in den Mittelpunkt seines Klassifikationssystems.[163] Nicht der rezente Phänotyp, sondern seine Entwicklung und Abstammung wurden von Buffon in den Fokus gestellt.[164] Mitte des 18. Jahrhunderts war dieses Verständnis von Naturgeschichte allerdings noch nicht etabliert.[165] So musste zum Beispiel Kant 1755 seine „Allgemeine Naturgeschichte" noch um eine „Theorie" des Himmels ergänzen. Nur mittels des Doppeltitels *Allgemeine Naturgeschichte und Theorie des Himmels* konnte er verdeutlichen, dass es ihm hier nicht nur um eine Beschreibung, sondern auch um eine Theorie der gesetzmäßigen Planetenbewegungen mit explanativem Anspruch geht.[166]

Zwanzig Jahre später, im Sommersemester 1775, begann Kant seine jährliche Vorlesung zur *Physischen Geographie* mit einer klaren Stellungnahme für ein neues Verständnis von Naturgeschichte, das Beobachtung und zugleich Erklärung umfasst. Buffon war sein Kronzeuge für das Primat der Fortpflanzung oder der „zeugenden Kraft" vor den phänotypischen Ähnlichkeitskriterien innerhalb einer neuen biologischen Systematik: Neben die gängige Beschreibung und hieran anschließende Systematisierung wurde der experimentell einholbare Fortpflanzungsprozess gestellt. Buffons Regel eröffne die Möglichkeit[167] einer neuen Begründung der Systematik, die ein „Natursystem" für den „Verstand" und nicht bloß eine beliebige Hilfsnomenklatur für das „Gedächtnis" sei.[168]

Nach der Gegenüberstellung von Schuleinteilung/Ähnlichkeit und Natureinteilung/Fortpflanzung wussten Kants Hörer und Leser, auf welcher Grundlage seine Systematik des Naturwesens Mensch stehen würde. Das Naturbeschreibung-Na-

---

162 Ebenda.
163 Buffon unterschied in seiner Naturgeschichte in 36 Bänden den Begriff *histoire naturelle* von der *description*. Er verfasste zu jedem Tier eine Geschichte und sein Mitarbeiter Daubenton die Beschreibung. Es ist zu vermuten, dass hierin der Ursprung von Kants Unterscheidung zwischen Naturgeschichte und Naturbeschreibung liegt (Danke an Peter McLaughlin für diesen Hinweis).
164 Sloan (1979, 111).
165 Sloan (1979, 111 und 121) und Larson (1994, 187).
166 Mocek (1999, 915 f.), Kambartel (1984) und Koselleck (1975, 680).
167 Das von Kant angestrebte „physische System" in der „Naturgeschichte" blieb aber vorerst nur ein Ziel: „Man muß, so sehr man auch und zwar mit Recht der Frechheit der Meinungen feind ist, eine Geschichte der Natur wagen, welche eine abgesonderte Wissenschaft ist, die wohl nach und nach von den Meinungen zur Einsichten fortrücken könnte." (WW 11: 30; 2: 443).
168 Zumbach (1984, 125).

turgeschichte-Problem arbeitet Kant ausführlich 1788 in *Über den Gebrauch teleologischer Prinzipien* aus. In der Vorankündigung zu seiner Vorlesung spricht Kant noch lediglich von einer Ergänzung oder auch einem Korrektiv, jedoch nicht von einem Austausch der Naturbeschreibung durch die Naturgeschichte. Galt das Augenmerk der Naturbeschreibung der phänotypischen Ähnlichkeit, so fragt die Naturgeschichte nach der Ähnlichkeit und den Veränderungen in der Zeit,14[169] also nach Entwicklungsprozessen. Der naturgeschichtliche Ansatz gewinnt nur in dem Grad einen aggressiven und konträren Charakter, in dem sich der Forscher auf vermeintlich sichere Gesetzmäßigkeiten der Veränderungen beruft, um so ein epistemisches Primat vor der Beobachtung des Phänotyps zu begründen. Dass es sich hierbei nicht um ein abgeschlossenes alternatives Programm handeln kann, scheint jedoch – zumindest Kant selbst – klar: Unwandelbare, erfahrungsunabhängige Gesetzmäßigkeiten gehören nicht zum Arbeitsbereich eines Naturforschers, und kein empirischer Forscher macht voraussetzungslose Beobachtungen.[170] Kant legt in der Auseinandersetzung mit Forster den Finger auf dessen seiner Meinung nach übertriebenen empirischen Anspruch der Naturbeschreibung. Das bloße Beobachten, „ohne leitende Prinzipien, wonach man zu suchen habe" (8: 161), wenn es überhaupt möglich ist, bringe die Forschung nicht allein weiter. Forster verfahre im Übrigen selbst nicht rein empirisch, wenn er in Anlehnung an Linnés Prinzip der Beharrlichkeit der Befruchtungsteile Pflanzen systematisiere.

Kant sieht den Unterschied eher zwischen – wie er es nennt – „Schulsystem" und „System für den Verstand" (WW 11: 11, 18*; 2: 429, 443* und 30; WW 11: 75*, 78; 8: 106*2, 102). Der aus einem entwicklungsgeschichtlichen Ansatz in diesem Zusammenhang resultierende Nutzen bestünde in einer Ökonomisierung der Systematik (WW 11: 18*1; 2: 443*1), ersetzen soll sie die alte beschreibende Systematik Linnés jedoch nicht. Carl von Linnés (1707–1778) Taxonomie setzte sich bereits zu dessen Lebzeiten durch, die binäre Nomenklatur nach ‚Gattung' und ‚Art' (e. g. *Homo Sapiens*, Linnaeus 1758) hat bis heute Bestand und gliedert den Menschen erstmals in die zoologische Taxonomie ein. Sie differenziert *classes, ordines, genera* (Ge-

---

[169] „Wir können aber beides, Geschichte und Geographie, auch gleichmäßig eine Beschreibung nennen, doch mit dem Unterschiede, daß erstere eine Beschreibung der *Zeit*, letztere eine Beschreibung dem *Raum* nach ist." (Kant, 9: 160); siehe auch Sloan (2006, 643) und Barkhaus (1993, 59*37).

[170] Kant scheint nicht in diesem Frontendenken verfangen und verdeutlicht, dass Forsters Vorwürfe diesbezüglich seine Position nicht treffen (W 9: 142). Weingarten arbeitet die naturgeschichtliche Denkweise Forsters heraus (1982, 145), Sloan (1979, 131) hingegen versteht Forster als einen Vertreter der Naturbeschreibung (siehe auch 1: 230, 2: 115, 8: 160 sowie Funke 1980, 213).

schlecht), *species* und *varietates*. Eine Gattung (*species*)[171] zeichnet sich demnach durch unveränderliche anatomisch-physiologische Merkmale, wie zum Beispiel die Pollengefäße von Blütenpflanzen aus. In dieser Systematik sind die verschiedenen Erscheinungsformen des Menschen *varietates*, basieren also auf prinzipiell wandelbaren phänotypischen Merkmalsunterschieden, wie zum Beispiel der unterschiedlichen Hautfarbe. Aus diesem synchronen Ansatz, der von jetzt beobachtbaren und vergleichbaren Merkmalen ausgeht, ergeben sich vier verschiedene *varietates*, die jeweils in einem geografisch eingrenzbaren Raum beheimatet sind und dem Kriterium der phänotypischen Ähnlichkeit folgen.

Es war nicht diese Einteilung selbst, sondern die dahinterstehende Methode, an der sich die Kritik eines weiteren bedeutenden Naturforschers im 18. Jahrhunderts entzündete. Buffon forcierte die Opposition zum „Lupensucher" Linné zur Grundsatzfrage. Auf der einen Seite stand Linnés alte und auf der anderen Buffons neue Art der Naturgeschichte.

Buffon ging im Gegensatz zu Linné diachron vor und fragte danach, wie es zu den *varietates*, die er *race* nennt, gekommen sei. Im zweiten Band der deutschen Ausgabe seiner *Allgemeinen Historie der Natur* von 1752 findet sich der Abschnitt *Verschiedene Gattungen in dem menschlichen Geschlechte*, in dem er zum ersten Mal in einer vom breiten gelehrten Publikum wahrnehmbaren Form verschiedene Reiseberichte speziell auf die Beschreibung der unterschiedlichen Menschenarten hin untersucht. Buffon charakterisiert hier die Völker der Erde anhand ihrer Hautfarbe, ihrer körperlichen Gestalt und ihres Charakters bzw. ihrer typischen Lebensweise und verfährt dahingehend noch ähnlich wie Plinius als Quelleneditor.

Aber Buffon belässt es nicht dabei, vielmehr versucht er, die Einheit der Gattung trotz unterschiedlicher Erscheinungsformen mittels einer auf „Vererbungsregeln" fußenden Herangehensweise zu belegen. So bezog sich sein Gegenentwurf hauptsächlich auf die Erweiterung der Klassifikationskriterien um das Kriterium der Zeugungsfähigkeit, welches das Primat vor den nur äußerlichen Merkmalen Linnés haben sollte.

Der entscheidende Unterschied zwischen der naturbeschreibenden Systematik Linnés und der von Kant skizzierten ergibt sich aus der Integration der Regel Buffons, die eine physische Gattung als eine sich selbst perpetuierende Fortpflanzungsgemeinschaft bestimmt. Ein Pferd und ein Esel können sich zwar zusammen fortpflanzen, aber ihre Nachkommen sind in der Regel steril: Pferd und Esel ge-

---

171 Hierin liegt ein Unterschied zur modernen Verwendung der Begriffe, wonach nicht die Gattung, sondern die Art eine Fortpflanzungsgemeinschaft ausmacht: Die Gattung der Großkatzen heißt *Panthera*, der Tiger *Panthera tigris* oder der Löwe *Panthera leo*. Der Begriff ‚Art' hat sich im Laufe der Zeit gewandelt und wird heute noch diskutiert. Der Unterschied zwischen Gattung und Art ist allerdings unumstritten.

hören nicht zur selben physischen Gattung. Diese erste und vergleichsweise noch undifferenzierte Verknüpfung der Regelhaftigkeit biologischer Prozesse mit dem Aufbau eines taxonomischen Systems bildet den Ausgangspunkt der *Rassenschriften*.

Im Sinne von Buffons Regel gehören alle Menschen derselben physischen Gattung an. Sie erlaubt aber noch nicht, die phänotypische Verschiedenheit der Menschen untereinander systematisch zu erfassen, wie es Linnés Systematik vermochte. Hierzu musste zu der einfachen Fortpflanzungsfähigkeit das Element der regelhaften Vererbung von Merkmalen hinzutreten.

Die Buffonsche Regel ist sein bleibender Beitrag in der Geschichte der Biologie, der sich heute noch, wenn auch auf Populationen und nicht auf einzelne Individuen gewandt, in der Bestimmung einer biologischen Art widerspiegelt. Diese breite Akzeptanz war jedoch nicht von Anfang an gegeben. Henry Home Kames (1696–1782) und Forster weisen darauf hin, dass Buffons Anspruch, eine natürliche Klassifikation zu konstituieren, ebenso willkürlich sei wie derjenige der traditionellen Taxonomie, die „nur" anhand äußerer Ähnlichkeitskriterien verfahre. Buffons Regel bliebe eine Setzung, auch wenn sie sich den Anschein einer weniger künstlichen Klassifikation gebe. Zusätzlich mache Buffon selbst, außer im Fall des Menschen und des Hunds, seine eigene Klassifikation in der *Histoire naturelle* an äußeren Merkmalen fest. Abgesehen vom schwierigen Transfer in die Forschungspraxis komme es überdies zu der Frage, welches neue Wissen sie eigentlich erbringe, wie Kames bissig bemerkte.

Der Göttinger Physiologe Johann Friedrich Blumenbach (1752–1840) äußerte sich ebenfalls skeptisch über die Möglichkeit einer Klassifikation anhand der Buffonschen Regel. Er trieb die empirische Ausrichtung entschieden voran, indem er versuchte, mithilfe anatomischer Untersuchungen, ähnlich wie Kants und Forsters gemeinsamer Korrespondent Samuel Thomas Soemmerring (1755–1830), ein trennscharfes und differenziertes Klassifikationssystem zu erstellen. Blumenbachs Klassifikation und Erklärung der Varietäten des Menschen gehören in Deutschland zu den bedeutendsten zeitgenössischen Publikationen zu diesem Thema. In seiner 1775 vorgelegten Dissertation *De generis humani varietate nativa* verband er eine systematische Rezeption der Reisebeschreibung mit dem zeitgenössischen Stand der Theoriebildung und der human-physiologischen Methodik. Blumenbach ging von fünf Hauptvarietäten innerhalb der Gattung Mensch aus und vertrat wie Kant einen monogenetischen Ansatz bei der Erklärung des Ursprungs des Menschen. Seine an diesen fünf Varietäten orientierte Systematik war jedoch komplexer als diejenige Kants, da Blumenbach zwischen den Varietäten weitere Abstufungen annahm. Die Grenzen der Varietäten würden fließend ineinander übergehen. Blumenbachs, Buffons und Kants systematische Überlegungen stehen alle vor dem Hintergrund einer klimatheoretischen Konzeption, wonach bestimmte charakteristische Merkmale als Anpassungen an verschiedene Umweltbedingungen gedeutet werden.

Zudem wird deutlich, dass diese Überlegungen den Menschen als biologisches Wesen zum Gegenstand nehmen. Der Geschichtsphilosoph Kant geht über diesen Rahmen hinaus, wenn er über *den* Menschen und seine Entwicklung reflektiert, und bedient sich begrifflich dabei der Transzendentalphilosophie (siehe *Unterkapitel 6.1*). Zunächst soll als Kontrastfolie die biologische Bestimmung des Menschen dargestellt werden.

### § 3 Gattung, Rasse, Vererbungsregeln

Kant blieb nicht bei der Bestimmung der Gattung als Fortpflanzungsgemeinschaft stehen, auf einer Stufe unterhalb der Gattung führte er die Rasse als ein im Erbmaterial verankertes Taxon noch unterhalb des Artniveaus ein. Zwei Vererbungsregeln sind für die Bestimmung der Zugehörigkeit zu einer Rasse entscheidend: (R1) Das „unausbleichliche Anerben", die konstante Weitergabe eines Merkmals, auch unter veränderten Umweltbedingungen, und (R2) die „halbschlächtige Zeugung". Damit ist die Geburt von „Mischlingen" in der ersten Generation von Nachkommen bei der Kreuzung verschiedener *Rassen* gemeint.

Weitere naturgeschichtliche Taxa sind die Spielart, also Merkmale, die nur R1 genügen, und der Schlag, der nur R2 erfüllt. Ohne Regelhaftigkeit bei der Weitergabe von Merkmalen handelt es sich beim Merkmalsträger um eine bloße Varietät.

Hieraus ergeben sich drei Kriterien der neuen Systematik: (K1) Das Kriterium der perpetuierenden Fortpflanzungsgemeinschaft (Buffonsche Regel), (K2) das Kriterium des „unausbleichlichen Anerbens" und (K3) das Kriterium der „halbschlächtigen Zeugung".

Die Kriterien K2 und K3 differenzieren zwischen Menschenrassen, können dies aber nur anhand der in der Naturbeschreibung üblichen phänotypischen Merkmale. Ihr wesentlicher Vorteil besteht jedoch darin, dass sie erstens einen empirisch-experimentellen Charakter haben und zweitens die Hautfarbe bei einem Neugeborenen nicht durch Umwelteinflüsse verfälscht wird. Weil die „Zeugungskraft" von Kant irreversibel konzipiert ist und sie in bestimmten Merkmalen wie der Hautfarbe regelhaft ihren Ausdruck findet, geht er von der prinzipiellen Überlegenheit seiner Einteilung in Realgattungen gegenüber den bloßen Nominalgattungen der Naturbeschreibung aus. Mit einer flexibel gedachten Zeugungskraft würde die naturgeschichtliche Systematik diesen Vorteil jedoch verlieren.

Forster wiederum veranschaulicht die empirischen Schwächen dieser naturgeschichtlichen Methode deutlich, weshalb er die Meinung vertritt, vorerst solle man die aus der Naturbeschreibung stammende Methode des Vergleichs anatomischer und physiologischer Merkmale beibehalten, wenn es um die systematische Verortung gehe. Er schließt jedoch nicht aus, dass, wenn ein Mensch „bey vermischten Zeugungen unfehlbar gleichförmig nacharte", die Unterscheidung von Rasse und Art in einer Gattung sinnvoll sei. Forster ist vor allem skeptisch gegenüber der praktischen Umsetzung einer auf dem Vererbungsprozess basierenden Systematik. Dem eigenen Anspruch nach handelte es sich bei Kants Naturgeschichte jedoch um eine an empirischen Gesetzmäßigkeiten orientierte Wissenschaft. Wie gewann er diese empirischen Gesetzmäßigkeiten, an die er seinen Rassebegriff und die naturgeschichtliche Systematik knüpfte?

Kant ging von einfachen Beobachtungen aus, um seine Vererbungsregeln zu belegen. Alle Menschen könnten sich miteinander fortpflanzen, ohne dass sterile Hybride daraus hervorgehen würden. Wie er aus dieser Beobachtung eine Stammesgeschichte des Menschen rekonstruierte, ist jedoch nicht unproblematisch. Den Begriff ‚Menschenrasse' definierte Kant so, dass er an zwei empirische Prüfverfahren gebunden ist: R1 (regelhafte Vererbung eines Merkmals) und R2 (Mischformen eines Merkmals). Als Beleg für R1 diente Kant die Beobachtung, dass sich das Merkmal der Hautfarbe unabhängig vom Klima des Geburtsorts erhält und notwendig weitergegeben wird. Gleichzeitig bleibt Kant offen hinsichtlich der Beweiskraft dieses hypothetischen Experiments: „ob sie erblich und von der Natur selbst in der Geburt, oder nur zufällig eingedrückt sein, wird sich daher noch lange nicht auf entscheidende Art ausmachen lassen" (8: 92 f.). Als Belege für R2 wies Kant darauf hin, dass dunkelhäutige und hellhäutige Menschen stets „Mischlinge" zeugen würden. Aus diesen empirisch-experimentell belegbaren Regelmäßigkeiten im Vererbungsprozess leite die „Vernunft des Beobachters" den Begriff der ‚Menschenrasse' ab. Kant unternimmt dies, indem er eine stammesgeschichtliche Ursache setzt, welche auf sein Keim-Konzept rekurriert. Da den Begriff ‚Keim' in seiner Geschichtsphilosophie ebenfalls eine Rolle spielt, soll dieser im Folgenden näher bestimmt werden.

### § 4 Keime und Anlagen

Im letzten Drittel des 18. Jahrhunderts herrschte weitgehend Einigkeit über die Existenz von Keimen und Anlagen,[172] und mit der Verbreitung von leistungsfähigen

---

[172] In seiner Naturgeschichte unterscheidet Kant terminologisch zwischen ‚Keim' als Grund der Entfaltung eines Körperteils und einer ‚Anlage', die das Verhältnis der Teile untereinander bestimmt (McLaughlin 2015, 1236 f., vgl. auch 2:434). McLaughlin hebt ebenfalls hervor, dass es unklar bleibe, „ob diese strikte Unterscheidung in anderen Kontexten auch gilt." Zammito stellt bezüglich dieser Unterscheidung fest: „*Anlagen* could be construed in a quasi-mechanistic fashion; the essential

Lichtmikroskopen im 17. Jahrhundert gab es empirische Indizien für deren Rolle im Fortpflanzungsprozess.¹⁷³

Wie einzelne Merkmale codiert waren und ob diese Codierung unwandelbar ist, war allerdings noch lange nicht aus bekannten „Wirkungsgesetzen" (8: 161) abgeleitet worden. Wenn Kant 1775 von ‚Keimen' spricht, meint er damit zwar einen technischen Begriff, über dessen genauere Funktionsweise in der Empirie jedoch höchstens Hypothesen angestellt werden können. Dieses Moment der Unbestimmtheit erklärt vielleicht, dass Kant auch nach seinen naturtheoretischen Schriften der 1770iger und 1780iger in der Erkenntnistheorie¹⁷⁴, der Metaphysik,¹⁷⁵ der Religionsphilosophie¹⁷⁶ und der Geschichtsphilosophie¹⁷⁷ oft von ‚Keimen' und ‚Anlagen' sprach.

---

metaphysical principle guaranteeing species difference (and persistence) was assigned to Keime." (2016, 90).

**173** Roger (1997) 155, 172 f. und 259 ff.

**174** So soll die *KrV* „die reinen Begriffe bis zu ihren ersten Keimen und Anlagen im menschlichen Verstande verfolgen" (*KrV*; B91).

**175** „[…] dieser Naturanlage unserer Vernunft, welche Metaphysik, als ihr Lieblingskind, ausgeboren hat, dessen Erzeugung, so wie jede andere in der Welt, nicht dem ungefähren Zufalle, sondern einem ursprünglichen Keime zuzuschreiben ist, welcher zu großen Zwecken weislich organisiert ist. Denn Metaphysik ist vielleicht mehr, wie irgendeine andere Wissenschaft, durch die Natur selbst ihren Grundzügen nach in uns gelegt, und kann gar nicht als das Produkt einer beliebigen Wahl, oder als zufällige Erweiterung beim Fortgange der Erfahrungen (von denen sie sich gänzlich abtrennt) angesehen werden." (5: 102; 4: 353).

**176** „Denn, weil dieses Prinzip den Grund einer kontinuierlichen Annäherung zu dieser Vollkommenheit enthält, so liegt in ihm als in einem sich entwickelnden, und in der Folge wiederum besamenden Keime das Ganze (unsichtbarer Weise), welches dereinst die Welt erleuchten und beherrschen soll. Das Wahre und Gute aber, wozu in der Naturanlage jedes Menschen der Grund, sowohl der Einsicht als des Herzensanteils liegt, ermangelt nicht, wenn es einmal öffentlich geworden, vermöge der natürlichen Affinität, in der es mit der moralischen Anlage vernünftiger Wesen überhaupt steht, sich durchgängig mitzuteilen. Die Hemmung durch politische bürgerliche Ursachen, die seiner Ausbreitung von Zeit zu Zeit zustoßen mögen, dienen eher dazu, die Vereinigung der Gemüter zum Guten (was, nachdem sie es einmal ins Auge gefaßt haben, ihre Gedanken nie verläßt) noch desto inniglicher zu machen." (WW 8: 786; 6: 122 f.). Oder auch der „Keim des Guten" (6:38, 45 u. 57). McLaughlin (2015, 1236 f.) sieht hier sowie in der Rezension zu Herders *Ideen* eine Nähe des Keim-Konzepts zur Präformationstheorie. Ebenso in den *Prolegomena*, wo er bemerkt, dass der Keim einer Wissenschaft „in der Kritik vor her völlig präformirt sein" müsse (4:368).

**177** Zum Beispiel: 8: 19; 8: 30: Die ungesellige Geselligkeit als Keim der Aufklärung. Zur geschichtsphilosophischen Wendung des Begriffs s. *Kapitel 6*. Zanetti notiert dazu: „Angewandt auf die Geschichte der menschlichen Taten, finden wir die Hypothese der Existenz ursprünglicher Anlagen wieder [gemeint ist Kants *Idee zu einer Geschichte in weltbürgerlicher Absicht*; C. R.], die zum ersten Mal in der Rassen-Theorie von 1795 verfochten wurde." (2001, 1104).

Mit Sloan und Zammito, jedoch gegen Quarfood[178] geht die vorliegende Arbeit davon aus, dass Kants Keim-Konzept aus dem naturgeschichtlichen Kontext stammt und hieraus seine Bedeutung gewinnt. Ausgangspunkt für die Deutung des Begriffs in den verschiedenen Kontexten sollte deshalb Kants Definition aus *Von den verschiedenen Racen der Menschen* sein: „Die in der Natur eines organischen Körpers (Gewächses oder Thieres) liegenden Gründe einer bestimmten Auswickelung heißen, wenn diese Auswickelung besondere Theile betrifft, Keime" (2: 434).[179] In der Kontroverse um den Begriff der ‚Menschenrasse' und im Projekt der Naturgeschichte zeigt Kants Keim-Konzept einen deutlichen Bezug zur Präformationstheorie nach Haller-Bonnet: Keime können von äußeren Faktoren aktiviert, aber nicht verändert werden.[180] Terminologisch unterscheidet Kant zwischen ‚Keim' als dem Grund der Entfaltung eines bestimmten Teils eines oder des ganzen Systems, zum Beispiel die Augen, und ‚Anlage', die das Verhältnis der Teile bestimmt.[181] Jedoch wird diese technische Differenzierung bei der späteren Übertragung in Bereiche außerhalb der Naturgeschichte nicht beibehalten. Ab 1788 sind sowohl ‚Keim' wie ‚Anlage' primär als Grund der spezifischen Entfaltung eines bestimmten Teils des systematischen Ganzen zu verstehen. Der Begriff ‚Keim' in seiner biologischen Bedeutung ist nach 1788 insgesamt nicht mehr zu belegen, Kant spricht jetzt fast ausschließlich von „Anlagen".[182]

1775 schließt Kant in *Von den verschiedenen Racen der Menschen* schließt Kant auf das Vorhandensein der empirisch vorerst nicht fassbaren Keime aus zwei Prämissen: P1 (a) die „Zusammenpassung" zwischen organischen Wesen und seiner Umwelt, die (b) vom Zufall oder allgemeinen mechanischen Gesetzen nicht „hervorgebracht" werden könne und deshalb annehmen lasse, (c) dass sie „vorgebildet" sei (WW 11: 18; 2: 435). Und P2: die Fähigkeit sich fortpflanzender Organismen,

---

[178] Sloan (2002, 2022), Zammito (2003) und Quarfood (2004, 101f.).
[179] In der *KUK §81* verdeutlicht Kant, dass er die Theorie der individuelle Präformation durch Keime in der Art einer russischen Puppe für schwach hält. Zu bevorzugen sei eine generische Präformation, eine gewissermaßen eingeschränkte Theorie der Epigenesis: „Dieses letztere kann auch System der generischen Präformation genannt werden: weil das productive Vermögen der Zeugenden doch nach den inneren zweckmäßigen Anlagen, die ihrem Stamme zu Theil wurden, also die specifische Form virtualiter präformirt war." (5: 423). Keime, a part of the generative force, are postulated [...] as the inner mechanisms for development in future circumstances [...]. They control the permanence of phenotypic traits and are 'kept back unfolded' depending on the situation at hand" (Zumbach 1984, 102). Siehe auch Zammito (2016, 94)
[180] Dagegen Mensch (2013).
[181] McLaughlin (2015, 1236 f.).
[182] Danke für diese Hinweise an John Zammito und Philip Sloan (2022), der dankenswerterweise sein Manuskript „Kant's Preformationism Revisited. Implication for Epistemology" mit mir teilte.

Merkmale regelhaft zu vererben.[183] Prämisse 1 vereint (a) den klimatheoretischen Gedanken der Zusammenpassung mit (b) Kants schon aus der *Naturgeschichte und Theorie des Himmels* bekannten Skepsis, ob der Reduzierbarkeit organischer Prozesse auf mechanische Gesetzmäßigkeiten, weshalb (c) auf einen anderen Grund referiert werden müsse. Prämisse 2 kommt mit weniger Vorannahmen aus und würde nach Kant auch ohne P1 ausreichen, um die Existenz von Keimen annehmen zu dürfen.

Die regelhafte Vererbung von angepassten Merkmalen ist das wesentliche Charakteristikum für Kants naturgeschichtliche Systematik. Sowohl seine Klassifikationskriterien als auch deren physiologisches Substrat, die Keime, leitete Kant aus dieser ab.

Eine Analyse der einzelnen Elemente von Prämisse 1 soll zeigen, dass diese dem epistemischen Anspruch, aus bekannten „Wirkungsgesetzen" abgeleitet zu sein, kaum entsprechen kann. Kant setzte hier auf Konsens für den Gedankengang von (a) über (b) zu (c) – experimentell gibt es für P1 keine belastbaren Belege. Er griff lediglich die Beobachtung einer physiologisch sinnvollen Korrelation von Hautfarbe und Siedlungsmuster aus der Klimatheorie auf und deutete dies als „Fürsorge der Natur, ihr Geschöpf [...] auszurüsten, damit es sich erhalte und der Verschiedenheit des Klimas oder des Bodens angemessen sei" (2: 434). Kant bezog sich damit darauf, dass in Afrika mehrheitlich dunkelhäutige Menschen leben,[184] was physiologisch zweckmäßig ist.[185] In dieser Überlegung ist der wesentliche Grund seiner Differenzen mit Forster auszumachen, da dieser die „Zusammenpassung" aus einem andauernden Prozess der Wechselwirkung von Organismen mit ihrer Umwelt deutete. Kants Konzeption ließ dies nicht zu (b), was seiner Systematik einerseits klare, feststehende Kriterien lieferte, womit er sich aber anderseits Anschlussschwierigkeiten an die empirische Forschung einhandelte, die Forster ausführlich dargelegt hat.[186]

Der Grund, warum Kant die Möglichkeit der Veränderung der Keime als Reaktion auf äußere Umstände wie das Klima ausschloss, liegt darin, (b) dass „der Zufall oder allgemeine Gesetze solche Zusammenpassungen nicht hervorbringen"

---

[183] „Gegenwärtige Theorie, welche gewisse ursprüngliche in dem ersten und gemeinschaftlichen Menschenstamm auf die jetzt vorhandenen Rassenunterschiede ganz eigentlich angelegte Keime annimmt, beruht gänzlich auf der Unausbleichlichkeit ihrer Anartung, die bei den vier genannten Rassen durch alle Erfahrung bestätigt wird." (WW 11: 77; 8: 101 und 18).

[184] „Denn die Natur hat einem jeden Stamm seinen Charakter ursprünglich in Beziehung auf sein Klima und zur Angemessenheit mit demselben gegeben. Die Organisation des einen hat also einen ganz anderen Zweck, als die des anderen." (WW 11: 73 f.; 8: 98 f.).

[185] Barkhaus (1993, 241).

[186] Forster (Bd. 8, 151).

könnten (WW 11: 18; 2: 435). Kant war der Überzeugung, dass Luft, Sonne und Nahrung Ursachen für Modifikationen von Merkmalen organischer Wesen sein können, diese Veränderungen dann aber nicht erblich sind (WW 11: 18 f.; 2: 435 f.). Dies gilt mit Ausnahme des Falls der ersten irreversiblen Auswicklung der vier Urkeime, auf denen das Merkmal Hautfarbe angelegt sei. Umweltfaktoren seien aber auch dann nur „Gelegenheitsursachen" für die Entwicklung der schon angelegten Merkmale.

Die Existenz der Keime und der in ihnen festgelegte Bauplan einer der vier Rassen seien „hervorbringende Ursache" (WW 11: 18; 2: 435) und allein nicht hinreichend. Erst nachdem ein hypothetischer Urtyp, der alle vier Keime in sich trug, längere Zeit in einem Klima verweilte, sei es zur irreversiblen Entwicklung des passenden Keims gekommen. Wenn die Keime des ursprünglichen Stamms so umweltinduziert ausgewickelt sind, seien die Rassenmerkmale irreversibel in die Zeugungskraft eingeschrieben.[187] Abgesehen davon, dass dieses statische Konzept der Vererbung mit seiner Nähe zur Präformationstheorie anerkannten Denkmustern entsprach und die Problematik der Nicht-Reduzierbarkeit organischer Prozesse auf mechanische Gesetze löst, erkannte Kant noch einen weiteren Vorteil. Mit dem Ausschluss möglicher Veränderung des ursprünglichen Modells der Natur ist sichergestellt, dass sich Gattung und Art nicht in eine beliebige „Fratzengestalt" verwandeln könnten.

Würde Kant den Eingriff in das Erbgut als Möglichkeit in sein Konzept von Natur aufnehmen, sei es, als ob man eine „Gespenstergeschichte und Zauberei" zulasse, die „Schranken der Vernunft wären durchbrochen" und eine naturgeschichtliche Systematik nicht mehr möglich (8: 97) – dies müsse den Naturforscher allerdings nicht kümmern, sofern er nicht an einer neuen Systematik interessiert sei. Überzeugender scheint die Nicht-Reduzierbarkeit von Organischem auf Gesetze der Mechanik, die aber nicht direkt zu Kants Keim-Konzept und statischen Taxa wie Gattung und Art führt. Auf diese Weise lässt sich aus dem Umstand b), dass „der Zufall oder allgemeine Gesetze solche Zusammenpassungen nicht hervorbringen"

---

[187] Aber Kant äußert sich auch gegensätzlich: „Wenn die Natur ungestört (ohne Verpflanzung oder fremde Vermischung) viele Zeugungen hindurch wirken kann, so bringt sie jederzeit einen dauerhaften Schlag hervor, der Völkerschaften auf immer kenntlich macht und eine Rasse würde genannt werden, wenn das Charakteristische nicht so unbedeutend schiene und zu schwer zu beschreiben wäre, um darauf eine besondere Abteilung zu gründen" (WW 11: 14; 2: 431) – und eindeutig gegen eine irreversible Ausprägung der Keime: „Wo sich etwas Charakteristisches endlich so tief in die Zeugungskraft einwurzelt, das es einer Spielart nahe kommt, und sich wie diese perpetuiert" (WW 11: 13; 2: 430). Im Hinblick auf die Gesamtkonzeption (WW 11: 17 f.; 2:434, WW 11:72; 8: 97) von Kants Vererbungstheorie ist jedoch anzunehmen, dass sich Kant an diesen beiden Stellen lediglich missverständlich ausdrückt.

könnten (WW 11:18; 2: 435), c) ableiten, nämlich dass „wir dergleichen Auswickelung als vorgebildet ansehen" müssen (ebenda).[188]

In den *Rassenschriften* geht Kant davon aus, dass (a) die „Zusammenpassung" zwischen organischen Wesen und ihrer Umwelt (manifest zum Beispiel in der Hautfarbe) anfänglich materialisiert wurde (c), was eine Integration belebter Natur in eine kausal-mechanistisch ausgerichtete Naturforschung ermöglicht, ohne diese darauf zu reduzieren (b).[189]

Systematisch wichtig erscheint, dass Art und Rasse nicht nur als Begriffe konstante Größen sein müssen, wenn ein vorgebildeter (c) Plan (c) nicht (a) durch mechanische Gesetze oder (b) durch Zufall verändert werden darf (b). Als Teil des Plans der Natur dürften diese materialiter nicht nachhaltig von mechanistischen Ursachen (Umwelteinflüssen aller Art) verändert werden.

Im Gegensatz zur Prämisse der vorgebildeten Zusammenpassung durch unveränderliche Keime (P1) ist die Voraussetzung der Fähigkeit sich fortpflanzender Organismen, Merkmale regelhaft zu vererben (P2), vergleichsweise unproblematisch. Die Regeln der Vererbung phänotypischer Merkmale war den Methoden des 18. Jahrhunderts leicht zugänglich, da die Vererbung der Hautfarbe ein augenscheinlicher Prozess ist. Das Feststellen von Regeln wie R1 und R2 erscheint selbst vor dem Hintergrund eines vordarwinistischen Kenntnisstands plausibel. Der Vergleich der Hautfarbe von Neugeborenen unter Berücksichtigung der Hautfarbe ihrer Eltern jedoch ist noch keine Grundlage, von der aus sich eine naturgeschichtliche Systematik ausreichend von einer naturbeschreibenden emanzipieren könnte. Die Konstanz der Art und die notwendige Weitergabe verschiedener Merkmale auf stammesgeschichtlichem Niveau konnte nicht experimentell begründet werden; sie bedarf des Keim-Konzepts, wie es P1 entfaltet. Dies bedeutet, dass der Vorsprung, den eine naturgeschichtliche Systematik 1780 in der praktischen Naturforschung hatte, auf tönernen Füßen stand. Ohne Kants Keim-Konzept hat der Begriff ‚Menschenrasse' kaum einen systematischen Wert.[190]

Vor diesem Hintergrund scheint eine Emanzipation der Naturgeschichte von der Naturbeschreibung um 1780 impraktikabel, zumal sie vorerst mit denselben Problemen bei der Unterscheidung zwischen Menschenrassen zu kämpfen hat wie die traditionelle Taxonomie: „Color in eadem specie mire ludit, hinc in differentia

---

[188] „Kant doubts that the laws of mechanics can explain the first origin of organic form – maybe its replication – and thus he is committed to some kind of original organization in animals and plants." (McLaughlin 2008, 284).
[189] McLaughlin (1989, 10–17) entdeckt hier einen konzeptuellen Vorteil präformierter Keime.
[190] Zammito (2012, 240) stellt heraus, dass sich Forster der Schwächen von Kants Theorie bewusst war und diese auch klar ansprach.

nil valet."[191] Eine Einteilung anhand der Hautfarbe (8: 91f.) scheitert an der Komplexität der Empirie.[192] So gibt es Vorschläge, von vier, fünf oder mehr Rassen auszugehen. Jeder dieser Vorschläge könnte mit Kant seine Systematik stützen, da nicht die Keime selbst empirisch greifbar sind, sondern nur die Hautfarbe eines Babys empirisch greifbar ist. Farbliche Unterschiede seien aber, wie Forster im Anschluss an Linné bemerkt, kaum scharf zu trennen.[193] Herder, Blumenbach und Forster glaubten an fließende Übergänge der verschiedenen Merkmale und waren nicht von den trennscharfen Kriterien Kants überzeugt.[194]

Das Kriterium der Hautfarbe stellt sich also als ein Hybrid aus (1) phänotypischer Ähnlichkeit, (2) klimatischem Adaptionsmerkmal[195] und (3) der Hoffnung auf einen experimentell nachweisbaren Ausdruck unwandelbarer Keime heraus, die eine vermeintlich bessere Grundlage der biologischen Systematik garantieren. Der letzte Punkt (P3) markiert den entscheidenden Unterschied einer naturgeschichtlichen gegenüber einer naturbeschreibenden Klassifikation, für die vor allem das erste Kriterium maßgeblich war. Ferner bedeutet die Integration der Keime in eine naturgeschichtliche Systematik einen Schritt hin zu einer genuin biologischen Systematik – und zwar insofern, als diese sich durch die Integration des Fortpflanzungsprozesses nicht mehr auf die unbelebte Natur beziehen lässt.

Kant scheint sich ab 1788 zunehmend bewusst zu werden, dass er mit einer solchen empirischen These zur Weitergabe von Merkmalen seinen eigentlichen Kompetenzbereich verlässt.[196] Die Funktion von Keimen im Fortpflanzungsprozess und als Garant der Artkonstanz[197] spielen mit *TPP* zunehmend eine Nebenrolle. Bemerkenswert ist, dass der Begriff ‚Keim', dessen spezifische Bedeutung Kant im Konflikt mit Herder entwickelt hatte, ab dieser Zeit hinter den weniger technisch aufgeladenen Begriff der ‚Anlage' zurücktritt.[198] Wenn Kant nach 1788 von ‚Anlagen'

---

[191] Linné (1751, 210), zitiert nach Hoorn (2004, 140).
[192] Forster (Bd. 8, 138).
[193] Forster (Bd. 8, 139).
[194] Forster (Bd. 8, 141f.).
[195] McLaughlin (2008, 283 und 285).
[196] Nichtsdestotrotz ist Zammito (2006, 43) bezüglich Kants Selbsteinschätzung im Bereich der Naturforschung zuzustimmen: „Kant meant to be taken seriously". Zu Kants Selbstverständnis in der Kontroverse s. Zöller (1988).
[197] *Von den verschiedenen Rassen der Menschen* (1775) und *Bestimmung des Begriffs einer Menschenrasse* (1785).
[198] Brandt (2007, 194) bemerkt, dass der Begriff ‚Keim' 1790 nirgends in der *KUK* auftaucht und deutet dies als Wendung Kants hin zur Theorie der Epigenesis (5: 434). Sloan (2022) spricht auch von einer „dramatic suspension of all references to *Keime*", deutet dies jedoch im Sinne einer generischen Präformation. Letztere Deutung wird in Kapitel 6 vertreten, das sich damit an Recki (2005, 232f.) anlehnt, die zusammenfasst: „Er [Kant] sichert die Idee des Fortschritts durch eine prinzi-

im Menschengeschlecht spricht (*Unterkapitel* 6.2 § 2), will er keineswegs auf die naturgeschichtlichen ‚Anlagen' oder ‚Keime' verweisen oder eine starke naturalistische These aufstellen. Nur die Keime der Naturgeschichte beziehen sich wie dargelegt auf ein materielles Substrat und empirisch einholbare Vererbungsregeln.[199] Durch die ‚Anlagen' im Menschengeschlecht vorgezeichnete Entwicklungslinien entfalten sich nicht vor dem Hintergrund eines individuellen Lebens. Vielmehr ist Kant der Auffassung, dass es „vielleicht [einer] unabsehliche[n] Reihe von Zeugungen, deren eine der anderen ihre Aufklärung überliefert, um endlich ihre Keime in unserer Gattung zu derjenigen Stufe der Entwicklung zu treiben, welche ihrer Absicht vollständig angemessen ist" (8:19), bedürfe – zudem macht auch Kants geschichtsphilosophisches Denken seine Wendung zu einem erkenntnistheoretischen Keimbegriff manifest.

Geschichtsphilosophischen und naturphilosophischen Keimen ist gemeinsam, dass sie von Anfang an als gegeben angenommen werden, nicht weiter ableitbar[200] sind, einen Rahmen der Entwicklungsmöglichkeiten vorgeben,[201] da hinter ihnen eine steuernde Naturabsicht gedacht wird (*Idee*, Erster bis Dritter Satz, 8: 18 – 20; WW 11: 35 – 37),[202] die Kant zwar als prinzipiell nicht empirisch belegbar denkt, die jedoch nichtsdestotroz als Entwicklungsperspektive eine heuristische Funktion er-

---

pielle Reflexion auf den Status seines methodischen Grundbegriffs ab: *Über den Gebrauch teleologischer Principien in der Philosophie*".

199 Sloan (2002, 238 Fn34) und Zammito (2016, 91) heben beide hervor, dass Kant, wenn er von Keimen und Anlagen spricht, verdeutlichen wolle, dass etwas schon vorausgesetzt werden müsse. Sie lesen diese Analogie demnach im Sinne der generischen Präformationstheorie und im Gegensatz zur reinen Epigenesistheorie (für diese Interpretation: Mensch 2013, 80 ff., Quarfood 2004, Cohen 2006 und Demarest 2017). Für die geschichtsphilosophische Deutung der Begriffe scheint eine scharfe Abgrenzung nicht von gleicher Bedeutung zu sein wie für die Erkenntnistheorie bzw. Metaphysik – es finden sich hier jedoch mehr Hinweise auf eine präformistische Leseweise (8: 19 und 30). Darüber hinaus fügt sich eine epigenetische Deutung geschichtsphilosophischer Anlagen und Keime systematisch schlechter in den Gesamtkontext der Schriften Kants (hierzu s. Kapitel 6).
200 Zammito, der dankenswerterweise auf eine Anfrage bezüglich dieses Punktes einging, verweist auf den Ausdruck „nichthintergehbar".
201 In *3.1 §1* wird sich im Zusammenhang mit der Differenzierung verschiedener Arten von Vernunft zeigen, dass die Anlagen oder Keime der Vernunft den Menschen zwar einerseits öffnen, quasi von seinen natürlichen Anlagen emanzipieren, indem sie die kulturelle Entwicklung ermöglichen, andererseits bleiben auch die Anlagen der Vernunft an ein Ideal und deshalb, trotz ihrer Offenheit, an einen bestimmten Rahmen gebunden. Kants Ablehnung einer „abderitistischen" und „terroristischen" Geschichtsdeutung in *Über den Gemeinspruch* sind in diesem Kontext zu sehen (*6.2 §3*).
202 Hierzu Zammito: „Moreover, and crucially from my perspective, Kant meant to suggest something else in the analogy that would be central to his thinking throughout, namely that just as Keime and Anlagen were inaccessible to ultimate derivation, so too the concepts of the understanding were simply givens behind which we could not seek." (2016, 91).

füllen, indem sonst unerklärliche Eigenschaften eines Systems theoretisch greifbar werden.[203] Das Konzept ‚Keim' hilft so, die mechanistisch nicht erklärbaren Eigenschaften eines Systems,[204] sei es das Zusammenspiel der einzelnen Organe oder die kulturelle Entwicklung der Menschheit, in eine Theorie zu integrieren. Aber nicht nur was mechanistisch unbefriedigend erklärt wird, sondern auch was rein anthropologisch nicht ableitbar ist, wird als Keim mittels der Idee einer Naturabsicht epistemisch greifbar.

Staaten und organische Wesen stellt sich ein diskursiver Verstand diskursiver Verstand als ein teleologisches System vor,[205] und diesem Phänomen legt Kant einen Keim zugrunde im Gegensatz zu einem Gegenstand der sich einer mechanistisch Rekonstruktion zugänglich zeigt.

Neben dem Aspekt der Materialität differenzieren sich ‚Keime' der *Rassenschriften* von denen der Geschichtsphilosophie dadurch, dass sich Letztere über Generationen hinweg mittels Überlieferung entwickeln und nicht nur innerhalb eines bestimmten Menschenlebens.[206] Ziel ihrer Entwicklung sei eine bürgerlich-republikanische Staatsverfassung (5. Satz: 8: 22; WW 11: 39 und 7. Satz 8: 27; WW 11: 45, siehe auch *Unterkapitel* 3.2), weil diese den geeigneten Rahmen für die ungestörte Entfaltung der Anlagen des sinnlich-vernünftigen Wesens Mensch darstelle (8: 22). Dass Kant damit scheinbar impliziert, eine politische Ordnung habe auch Einfluss darauf, wie man sich die „Verwirklichung" der transzendentalen Freiheit vorstellen dürfe, wurde oft kritisiert. Dieser Punkt wird in *Kapitel 3* aufgegriffen, wobei eine Lektüre des Texts vorgeschlagen wird, die diesen problematischen Zusammenhang auflöst.

Die Loslösung des Keim-Konzepts von einer rein technischen Bedeutung ab 1788 ermöglicht des Weiteren den erkenntnistheoretischen Zusammenhang von Natur- und Kulturgeschichte zu erhellen. Andeutungen im Spätwerk, nach denen scheinbar mit der teleologisch zu denkenden Struktur der Natur begründet werden soll, dass die Geschichte des Menschen ein Ziel habe, durch welches sich der Zweck des

---

[203] „Das ist die Idee einer Weltgeschichte, die gewissermaßen einen Leitfaden a priori hat, die Bearbeitung der eigentlichen bloß empirisch abgefaßten Historie verdrängen wollte: wäre ein Mißdeutung meiner Absicht" (WW 11: 49; 8:30).

[204] In den *Prolegomena* (4: 328) wird betont, dass die Wissenschaft als System eine „collective" im Gegensatz zu einer „distributiven Einheit", einem Aggregat, darstellt (McLaughlin 2015, 1236). Dies lässt sich auch auf den Organismus (21:185) und die Geschichte übertragen (5: 376 und 404).

[205] Das Vermögen des Verstandes, sinnlich Mannigfaltiges vermittels Begriffen durch ein Urteil in eine Einheit des Bewusstseins zu überführen, zeichnet den Verstand als „diskursiv" aus (hierzu: *KrV*, B93).

[206] „[...] so bedarf sie einer vielleicht unabsehlichen Reihe von Zeugungen, deren eine der anderen ihre Aufklärung überliefert, um endlich ihre Keime in unserer Gattung zu derjenigen Stufe der Entwicklung zu treiben, welche ihrer Absicht vollständig angemessen ist." (WW 11: 35; 8: 19).

Menschen erfülle, verlieren damit an Brisanz. Die Rechtfertigung einer solchen Naturkonzeption war ein Teil der Rechtfertigung, die in der Naturgeschichte kontrovers (§ 2) angesprochen und dann 1790 in der *KUK* ausführlich von Kant behandelt wurde.[207] Wie ist Kants Vorschlag, Kulturgeschichte mit Hilfe von Elementen seiner Naturtheorie zu erschließen, zu beurteilen? Es wird sich zeigen, dass für eine sinnvolle Einordnung dieser Problematik die Differenzierung zwischen den Begriffen ‚Mensch' als Gattungswesen und ‚Mensch' im Sinne von ‚Menschengeschlecht' nötig ist (*Unterkapitel* 6.1).

In den *Rassenschriften* (1777, 1785) berührt Kant dieses Problem jedenfalls noch nicht. Alle drei von Kant verteidigten Rassekriterien beziehen sich lediglich auf den Fortpflanzungsprozess der physischen Gattung im Gegensatz zum ‚Menschengeschlecht'. Keime sind hier als materielles Substrat zu denken, als physische Ursache einer bestimmten Entwicklung besonderer Teile eines organischen Körpers. Sie sind insofern körperinterne, materielle Vorkehrungen zur Expression qualitativer Merkmale,[208] die Kant von quantitativen Merkmalen, wie zum Beispiel Wuchs und Statur, abgrenzt.[209]

Die Annahme von Keimen der physischen Gattung war ebenfalls Ausgangspunkt für eine stammesgeschichtliche Hypothese über die Verteilung verschiedener Hautfarben auf der Erde. An den Äußerungen Kants in diesem Zusammenhang lässt sich der Unterschied zwischen biologisch gedachten Anlagen zu den uns später im Rahmen der Geschichtsphilosophie beschäftigenden Anlagen des Menschengeschlechts weiter explizieren.

---

207 „Alle Naturanlagen eines Geschöpfes sind bestimmt, sich einmal vollständig und zweckmäßig auszuwickeln. Bei allen Tieren bestätigt diese äußere sowohl, als innere oder zergliedernde, Beobachtung. Ein Organ, das nicht gebraucht werden soll, eine Anordnung, die ihren Zweck nicht erreicht, ist ein Widerspruch in der teleologischen Naturlehre. Denn wenn wir von jenem Grundsatz abgehen, so haben wir nicht eine gesetzmäßige, sondern eine zwecklos spielende Natur; und das trostlose Ungefähr tritt an die Stelle des Leitfadens der Vernunft." (WW 11: 35; 8: 19).

208 „So wenig als der Zufall oder physisch-mechanische Ursachen einen organischen Körper hervorbringen können, so wenig werden sie zu seiner Zeugungskraft etwas hinzusetzen, d.i. etwas bewirken, was sich selbst fortpflanzt, wenn es eine besondere Gestalt oder Verhältniß der Theile ist.*² Luft, Sonne und Nahrung können einen thierischen Körper in seinem Wachsthume modificiren, aber diese Veränderung nicht zugleich mit einer zeugenden Kraft versehen, die vermögend wäre, sich selbst auch ohne diese Ursache wieder hervorzubringen" (2: 435).

209 Wuchs und Statur zählen zu den „natürlichen Anlagen", deren regelhafte Weitergabe nicht durch die Keime garantiert sei. Keime sind im biologischen Kontext gegenüber Anlagen fundamentaler konzipiert (2: 434).

## §5 Stammesgeschichtliche Implikationen

„[...] so muß der Anfang von dem gemacht werden, was keiner Ableitung aus vorhergehenden Naturursachen durch menschliche Vernunft fähig ist, also: mit der Existenz des Menschen" (WW 11: 86; 8: 110). Diesen Ansatz aus *Mutmaßlicher Anfang der Menschengeschichte* wehrte Forster als eine „Wissenschaft für Götter" ab[210] – obwohl Kant in der Voraussetzung der Existenz eines sinnlich-vernünftigen Wesens gerade eine Einschränkung seines Erkenntnisanspruchs sah,[211] um den Rahmen einer kausal-mechanistisch arbeitenden Analyse nicht zu verlassen (8: 179 f.; WW 9: 164). Für ihn war ein deistisch konzipierter Gott, der hinter seiner „Mutmaßung" steht, eine bessere Arbeitshypothese für die empirischen Wissenschaften als Herders permanent wirkende, nicht greifbare Grundkraft.[212]

Kant vertrat die Monogenese-Hypothese, befürwortete also, dass alle Menschen eine gemeinsame Abstammung haben und es nicht mehrere verstreute Entstehungsorte der heute lebenden Menschen gebe, ferner stellt er zwischen der Monogenese-Hypothese und seiner Vererbungstheorie bzw. seinem Begriff ‚Rasse' folgenden Bezug her: Zwei Gründe sprachen für die Monogenese: 1. Die Fortpflanzungsfähigkeit aller Menschen untereinander,[213] i. e. sein im Anschluss an Buffon entwickeltes Gattungskriterium des Menschen (K1), und 2. eine Ökonomie der Gründe,[214] die gegen viele Lokalschöpfungen sprechen würde. Beide Gründe sind nicht zwingend, und Kant wusste darum, zumal sein Rassenkriterium der „halbschlächtigen Zeugung" (K2) auch polygenetisch gedeutet werden kann, wie es Voltaire und Forster taten.[215] Noch schwieriger ist aber zu erklären, warum es bei Kant genau vier Rassen mit an bestimmte Klimazonen angepassten Merkmalen gibt, die

---

210 Forster (Bd. 8, 143).
211 „Es mag also die Ursache organisierter Wesen in der Welt oder außer der Welt anzutreffen sein, so müssen wir entweder aller Bestimmung ihrer Ursache entsagen, aber ein i n t e l l i g e n t e s W e s e n uns dazu denken; nicht als ob wir [...] einsähen, daß ohne eine solche Wirkung aus einer anderen Ursache u n m ö g l i c h sei: sondern, weil wir, um eine andere Ursache mit Außschließung der Endursachen zum Grunde zu legen, uns eine Grundkraft e r d i c h t e n müßten, wozu die Vernunft durchaus keine Befugnis hat, weil es ihr alsdann keine Mühe machen würde, alles was sie will und wie sie will, zu erklären." (WW 9: 167; 8: 182).
212 „Also ist der Begriff dem Vermögen eines Wesens aus sich selbst z w e c k m ä ß i g, aber o h n e Z w e c k und Absicht, die in ihr oder ihrer Ursache lägen, zu wirken – als eine besondere Grundkraft von der die Erfahrung kein Beispiel gibt – völlig erdichtet und leer." (WW 9: 167; 8: 182).
213 „[...] das läßt sich bei der Verschiedenheit ursprünglicher Stämme gar nicht begreifen." (WW 11: 74; 8: 98).
214 „eine Meinung, welche die Zahl der Ursachen ohne Noth vervielfältigt." (2: 430).
215 Voltaire (1969, 92 f.); siehe auch Hooren (2004, 92) und Forsters Brief an Soemmering vom 23.07. 1786 (Bd. 14: 515).

irreversibel auf vier Urkeimen festgeschrieben sein sollen. Wie kann das sein, wenn nur ein Ursprung in nur einem bestimmten Klima angenommen werden soll? Kames hat deshalb zu zeigen versucht, dass aus der klimatheoretischen Annahme einer Zusammenpassung eher die Polygenese- als die Monogenese-Hypothese hervorgeht.[216]

Diese vermeintlichen Unvereinbarkeiten löste Kant in einem eigenwilligen Rekonstruktionsversuch der Stammesgeschichte unter dem Vorzeichen der Spekulation wie folgt auf: In einem frühen Typ Mensch mussten noch alle vier Keime enthalten sein. Mit der Vermehrung und den Wanderbewegungen dieses Frühmenschen in verschiedene Klimazonen und dem längeren Aufenthalt dort wurde der Keim, der die entsprechenden zweckmäßigen physischen Merkmale in sich trug, zur Entfaltung gebracht (WW 11: 18; 2: 435). Die anderen drei würden gewissermaßen ausgeschaltet.[217] An dieser Stelle wandete Forster ein, dass es angesichts der Weisheit der Natur unverständlich sei, warum diese keine zweite Verpflanzung vorsehe.[218] Kant konterte lakonisch: „Und wo haben Indier oder Neger sich in nördlichen Gegenden auszubreiten gesucht?" (WW 9: 157; 8: 174 f.). Forsters Angriff auf sein Konzept der „Weisheit der Natur" kann er damit jedoch nicht abwehren. Der Rahmen für Kants Rekonstruktion sperrt sich gegen veränderbar gedachte Keime, weil sich hierauf der Begriff der Menschenrasse und seine entsprechenden Vererbungsregeln R1 und R2 gründen. Wie *Unterkapitel 6.2* verdeutlichen wird, nutzt Kant den theoretischen Hintergrund dieser naturgeschichtlichen Vererbungsregeln auch für eine rechtsphilosophische Sicht auf die biblische Überlieferung von Adam und Eva als Urahnen der Menschheit. In *Mutmaßlicher Anfang* reflektiert Kant über den Beginn der Geschichte des Menschengeschlechts und verwendet dort biologische Begriffe, wie etwa ‚Keim'. Jedoch zeigen sich auch eindeutige Differenzen gegenüber der hier skizzierten naturgeschichtlichen Perspektive auf den Menschen, die nahelegen, dass die Begriffe ‚Keime' und ‚Anlagen' in der Geschichtsphilosophie anders gedeutet werden müssen als in der Naturgeschichte.

---

[216] „Certain it is, that all men are not fitted equally for every climate. Is there not then reason to conclude, that as there are different climates, so there are different species of men fitted for these climates?" (Kames 2007, 20).

[217] „Die Schminke, die die Sonne auf ihrer Haut hinzuthut, eine kühlere Luft aber wieder wegnimmt, muß man nur nicht mit der der Race eigenen Farbe verwechseln; denn jene erbt doch niemals an. ‚Also müssen sich die Keime, die ursprünglich in den Stamm der Menschengattung zu Erzeugung der Racen gelegt waren, schon in der ältesten Zeit nach dem Bedürfniß des Klima, wenn der Aufenthalt lange daurete, entwickelt haben; und nachdem eine dieser Anlagen bei einem Volke entwickelt war, so löschte sie alle übrigen gänzlich aus." (8: 105).

[218] Forster (Bd. 8, 149 f.).

## § 6 Naturwesen Mensch

Der Blick in Kants Schriften zu den Menschenrassen zeigt, dass der Mensch wie jedes andere Tier zu einer Gattung wird, indem er eine Fortpflanzungsgemeinschaft bildet (§§ 3 und 4). Innerhalb der Gattung Mensch unterscheidet Kant vier Rassen, die durch vier Keime in Abhängigkeit vom jeweiligen Klima bestimmt seien. Die Expression eines Keims sei irreversibel. Diese Theorie verstellt die Möglichkeit, eine Fortschrittsgeschichte des Menschen innerhalb einer naturgeschichtlichen Betrachtung zu analysieren, da sich die Anlagen der physischen Gattung Mensch nicht entwickeln. Kant spricht in seiner Auseinandersetzung mit Herder von einer „Fratzengestalt" und dem Durchbrechen der Schranken der Vernunft.[219] Was sich im Gegensatz zur physischen Gattung aber entwickeln kann – und nach dem Bedürfnis der Vernunft sogar entwickeln muss –, ist das Menschengeschlecht (*Unterkapitel* 6.1).

Neben der Keimtheorie gibt es noch weitere Gründe, wie zum Beispiel die Konzeption des Menschen als *Homo noumenon*, die physische Gattung Mensch nicht als das Subjekt der Geschichte zu verstehen (*Unterkapitel* 6.2).

Nimmt man all dies zusammen, wird deutlich, dass Kants Verständnis des Menschen als Naturwesen und seine Verwendung der Begriffe ‚Keime' und ‚Anlagen' in der Naturgeschichte in seiner Geschichtsphilosophie nur metaphorisch aufgriffen werden können. Ein Schritt von der Naturgeschichte zu Kulturgeschichte lässt cih vor dem Hintergrund der Schriften zu den Menschenrassen nicht rekonstruieren. Dies zeigt sich umso mehr in Kants Auseinandersetzung mit seinem ehemaligen Schüler Herder über die Frage nach dem Entwicklungspotenzial des Menschen, oder, wie Riedel 1974 bemerkt:

> Es wäre an der Zeit, die Akten des Streits zwischen Herder und Kant noch einmal einzusehen und das Urteil der Wirkungsgeschichte im Hinblick auf die so dringend erforderliche Revision der Grundlagen der historischen-philologischen Wissenschaften und unseres von ihnen geprägten geschichtlichen Bewußtseins zu überprüfen.[220]

---

[219] „Nun ist es klar: daß, wenn der Zauberkraft der Einbildung, oder der Künstelei der Menschen an thierischen Körpern ein Vermögen zugestanden würde, die Zeugungskraft selbst abzuändern, das uranfängliche Modell der Natur umzuformen, oder durch Zusätze zu verunstalten, die gleichwohl nachher beharrlich in den folgenden Zeugungen aufbehalten würden, man gar nicht mehr wissen würde, von welchem Originale die Natur ausgegangen sei, oder wie weit es mit der Abänderung desselben gehen könne, und, da der Menschen Einbildung keine Gränzen erkennt, in welche Fratzengestalt die Gattungen und Arten zuletzt noch verwildern dürften." (8: 97).
[220] Riedel (1974, 20).

## 2.2 Mensch und Naturgeschichte

> Daher möchte ich wohl, was ihm Philosophie der Geschichte der Menschheit heißt, etwas ganz anderes sein, als was man gewöhnlich unter diesem Namen versteht. (WW 12: 781; 8: 45)

Im August 1762 kam Herder auf Betreiben Johann Georg Hamanns nach Königsberg und zog dort, vermittelt durch den Buchhändler Kanter, schnell die Aufmerksamkeit Kants auf sich, sodass er noch im selben Jahr ohne die übliche Bezahlung an dessen Vorlesungen teilnehmen durfte.[221] Herder war bis 1764 Student an der Albertina und hörte neben Kants Vorlesungen solche zu Physik, Philologie und Theologie.[222] Die Zeit, in der Herder Kant kennenlernte, fällt demnach vor die Entstehung der Kritischen Philosophie, und Herder sprach noch nach dem Zerwürfnis[223] mit seinem ehemaligen Lehrer in hohen Tönen von dem jungen Kant, den er einst in Königsberg getroffen hatte.[224] Sein späterer Argwohn gegenüber seinem ehemaligen Lehrer wurde durch den Verleger Johann Friedrich Hartknoch geschürt, der ihn wissen ließ, dass Kant die mangelnde Beachtung für seine erste *Kritik* auch auf Herders Einfluss zurückzuführen.[225] Nach seiner Königsberger Zeit wurde Herder Hofprediger im Haus von Bückeburg (1771–1776). In dieser Zeit verfasste er sein erstes geschichtsphilosophisches Werk *Auch eine Philosophie der Geschichte zur Bildung der Menschheit* (1774). Herder gab sich hier verhalten gegenüber dem Fortschrittsglauben seiner Zeit und setzt demgegenüber auf den genuinen Eigen-

---

[221] Kühn (2007, 157).
[222] Herder bemerkt, dass er „die Philosophie nach ihren Teilen bei Magister Kant; die Philologie bei Professor Kypke; die Theologie in ihren verschiedenen Feldern bei Doktor Lilienthal, u. Arnold" hörte (1977 Bd. 1, 95).
[223] Herder in einem Brief an Hamann (14.02.1785) „In Jena ward vorigen Jahrs eine Literaturzeitung mit großem Pomp angekündigt, an der auch Kant als einer der ersten Mitarbeiter genannt war. Und sieh da im 4ten u. 5ten St. erscheint eine Rezension der *Ideen*, so hämisch u. verdrehend u. metaphysisch u. ganz außer dem Geist des Buchs von Anfang bis Ende, das ich erstaunte, aber nichts weniger dachte, als daß Kant, mein Lehrer, u. den ich nie wissentlich mit etwas beleidigte habe, eines so niederträchtigen Werks fähig sein könnte [...] Zu eben der Zeit wird mir on einem Kantischen Aufsatz in der Berl. Mon. schr. gesagt, der auch Idee zur Gesch. des Menschengeschl. aber im weltbürgerl. Verstande sein soll. Gut, daß ich jetzt weiß, was ich an dem Herrn. Magistro VII. artium habe; u. glücklich, daß ich seinen kindischen Plan, daß der Mensch für die Gattung u. die vollkommenste Staatsmaschine am Ende der Zeiten erschaffen sei, nicht brauche. Ich will der Metaphysik ins Fäustchen lachen, deren Stolz, wie auch aus Kants Br. an Lambert erhellet, u. unerträglich Selbstgefälligkeit nichts als des Lachens wert ist." (1891, Bd. 5, 362 f.).
[224] „Vor mehr als dreißig Jahren habe ich einen Jüngling gekannt, der den Urheber der Kritischen Philosophie selbst und zwar in seinen blühenden männlichen Jahren [...] hörte." (Herder 1880, Bd. 22, 12).
[225] Kühn (2007, 337), Herder (1830, Bd. 3, 123) und Vorländer (1992, 317).

wert jeder Zeit und Kultur. Zehn Jahre später äußerte sich Herder in der Einleitung zu den *Ideen* über seinen frühen geschichtsphilosophischen Entwurf bescheiden, jener sei lediglich ein „Beitrag zu vielen Beiträgen des Jahrhunderts" und solle nur ausdrücken, „daß er neben so vielen gebahnten Wegen, die man immer und immer betrat, auch auf einen kleinen Fußsteg weise, den man zur Seite liegen ließ und der doch auch vielleicht eines Ideenganges werth wäre."[226] Die Autoren, von denen sich Herder 1774 mit eigenem Einspruch absetzte, waren indes die bekannten Namen der sich formierenden Geschichtsphilosophie: Voltaire, Hume, Robertson, Miliar und Iselin wurden in *Auch eine Philosophie der Geschichte zur Bildung der Menschheit* zitiert und kritisiert.[227]

Riedel ist zuzustimmen, wenn er feststellt, dass Herder in all seinen geschichtsphilosophischen Schriften vorkritisch, ein „Kantianer vom Jahre 1765" blieb. Er vermischte an der *Allgemeinen Naturgeschichte und Theorie des Himmels* geschulte und an religiösen Ideen orientierte Gedanken zu seinem geschichtsphilosophischen Konzept.[228] Die Differenzen zwischen Kant und seinem ehemaligen Schüler zeigen sich gut in dessen Rezension von Herders geschichtsphilosophischem Hauptwerk: *Ideen zur Philosophie der Geschichte der Menschheit* (1784–1791, in vier Teilen).[229] Kants Rezensionen (WW 12: 779–806; 8: 45–66) zum ersten und zweiten Teil wurden im Januar 1785 anonym in der *Jenaer Allgemeinen Literatur-Zeitung* veröffentlicht,[230] auf Anfrage der gerade neu gegründeten Zeitschrift hin.[231] Wahrscheinlich hatte Kant ein Exemplars dieser Bücher durch Hamann erhalten.[232] Nachdem Karl Leonhard Reinhold im *Teutschen Merkur* kritisch auf Kants Text reagiert hatte, schloss dieser wiederum in der *Jenaer Allgemeinen Literatur-Zeitung* einen weiteren Artikel an.[233] Diese Texte stehen im Zusammenhang[234] mit Kants Schrift *Bestimmung des Begriffs einer Menschenrasse* (1785)[235] und seinem eigenen geschichtsphilosophischen Entwurf *Idee zu einer Geschichte in Weltbürgerlicher*

---

226 Herder (1965, Bd. 1, 7).
227 Kittsteiner (1980, 11).
228 Riedel (1981, 41).
229 Riedel (1981, 42).
230 Rezension des ersten Bands (6. Januar 1785, 17–20); siehe Weischedel (1968, WW 12: 819).
231 Die entsprechende Anfrage in dem Brief von Christian Gottfried Schütz am 10.07.1784 (10: 393 f.).
232 Siehe Hamann (1965, Bd. 5, 175). In dem Brief vom 06.08.1784 teilt Hamann Herder mit, dass er die *Ideen* an Kant verliehen habe.
233 Im „Anhang zum Märzmonat"; am 15. November 1785 erschien eine weitere anonyme Rezension Kants zum zweiten Band von Herders *Ideen* (Weischedel, 1968, WW 12: 819, siehe auch Kühn, 2007, 341).
234 Riedel (1981, 41).
235 Kühn (2007, 342).

*Absicht* (1784).[236] Zwei Monate nach dem Erscheinen der letzten Rezension, im Januar 1786, erschien *Mutmaßlicher Anfang der Menschengeschichte*. Nach dem Erscheinen der Rezension polemisierte Forster gegen die seiner Meinung nach zu angepasste, etwas feige und bibeltreue Anthropologie Kants in *Mutmaßlicher Anfang der Menschengeschichte*.[237]

Kants Rezensionen der ersten beiden naturphilosophischen Bände stimmen indes in ihrem kritischen Ton mit der Mehrzahl der vergleichsweise wenigen frühen Rezensionen zu Herders *Ideen* überein – deutlich positiver wurden die Bände 3 und 4 wahrgenommen.[238]

Ab Mitte der 1790er Jahre ist nach Johannsen[239] jedoch ein Wandel in der Rezeption von Herders *Ideen* festzustellen, da angesichts der wachsenden Quellensammlung und der sich formierenden Editionen die Schwierigkeit deutlicher hervortrat, eine immer noch angestrebte Universalgeschichte der Menschheit zu schreiben.[240] Exemplarisch ist die Lösung des Problems der Vielfalt an Quellen durch Rückgriff auf Herder in dem Ausdruck des Göttinger Historikers Johann Christoph Gatterer *nexus rerum universalis*, eines allumfassenden Zusammenhangs der Dinge der Welt,[241] gefasst. Das Ende des 18. Jahrhunderts in seinen Versuchen zwischen klassischer Geschichtsphilosophie und aufkommendem Historismus brachte dann sogar Synthesen der Geschichtsphilosophie Kants und Herders hervor, wie zum Beispiel in den Schriften von Schillers Nachfolger in Jena, Karl Ludwig Woltmann (1770–1817).[242]

Kants Herder-Rezension verspricht Aufschlussreiches, da er seine geschichtsphilosophischen Schriften nie explizit an das kritische Hauptwerk angeschlossen

---

236 Weingarten (1982, 118–121). Kühn spricht davon, dass „Kant die Ideen Herders als Folie benutzt", aber dann einen alternativen Ansatz vorgeschlagen habe (2007, 340).
237 Hoorn (2004, 116).
238 Johannsen (2016, 199 f.): Kritik wurde an dem spekulativen Charakter und der empathischen Sprache Herders geübt. Johannsen bezieht sich in seinem Urteil auf 27 Rezensionen aus den Jahren 1784 bis 1795.
239 Johannsen (2001, 200).
240 Blanke/Fleischer (1990, 659).
241 „Der höchste Grad des Pragmatischen in der Geschichte wäre die Vorstellung des allgemeinen Zusammenhanges der Dinge in der Welt (Nexus rerum universalis). Denn keine Begebenheit in der Welt ist, sozusagen, insularisch" (Gatterer, *Vom historischen Plan und der darauf gründenden Zusammenführung der Erzählung*, 1767, 85).
242 „Durch die kantische Philosophie ist ein helleres Licht, als wir bisher hatten, auf die menschliche Bestimmung gefallen, und indem aus ihr die Idee der Menschengeschichte hervorging, […] Herder hat in seinen *Ideen zur Geschichte der Menschheit* mit einer ausgezeichneten Gewandtheit des Geistes […,] indem er die Wahrheit hervorhob, dass alle Schicksale unseres Geschlechts zu einer dauernden Humanität führen." (Woltmann 1797, LXII ff., zitiert nach Johannsen, 2001, 202).

hat, hier aber mit einer unkritischen Geschichtsphilosophie ins Gericht ging.[243] Eine nähere Betrachtung der Rezension Kants ist daher ein Ansatzpunkt, um herauszuarbeiten, wie kritisch Kants eigene Geschichtsphilosophie hinter dem typischen Ton der sich formierenden Geschichtsphilosophie ist.

Hierfür wird auf drei Kritikpunkte Kants eingegangen: (1) Herders Darstellung zu Ursprung und Verwandtschaft aller Lebewesen, (2) die Entwicklungslinie als Stufenordnung dieser lebendigen Wesen und ihre Angepasstheit an Umweltbedingungen, (3) der Übergang von bloß lebendigen Wesen zu – in Herders Worten: „geistigen" Lebensformen – den Menschen.

### § 1 Materie, Lebenskraft, Keime

Herders *Ideen* beginnen mit dem Abschnitt „Unsere Erde ist ein Stern unter Sternen" und schließen im siebten Abschnitt das erste der insgesamt zwanzig Bücher mit „Durch die Strecken der Gebirge wurden unsere beiden Hemisphären ein Schauplatz der sonderbarsten Verschiedenheit und Abwechslung". Das zweite Buch des ersten Bands umfasst die Abschnitte „Unser Erdball ist eine große Werkstätte zur Organisation sehr verschiedenartiger Wesen", „Das Pflanzenreich unserer Erde in Beziehung auf die Menschengeschichte", „Das Reich der Tiere in Beziehung auf die Menschengeschichte" und schließlich „Der Mensch ist ein Mittelgeschöpf unter den Tieren der Erde". Das Gesamtwerk endet 1791 mit Gedanken zum „Handelsgeist in Europa", den „Kreuzzügen und ihren Folgen" und der „Kultur der Vernunft in Europa". Die hier entfaltete Geschichtsphilosophie passt Kulturgeschichte in einen naturgeschichtlichen Rahmen ein. Die Historisierung der Natur stellt dabei die Ablösung von einer zyklischen Vorstellung des Naturverlaufs dar und erscheint als eine einflussreiche Begleiterscheinung der Formierung von Geschichtsphilosophie.[244]

Im ersten Buch stellte Herder die These auf, dass alles Leben, vom Polypen bis zum Menschen, einen einzigen Ursprung oder „Mutterschoß" haben könnte.[245] Kant

---

243 Cassirer zu Kants geschichtsphilosophischen Schriften: „Es scheinen nur kurze, schnell hingeworfene Gelegenheitsarbeiten zu sein, die wir in diesen Abhandlungen vor uns haben; und dennoch ist in ihnen das gesamte Fundament für die neue Auffassung gegeben, die Kant vom Wesen des Staates und vom Wesen der Geschichte entwickelt hat." (1975, 237).
244 Rohbeck (1987, 31 ff. und 2012, 125–138).
245 „Nur eine Verwandtschaft unter ihnen, da entweder eine Gattung aus der anderen, und alle aus einer einzigen Originalgattung oder etwa aus einem einzigen erzeugenden Mutterschoße entsprungen wäre, würde auf Ideen führen, die aber so ungeheuer sind, daß die Vernunft vor ihnen zurückbebt." (WW 12: 792; 8: 54, siehe auch 783).

nahm in seiner Rezension noch an, dass die Vernunft vor einer solchen Idee zurückschrecken müsse, fünf Jahre später in der *KUK* bemerkte er jedoch, dass es zumindest einen „schwachen Strahl von Hoffnung" für diese Richtung der Forschung gebe (5: 418 f.). Kants Einwand 1785 ergibt sich aus dem von ihm favorisierten Konzept der Keime als Erklärung für Vielfalt und Angepasstheit der Lebensformen. Herder präferierte demgegenüber die Hypothese einer „Lebenskraft"[246] und ging noch über die Annahme eines gemeinsamen Mutterschoßes hinaus, indem er angesichts des komplexen Aufbaus einer Schneeflocke ein analoges Verhältnis mit der Bildung lebendiger Formen und einen fließenden Übergang von unbelebter zu belebter Materie vermutete.[247]

### § 2 Stufenordnung des Lebendigen

Bei allen Differenzen treffen sich Kant und Herder in der Annahme, dass die Erscheinungsformen und prinzipiellen Ähnlichkeiten im Aufbau des organischen Lebens eine Stufenfolge mit zunehmender Komplexität nahelegen und der Mensch an der Spitze dieser Ordnung stehe.[248]

Bei Herders Eingliederung des Menschen in die Stufenordnung der Natur diagnostizierte Kant jedoch einen unzulässigen Sprung, da dieser in der zunehmenden Komplexität der organischen Lebensformen Anlass sähe anzunehmen, dass der einzelne Mensch nach seinem Tod eine höhere, rein geistige Entwicklungsstufe erreiche. Es könne, so Kant, vielmehr höchstens spekuliert werden, dass auf einem anderen Planeten eine höher entwickelte Lebensform als der Mensch existiere.[249] In der beobachtbaren Natur gebe es jedoch nur eine Umgestaltung in

---

246 „Der Verfasser rechnet nicht auf Keime, sondern eine organische Kraft, so bei Pflanzen als Tieren." (WW 12: 784; 8: 48 in der *KUK* 5: 456).
247 „Diese Übergänge machen es nicht unwahrscheinlich, daß in den Seegeschöpfen, Pflanzen, ja vielleicht gar in den todt genannten Wesen eine und dieselbe Anlage der Organisation, nur unendlich roher und verworrener herrschen möge. Im Blick des ewigen Wesens, der alles in einem Zusammenhange sieht, hat vielleicht die Gestalt des Eistheilchens, wie es sich erzeugt, und der Schneeflocke, die sich in ihr bildet, noch immer ein analoges Verhältniß mit der Bildung des Embryo im Mutterleibe", so Kant in seiner Rezension von 1785 (8: 47).
248 Der dahinterstehende Gedanke einer „Scala Naturae" reicht bis in die Antike und Herders Fortführung der Reihe ins Jenseits hat auch mindestens mittelalterliche Vorläufer. Im 17. und 18. Jahrhundert erschien er unter dem Topos einer *Great chain of being* oft theologisch gewandt (hierzu Lovejoy 2015, 260 f.).
249 „Rezensent muß gestehen: daß er diese Schlussfolge aus der Analogie der Natur, wenn er gleich jene kontinuierliche Gradation ihrer Geschöpfe, samt der Regel derselben, nämlich der Annäherung zum Menschen, einräumen wollte, doch nicht einsehe. Denn es sind da verschiedenen Wesen,

der Form – analog zu der Verwandlung einer Raupe in einen Schmetterling. Die Entwicklung der Keime der Naturgeschichte vollziehe sich ausschließlich im Rahmen des Lebens eines Vertreters der Art. Eine Veränderung der Keime, sodass man von höher entwickelten Nachkommen ausgehen könne, lehnte Kant ab. Dies gilt es im Auge zu behalten, wenn Kant die Begriffe ‚Keim' und ‚Anlage' in der Geschichtsphilosophie verwendet.

Formverwandlung in der Natur beinhalte allerdings nicht den Tod des Individuums. Kant räumte lediglich eine Stufenordnung zwischen unterschiedlichen Arten von Lebewesen ein, hinter der aber keineswegs eine ‚Lebenskraft', sondern ‚Keime' stünden (*Unterkapitel* 2.1 § 4).

### § 3 Tier, Mensch, Naturgeschichte, Religion

Der Mensch steht auf der Stufenleiter des Lebendigen – für Herder wie für Kant – auf der obersten Sprosse; bei Herder deutlicher als bei Kant in Anlehnung an eine biblische Weltdeutung. Herder nannte den Menschen die „Blüte der Erdschöpfung", das „letzte Schoßkind der Natur" (WW 12: 782; 8: 46). Herder ging davon aus, dass der Körper des Menschen als Werkzeug des Geistes zu fassen sei und der Geist gänzlich anders gebildet sei als er. Hierauf gründete sich Herders These, dass der Mensch nur eine Vorübung zu etwas Höherem, Körperlosem sei[250] – ein „Mittelgeschöpf", das die nächste Stufe seiner Entwicklung durch den Tod des Körpers erreiche.[251]

Basis für diesen Schluss ist die Komplexität der belebten Natur in ihrem Zusammenspiel, die nur durch die Annahme eines „unsichtbaren Reichs der Kräfte" erklärlich wird.[252] Diese Art spekulativer Thesen fand in der folgenden Zeit auch bei

---

welche der mancherlei Stufen der immer vollkommeneren Organisation besetzen [...]." (WW 12: 790; 8: 52).

250 „Es soll, mit der Vermeidung aller metaphysischen Untersuchungen, die geistige Natur der menschlichen Seele, Ihre Beharrlichkeit und der Fortschritte in der Vollkommenheit, aus der Analogie mit den Naturbildungen der Materie, vornehmlich in ihrer Organisation, bewiesen werden. Zum Behufe werden geistige Kräfte, zu welchen Materie nur das Bauzeug ausmacht, [...] angenommen, welche die belebende Kraft enthalte, die alles organisiert, und zwar so, dass das Schema der Vollkommenheit ihrer Organisation der Mensch sei, welchem sich alle Erdgeschöpfe von der niedrigsten Stufe nähern." (WW 12: 790; 8: 52).

251 „Durch diese Reihe von Wesen bemerkten wir eine Ähnlichkeit der Hauptform, die sich immer mehr der Menschengestalt nähert – ebenso sahen wir auch die Kräfte und Triebe sich ihm nähern. – Bei jedem Geschöpf war nach dem Zweck der Natur, den es zu befördern hatte, auch seine Lebensdauer eingerichtet." (WW 12: 789 f.; 8: 49 f.).

252 „Je organisierter ein Geschöpf ist, desto mehr ist sein Bau zusammengesetzt aus den niedrigen Reichen. Der Mensch ist ein Compendium der Welt: Kalk, Erde, Salze, Säuren, Öl und Wasser, Kräfte

institutionell etablierten Historikern wie Karl Heinrich Ludwig Pölitz[253] (1772–1838) Gehör. Pölitz legte mit Bezug auf Herder das Telos der menschlichen Geschichte ins Jenseits und erklärte die Erde zu einem „Erziehungsplaneten".[254]

Neben dem Gedanken einer geistigen Weiterentwicklung nach dem individuellen Tod rückte Kants Rezension noch zwei weitere Aspekte der Stellung des Menschen in Herders Werk kritisch in den Fokus. Der erste betrifft den Ursprung der „geistigen Kräfte", durch die sich der Mensch von allen übrigen Organismen abhebt, der zweite ein besonderes physiologisch-anatomisches Merkmal des Menschen: den aufrechten Gang.

Im vierten Buch der *Ideen* lokalisierte Herder den Ursprung der „geistigen Natur" des Menschen, für die der Körper nur ein Werkzeug sei, jenseits der beobachtbaren Naturlehre in der Belehrung „Elohims" (Gottes),[255] durch die der Mensch seine geistigen Fähigkeiten, vor allem die Sprache, empfangen habe. Herders Begründung hierfür erschien in Kants Rezension eher eindimensional: Ohne Anleitung sei es schlichtweg unerklärlich, wie der Mensch zu Sprache und Wissenschaft gekommen sei (WW 12: 789; 8: 63).

Abgesehen von der metaphysischen Begründung des Ursprungs der Ausnahmestellung des Menschen nannte Herder aber auch die „wesentlichen Naturunterschiede", namentlich den aufrechten Gang und – damit verknüpft und neuzeitlich anmutend[256] – den Gebrauch der Hände als vielseitige Werkzeuge im Zusammenhang mit der Entwicklung der Sprache.[257] Kant wies auch diesen natu-

---

der Vegetation, der Reize, der Empfindung sind in ihm organisch vereinigt. – Hiedurch werden wir darauf gestoßen, auch ein unsichtbares Reich der Kräfte anzunehmen, daß in eben demselben genauen Zusammenhange und Übergange steht, und eine aufsteigende Reihe von unsichtbaren Kräften, wie im sichtbaren Reiche der Schöpfung." (8: 49–50).

253 Pölitz war 1803–1815 Professor in Wittenberg und 1815–1838 an der Universität in Leipzig. Zu seinen Werken gehören *Handbuch der Weltgeschichte* (1805) *Geschichte und Statistik und Erdbeschreibung des Königreichs Sachsens und des Herzogtums* (1808–1810, 3 Bde.), *Die europäischen Verfassungen seit 1789 bis auf die neuste Zeit* (1817–1825).

254 Pölitz (1795, 14).

255 Im Tanach ist „Elohim" eine häufige Bezeichnung für Gott, aber auch Engel und stellenweise sogar Menschen, wenn deren Vorrangstellung vor anderen Menschen betont werden soll (zum Beispiel: 2. Buch Moses 4,16).

256 Zum Beispiel Wehr (2000).

257 „Sofort wirkten alle organischen Kräfte anders, – blick also gen Himmel, o Mensch, und erfreue dich schaudernd deines unermeßlichen Vorzugs, den der Schöpfer der Welt an ein so einfaches Principium, deine aufrechte Gestalt, knüpfte. – Über die Erde und Kräuter erhoben, herrscht der Geruch nicht mehr, sondern das Auge. – Mit dem aufgerichteten Gange wurde der Mensch ein Kunstgeschöpf, er bekam freie und künstliche Hände; – nur im aufrechten Gang findet wahre menschliche Sprache statt. – Theoretisch und praktisch ist Vernunft nichts als etwas Vernommenes,

ralistischen Ansatz Herders zurück, da er bezweifelte, dass die Physiologen durch die Analyse des mechanischen Baus und dessen zweckmäßiger Organisation für das Verständnis der menschlichen Vernunft ein besonderes Gewicht gewinnen können (8: 55 und 56). Auch in der *KUK* gibt sich Kant skeptisch, wegen der Schwierigkeit der praktischen Umsetzung, ebenso wie bei der Frage nach der Erzeugung eines Grashalms aus anorganischer Materie.[258] Die Frage nach einer Sonderstellung des Menschen innerhalb der belebten Natur wird außerdem ausführlicher in seiner Vorlesung zur Anthropologie behandelt.

## 2.3 Kants Anthropologie

> Kants Anthropologie ist mir ein sehr wertes Buch und wird es künftig noch mehr sein, wenn ich es in geringen Dosen wiederholt genieße, denn im Ganzen, wie es dasteht, ist es nicht erquicklich.
> Goethe in einem Brief an Schiller (19. Dezember 1798)

### § 1 Kants Anthropologie 1772–1796

Die Druckfassung von Kants Vorlesung ist die letzte von ihm selbst veröffentlichte Schrift und die einzige, von der seine Originalhandschrift erhalten geblieben ist. Sie geht auf eine Vorlesung zurück,[259] die er 1772–1796 jeweils im Wintersemester an der Albertina gehalten hat. Kant bemerkt dazu „in meinem anfänglich frei übernommenen, späterhin mir als Lehramt aufgetragenen Geschäfte der reinen Philosophie habe ich einige dreißig Jahre hindurch zwei auf Weltkenntniß abzweckende Vorlesungen, nämlich (im Winter-) Anthropologie und (im Sommerhalbjahr) physische Geographie gehalten, welchen als populären Vorträgen beizuwohnen, auch andere Stände gerathen fanden" (7: 122, Anm. 2). Das Manuskript für diese Vorlesung bildet die Grundlage für *Anthropologie in pragmatischer Hinsicht*, welches 1798 bei

---

gelernte Proportion und Richtung der Ideen und Kräfte, zu welcher der Mensch nach seiner Organisation und Lebensweise gebildet worden.'" (8: 49).
258 Kant dazu in § 75 der *KUK* (5: 400) und 1785: „Allein bestimmen zu wollen, welche Organisierung des Kopfes, äußerlich und seiner Figur und innerlich in Ansehung seines Gehirns, mit der Anlage zum aufrechten Gang notwendig verbunden sei, noch mehr aber, wie bloß auf diesen Zweck gerichtete Organisation den Grund des Vernunftsvermögens enthalte, dessen das Tier dadurch teilhaftig wird, das übersteigt offenbar alle menschliche Vernunft, sie mag nun am physiologischen Leitfaden tappe, oder am metaphysischen fliegen wollen." (WW 12: 793; 8: 55).
259 Der Beginn und das Ende der Vorlesungszeit waren dabei an den Festtagen Ostern und St. Michael und nicht am gregorianischen Kalender orientiert, was zu Verschiebungen der Termine führte (Brandt 1997, XCVII).

Friedrich Nicolovius in Königsberg erschien. Dieses Buch wandte sich nicht nur an Studierende, wie man vielleicht bei einem Vorlesungsskript vermuten könnte, sondern an ein breites Publikum (25: 857 und 1213).[260] Die wöchentlich vierstündige *Anthropologie* gehörte zu Kants populärsten Vorlesungen und war schon vor ihrer Drucklegung eine erfolgreiche Nachschrift unter den Studierenden und auch darüber hinaus.[261] Brandt und Stark schätzen, dass bis zur Buchveröffentlichung in Königsberg bis zu 130 verschiedene Nachschriften der Vorlesung im Umlauf waren (25: CXXXII), und vermuten, dass die meisten davon nicht auf nur einen Autor bzw. nur eine Mitschrift in einem Semester zurückgingen, sondern „eher als Produkt einzelner Gruppen der studentischen Zuhörerschaft" zu betrachten sind.[262]

Wie fand Kant aber zu diesem Fach, das er 24 Jahre lang unterrichten sollte? 1772 legte er mangels Einschreibungen für seine Physik-Vorlesung einen damals innovativen[263] Alternativvorschlag vor: eine Lehrveranstaltung zur Anthropologie.[264] Die Vorlesungen, wie sie in der parallel zur *GMS* entstandenen Mitschrift Christoph Cölestin Mrongovius' dokumentiert sind, trugen noch nicht den Zusatz „pragmatisch", wie er später in der Druckfassung verwendet wurde.[265] Viel Material, vor allem für den ersten Teil der Vorlesung, war der ursprünglich seinem Metaphysikkolleg vorangestellten empirischen Psychologie entnommen.[266] Anthropologie war 1772 akademisches Neuland ohne festes Curriculum und Kant war sich dessen bewusst. Er schrieb 1773 an Herz, dass er jetzt außer den Vermögen der Seele auch die soziale, historische und kulturelle Dimension in seine Anthropologie einbeziehen wolle, um die Handlungsmöglichkeiten des Menschen zu erweitern (10: 145). Kant wollte, dass seine Anthropologie empirisch und zugleich pragmatisch sei (7: 119), eher Ingenieurswissenschaft als Grundlagenforschung. Was „pragmatisch" bedeutet und wie dies mit der kantischen Erkenntnistheorie in Verbindung steht, wird in § 2 behandelt. Diesem vorangestellt ist eine Skizze des Verständniswandels von dem, was Anthropologie ausmacht. Kants neue Schwerpunktsetzung auf soziohistorische Aspekte vollzog sich vor dem Hintergrund der Loslösung der Anthropologie des 18. Jahrhunderts von einem metaphysisch-theologischen Men-

---

260 Irrlitz (2010, 440).
261 Von der ersten Auflage des Werks wurden 2000 Exemplare gedruckt, mehr als von allen früheren Werken Kants (Brandt, Kommentar zu Kants Anthropologie, 7), und das Buch wurde innerhalb von zwei Jahren nach seiner Publikation mindestens elfmal rezensiert – darunter die berühmte Rezension Friedrich Schleiermachers.
262 Brandt (1997, XCV).
263 Pitte (1971, 3).
264 Frierson (2015, 115).
265 Schönecker/Wood (2002, 34).
266 Dazu Stark (1993, 323–326), Louden (1999, 65), Brandt (1999, 15) und Hinske (1966, 413).

schenbegriff. Johann Georg Walch hatte in seinem *Philosophischen Lexicon* (1726) noch an einem starken Dualismus zwischen *Anthropologia physica* und *Anthropologia moralis* festgehalten. Jedoch wurde ein neues, nicht ständisches oder religiöses, dafür aber anwendungsorientiertes (bis hin zu Werken wie von Knigge)[267] Wissen um den Menschen wirkungsmächtig. Neben der empirischen Psychologie waren die *Physische Geographie*, die Kant seit 1755 las, und Gedanken aus *Beobachtungen über das Gefühl des Schönen und Erhabenen* (1764) weitere Quellen der Vorlesung.

Im Hinblick auf die, wie Brandt bemerkt,[268] auffallend konstante Gliederung der Vorlesung bis zur Buchveröffentlichung sind neben Alexander Gottlieb Baumgartens *Psychologia empirica* (15: 5–54) Parallelen des ersten Hauptabschnitts (*Didaktik*, 7: 125–282) zu Johann Nicolas Tetens *Philosophischem Versuch über die menschliche Natur* (2 Bde., 1776–1777) deutlich. Jedoch zielte Kant ab dem dritten Buch *Vom Begehrungsvermögen* und vor allem im zweiten Hauptabschnitt der Anthropologie, der *Charakteristik*, auch auf eine neue soziologisch-historische Ebene ab. Brandt resümiert, dass die Zusammenstellung der beiden Teile der *Anthropologie* ein „historisches Zufallsprodukt", aber schon 1772/1773 angelegt gewesen sei.[269] Er sieht den Grund hierfür in der allgemein-systematischen Ausrichtung des ersten und in dem spezielleren, „mehrheitlich disjunktiven Charakter" des zweiten Teils, der erst in der Druckfassung eine gesonderte Überschrift erhielt. Hinske spricht davon, dass diese Gedanken zum „Charakter der Gattung" merkwürdig losgelöst von den Überlegungen des Anfangs stünden.[270]

Vorlesung wie gedruckte *Anthropologie* gehören in den Kontext der aufklärerischen Emanzipations- und Bildungsbewegung und zeichnen sich eher durch den weiten Horizont ihrer Fragestellung als durch systematische Strenge aus. So fragt Kant zwar eingangs: „Was er [der Mensch] als freihandelndes Wesen aus sich selber macht, oder machen kann und soll?" (7: 119), doch ist von der Freiheit in einem moralisch relevanten Sinne danach nicht mehr die Rede, geschweige denn, dass diese Frage als Zielpunkt der Vorlesung ausgemacht werden könnte.[271] Auf die

---

267 Knigge formulierte 1788 im Vorwort seines berühmten Werks wie folgt: „Wenn die Regeln des Umgangs nicht bloß Vorschriften einer konventionellen Höflichkeit oder gar einer gefährlichen Politik sein sollen, so müssen sie auf die Lehren von den Pflichten gegründet sein, die wir allen Arten von Menschen schuldig sind, und wiederum von ihnen fordern können. – Das heißt: Ein System, dessen Grundpfeiler Moral und Weltklugheit sind, muss dabei zum Grunde liegen." (2002, 444).
268 Brandt (1997, XXIV).
269 Brandt (1997, XXXI).
270 Hinke (1966, 418).
271 Hinske (1966, 424), Brandt (1999, 8 und 14) und Wood (2003, 38). Eine Integration versucht Sturm (2011).

Problematik des zugrunde gelegten Freiheitsbegriffs geht *Kapitel 3* ein, da hier eine Gelenkstelle für die Interpretation der Geschichtsphilosophie ausgemacht werden kann.

An dieser Stelle soll nun vorbereitend der epistemisch-praktische Status der Anthropologie anhand des Begriffs ‚pragmatisch' herausgearbeitet und dessen Bezug zum Begriff ‚weltbürgerlich' erläutert werden (§ 2).

### § 2 Von pragmatischer Hinsicht und weltbürgerlicher Absicht

„Pragmatisch ist eine Geschichte abgefaßt, wenn sie klug macht, d. i. die Welt belehrt, wie sie ihren Vortheil besser, oder wenigstens ebenso gut als die Vorwelt besorgen könne" (4: 417 Anm.). Im Gegensatz zu den in *Kapitel 3* vorgestellten primär naturgeschichtlichen Werken bezeichnete Kant seine *Anthropologie* als ‚pragmatisch'. Was aber im Einzelnen das Pragmatische kennzeichnet und in welchem Verhältnis es zu einer Wissenschaft steht, wird nicht weiter bestimmt. Norbert Hinske erkennt in dem Begriff ‚pragmatisch' zwar einen der Leitbegriffe der Anthropologie Kants, betont aber gleichzeitig die starken Umformungen[272] und nähert sich dem Begriff, ähnlich wie Allen Wood, mittels einer Reihe begrifflicher Gegenüberstellungen.[273]

Etymologisch war ‚pragmatisch' im ausgehenden 18. Jahrhundert ein in gebildeten Kreisen geläufiger Begriff: *Zedler* listet „pragmatica", „pragmatica principum historia" und „pragmatica sanction"[274] (letztere umfasst allein elf Spalten) auf. Der aus dem Lateinischen stammende Begriff ‚pragmaticus' bezeichnete jemanden, der als sach- und geschäftserfahren galt, jemanden mit praktischer Erfahrung. Kant hielt 1785 in der *Grundlegung der Metaphysik der Sitten* mit Bezug zur „pragmatica sanction" fest:

> Mich deucht, die eigentliche Bedeutung des Worts p r a g m a t i s c h könne so am genauesten bestimmt werden. Denn pragmatisch werden die Sanctionen genannt, welche eigentlich nicht aus dem Recht der Staaten als nothwendige Gesetze, sondern aus der Vorsorge für die allge-

---

272 Ähnlich Sturm (2009, 470): Sein Begriff des Pragmatischen ist jedoch keineswegs konstant und enthält selbst am Ende noch mehrere Aspekte.
273 „Pragmatic vs Physiological", „pragmatic vs scholastic" (Wood 2003, 40 f.) „Spekulativ-Theoretisch-Scholastisch auch physiologisch" (Hinske 1966, 424).
274 Im römisch-byzantinischen Staatsrecht war die „pragmatische Sanktion" ein Erlass in Reaktion auf bestimmte Staatsangelegenheiten, zum Beispiel die 1713 von Kaiser Karl VI. erlassene Erbfolgeregelung zur Sicherung der Unteilbarkeit der habsburgischen Lande. Diese Regelung galt intern schon ab 1703 in Reaktion auf den Spanischen Erbfolgekrieg, wurde aber erst 1748 im Frieden von Aachen von allen deutschen Fürsten akzeptiert (*Zedler* 1754, Bd. 29, 169–172).

meine Wohlfahrt fließen. Pragmatisch ist eine Geschichte abgefaßt, wenn sie klug macht, d. i. die Welt belehrt, wie sie ihren Vortheil besser, oder wenigstens ebenso gut als die Vorwelt besorgen könne. (4: 417 Anm.)"

‚Pragmatisch' steht hierbei nicht im Gegensatz zu einem notwendigen Gesetz, sondern knüpft vielmehr an dieses an, mit dem Ziel, die „allgemeine Wohlfahrt" zu befördern. Um dieses Ziel zu erreichen, bedarf es der ‚Klugheit', der Fähigkeit, die richtigen Mittel für die Erreichung eines Zwecks zu wählen.[275] Kant differenzierte Privat- und Weltklugheit.[276] Erstere sei die Fähigkeit, andere für seine Absichten zu gebrauchen (7: 322),[277] Letztere „die Einsicht, alle diese Absichten zu seinem eigenen dauernden Vortheil zu vereinigen" (4: 416 Anm.). Welche Zielsetzung ergibt sich aber, wenn alle Absichten zum eigenen Vorteil vereint werden? Eine Nutzenmaximierung, mit dem Resultat einer hohen sozioökonomischen Stellung möglichst vieler Menschen einer bestimmten Gesellschaft oder aller lebenden Menschen auf der Welt oder sogar der zukünftigen Generationen?

Kant setzte in seiner Anthropologie, zumindest implizit, das Ziel einer ‚weltbürgerlichen' Verfassung für die Entwicklung des Menschen voraus,[278] verdeutlichte aber auch, dass „die Sittenlehre sich schon durch ihren Begriff von der Naturlehre (hier der Anthropologie) absondert." (6: 385). Letztere beruhe auf „empirischen Principien, dagegen die moralische Zwecklehre, die von Pflichten handelt, auf a

---

275 „[...] die Geschicklichkeit in der Wahl der Mittel zu seinem eigenen größten Wohlsein" (4: 416).
276 Sturm (2009, 495 Anm.) wendet gegen Kains Interpretation der Begriffe (2003, 238) ein, „dass die verschiedenen Bedeutungen der Begriffe von Klugheit, Geschicklichkeit und Weisheit und hierbei besonders der Klugheit weniger auf eine Entwicklung von Kants Auffassungen hindeuten (zumindest nicht nach der Mitte der 1770er Jahre), sondern den unterschiedlichen Diskussionskontexten geschuldet sind. Richtig ist zwar, *dass* Kant beispielsweise den Privatklugheits-Begriff eigentlich nur dann gebrauchte, wenn er gegen eudämonistische Ethiken argumentiert. Doch seine Auffassungen darüber, welcher Begriff von Klugheit für seine Anthropologie am treffendsten ist, ändern sich durchaus. Er beginnt mit einem Begriff, der dem entspricht, den er später ‚Privatklugheit' nennt, unterscheidet dann hiervon den der Kompetenz des Gebrauchs anderer Menschen (Weltklugheit im von Privatklugheit dominierten Sinn), und formuliert schließlich, seit der Mitte der 1780er Jahre, den anspruchsvollen Begriff von Weltklugheit, der auf einen Nutzen für die gesamte Menschheit gerichtet ist [...].".
277 Es gibt Stellen, bei denen die Gattungsebene zugunsten individueller Motive in den Hintergrund rückt, pragmatische Kenntnisse sollen dann nutzen, „andere Menschen zu seinen Absichten geschickt zu brauchen." (7: 322; siehe auch 7: 323 f.).
278 Im letzten Kapitel der *Charakteristik* spricht Kant zum Beispiel von der Bestimmung der menschlichen Gattung, ihren moralischen Anlagen und den Zeichen für einen Fortschritt durch die „fortschreitenden Organisation der Erdbürger in und zu der Gattung als einem System, das kosmopolitisch verbunden ist." (7: 333).

priori in der reinen praktischen Vernunft gegebenen Principien beruht" (6: 385).²⁷⁹ Als pragmatisch ausgerichtete Wissenschaft kann Anthropologie über die Begriffe ‚Menschheit' und ‚Weltbürger' zwar an diese Konzeption anknüpfen, bleibt aber primär Handlungswissen, kein Begründungswissen. Als Handlungswissen unterscheidet sich *Anthropologie* auch vom Zugang der Naturgeschichte zum Gegenstand ‚Menschen'.

Im späten 18. Jahrhundert gehörte zur theoretischen Anthropologie auch die Analyse der Organfunktionen, wie sie Ernst Plattner in seinem Handbuch zugrunde legte. Kant diagnostizierte diese Herangehensweise 1772 als unzureichend (10: 146). Für die Strukturierung und Erklärung von Handlungen erkannte er innerhalb einer pragmatisch ausgerichteten Anthropologie keine reduktionistische Lösung.²⁸⁰ Kant ging es vielmehr um Weltkenntnis,

> welche dazu dient, allen sonst erworbenen Wissenschaften und Geschicklichkeiten das Pragmatische zu verschaffen, dadurch sie nicht bloß für die Schule, sondern für das Leben brauchbar werden, und wodurch der fertig gewordene Lehrling auf den Schauplatz seiner Bestimmung, nämlich in die Welt, eingeführt wird [...]. (2: 443)

John Locke stellte in seiner Erziehungsschrift von 1693 ‚Weltkenntnis' der ‚Schul- und Gelehrtenkenntnis' gegenüber und wurde damit eine einflussreiche Größe in Preußen. Friedrich II. und sein Staatsminister von Zedlitz bezogen sich beide auf Locke²⁸¹ und wollten neben das akademische Wissen eine Art von Handlungswissen, freilich mit herrschaftsaffirmativer Nebenwirkung, für die bürgerliche Gesellschaft stellen (s. a. *Unterkapitel* 1.2).

Auch bei Kant ist ‚Weltkenntnis' nicht nur für den Gelehrten, sondern dem populären Charakter der Vorlesung entsprechend für ein breites Publikum gedacht (7: 66; siehe auch Refl. 1482, 15: 659; Refl. 1502, 15: 800 und 25: 856–857). Kants *Anthropologie* darf der „popularphilosophischen praktischen Weltkenntnis"²⁸² zugeordnet werden und sie ist weder „speculativ noch psychologisch" (25: 471) – ein Mittel zur Aufklärung des lesenden Publikums (8: 122), wenngleich eines, das an die Philosophie Kants anknüpft. In der *Anthropologie* betrachtet der Mensch den Menschen als ein „mit Vernunft begabtes Erdwesen" mit dem Ziel, die gewonnenen Kenntnisse „zum Gebrauch für die Welt" zu nutzen. Anthropologie sei ein beson-

---

279 Für die Trennung zwischen Moralphilosophie und Anthropologie siehe auch 4: 389 f.; 4: 410–412; 4: 425, 6: 217 und 7: 209.
280 Kant entwickelt seine Philosophie ab 1770 gegen die Möglichkeit der Aufhebung der Metaphysik durch empirische Disziplinen (Brandt 1997, XIII).
281 John Locke, *Some Thoughts concerning Education* (1693), Friedrich II., *Über die Erziehung* (1769). Dazu auch Kersting (1992, 136–149).
282 Brandt (1997, XIV).

derer Teil der ‚Weltkenntnis', weil der Mensch sich selbst zum Gegenstand und zum „letzte[n] Zweck" seiner Unternehmung mache (7: 119). Was ‚letzter Zweck' auf dieser Gattungsperspektive bedeuten kann, wird *Unterkapitel* 3.1 näher untersuchen.

‚Pragmatische' soll auf die theoretische Weltkenntnis folgen. Letztere wird in der Schule erworben und betrachtet den Menschen „als zum Spiel der Natur gehörende[s] Product", zum Beispiel in der Naturgeschichte bei der Analyse der Menschenrassen (8: 120, siehe auch 15: 657 und 4: 388). Der Mensch soll in dieser *Anthropologie* aber nicht mehr nur als ein Produkt der Natur, sondern auch als frei handelndes Wesen analysiert werden. Welchen Begriff von ‚Freiheit' Kant hier zugrunde legt, präzisiert *Unterkapitel* 4.2 §1. Damit Wissen nützlich im sozialen Umgang mit Menschen wird, dürfe es „nicht nach demjenigen, was ihre Gegenstände im Einzelnen Merkwürdiges enthalten (Physik und empirische Seelenlehre) erwogen werden", sondern es müsse das „Verhältniß im Ganzen, worin sie stehen und darin ein jeder selbst seine Stelle einnimmt" (2: 443) behandeln. Der Mensch wird allgemein betrachtet, der Fokus liegt auf seiner ‚Natur' (25: 471, 7: 120), nicht auf seinen je nach Zeit und Ort wechselnden Eigenarten.[283] Dabei ist zu beachten, dass es in der Anthropologie auch nicht um eine ahistorische transzendentale Essenz des Menschen gehen kann,[284] Kant aber auch „zweifellos bestimmte Konstanten der menschlichen Natur annimmt [...]."[285] Er will also weder eine empirische Theorie des Menschen vorlegen noch eine rein theoretische Bestimmung des Gegenstands verteidigen.

Die Spannung beider Ausrichtungen in Kants Anthropologie lässt sich entschärfen, wenn ‚Natur' des Menschen als ein regulatives Prinzip (*Unterkapitel* 4.3) gedeutet wird. Anthropologische Setzungen Kants, wie die „ungesellige Geselligkeit", wären dann weniger problematisch als Gattungsmerkmal. Ob der Mensch gesellig oder ungesellig oder aus einem geraden oder krummen Holz gemacht ist (8: 23), hätte als regulatives Prinzip keinen Einfluss auf die konstitutiven Elemente Kants praktischer Philosophie. Diese Annahmen könnten aber innerhalb der empirischen Wendung, nicht der Begründung, seiner Moralphilosophie gerechtfertigt werden, was dann wiederum bei der systematischen Organisation des Wissens vom Menschen nützlich ist. Mit Hinske ist anzunehmen, dass die Anthropologie nicht aus-

---

[283] „Ort und Zeitumstände bewirken, wenn sie anhaltend sind, Angewöhnungen, die, wie man sagt, eine andere Natur sind" und sie „erschweren es der Anthropologie sehr, sich zum Rang einer förmlichen Wissenschaft zu erheben" (7: 122).
[284] „There is nothing ahistorical about Kantian ethics. It has a historically situated understanding of itself, and is addressed to specific cultural needs of its own age." (Wood 1991, 336).
[285] Sturm (2009, 446).

reicht, um die „Natur des Menschen"[286] zu ergründen, und ein Rückbezug zu moralphilosophischen Schriften hergestellt werden muss. Da Kant nicht die Phänomene selbst und ihre Gesetze bestimmen will, weil es in der *Anthropologie* gerade nicht um die „ersten Gründe der Möglichkeit" gehe (10: 145), gilt für die Annahme einer Natur des Menschen:

> Wenn jemand nicht beweisen kann, daß ein Ding ist, so mag er versuchen zu beweisen, daß es nicht ist. Will es ihm mit keinem von beiden gelingen (ein Fall, der oft eintritt), so kann er noch fragen: ob es ihn interessire, das Eine oder das Andere (durch eine Hypothese) anzunehmen, und dies zwar entweder in theoretischer, oder in praktischer Rücksicht, d. i. entweder um sich bloß ein gewisses Phänomen (wie z. B. für den Astronom das des Rückganges und Stillstandes der Planeten) zu erklären, oder um einen gewissen Zweck zu erreichen, der nun wiederum entweder pragmatisch (bloßer Kunstzweck) oder moralisch, d. i. ein solcher Zweck sein kann, den sich zu setzen die Maxime selbst Pflicht ist. (6: 354)

Der normative Anspruch hinter dieser Perspektive auf den Menschen bleibt auch hier ungeklärt: Manchmal scheinen epistemische Gründe hinter dem „Sollen" zu stehen und die Annahmen einer allgemeinen Natur des Menschen als organisatorisches Zentrum für den Wissenserwerb zu dienen. Manchmal allerdings klingt Kant eher aufklärerisch-erzieherisch – der Mensch soll es durch diese Perspektive leichter haben, flächendeckend eine republikanische Staatsordnung zu etablieren – und manchmal mischt sich auch ein moralischer Unterton hinein.

Nichtsdestotroz ist die Leseweise der Natur des Menschen als regulatives Prinzip tragfähig und ermöglicht es darüber hinaus, sperrige Dichotomien zu umgehen, auf die Hinske[287] hinweist. Ebenso eröffnet sie eine Alternative zu problematischen Versuchen, aus der *Anthropologie* eine Brücke zwischen der praktischen und der theoretischen Philosophie Kants zu konstruieren. Die *Anthropologie* ist weder als eine *Metaphysik der Sitten* noch als ein *Metaphysischer Anfangsgrund der Naturwissenschaft*[288] zu lesen.

Die in diesem Kapitel dargestellte Sonderstellung des Menschen als vernünftiges Naturwesen und Vernunftwesen soll im nächsten Kapitel vor dem Hintergrund der Fragen „Was soll ich tun?" und „Was sollen wir tun?" analysiert werden. Hierbei tritt ein Zusammenhang von Moral und Politik hervor, der grundlegend für die

---

[286] Hinske (1966, 419).
[287] Hinske bemerkt, dass das Theorem einer konstanten ‚Natur des Menschen' entweder der Ethik oder einem „umfassenden Begriff der Anthropologie" (1966, 418) zuzuordnen sei, aber nicht der empirischen Anthropologie. Kants Verwendung der Begrifflichkeit fiele damit aber nicht immer zusammen.
[288] Hinske unterstreicht, dass sich „die Wesensbestimmung des Menschen in der *Metaphysik der Sitten* und nicht in der *Anthropologie*" vollziehe (1966, 418).

Interpretation von Kants Geschichtsphilosophie erscheint. Diesen Zusammenhang gilt es bei manchen vielleicht merkwürdig anmutenden Vorannahmen wie dem krummen Holz, aus dem der Mensch gemacht sei (8: 23), oder der Naturabsicht, welche besser wisse, was gut für den Menschen ist als dieser selbst (8: 21), im Auge zu behalten. So schlägt Kant im Gegensatz zu einer machiavellistischen Sichtweise keineswegs vor der Politiker solle die Kenntnis um die Natur des Menschen für seine persönlichen oder auch allgemeinen Zwecke nutzen – vielmehr fordert Kants Anthropologie, die Rolle der natürlichen Neigungen sowie die Eigenheiten der Gattung zu studieren, um der Moralphilosophie zu dienen. Das Pragmatische steht unter dem Primat des Moralischen.

# 3 Geschichte – Was soll ich tun?

## 3.1 Was soll ich tun?

Wie in *Unterkapitel* 2.1 §§ 3 und 4 herausgearbeitet wurde, bestimmte Kant den Menschen innerhalb der Naturgeschichte als ein Tier unter anderen[289] – zwar genießt der Mensch als einziges vernünftiges Tier eine herausgehobene Stellung, weist aber prinzipiell nicht über die Natur hinaus. Vor diesem Hintergrund verwundert es, dass Kant 1790 in der *KUK* scheinbar die Grundzüge einer von der Naturgeschichte anhebenden Kulturgeschichte skizzierte, die in einer Sittengeschichte ihren Beschluss findet. Worin der prinzipielle Unterschied zwischen Kultur- und Sittengeschichte besteht, soll im Folgenden aufgezeigt werden. Zentrale Motive hierbei sind die Bestimmung des Menschen als ‚letzter Zweck' und als ‚Endzweck' der Natur.

Ziel des *Unterkapitels* 3.1 ist es, die Grundlagen Kants konzeptueller Unterscheidung zwischen dem Menschen der Naturgeschichte (*Kapitel 2*), dem der Kulturgeschichte und dem der Rechtsgeschichte darzustellen. Hierfür werden zunächst (§ 1) verschiedene Arten von Vernunft, die Kant dem Menschen zuschreibt, und (§ 2) die mit ihnen zusammenhängende Unterscheidung des Menschen als vernünftiges Naturwesen und als Vernunftwesen expliziert. Auf diese Unterscheidung gründet sich die Möglichkeit, eine Handlung vor dem Hintergrund des hypothetischen oder des kategorischen Imperativs zu begreifen (§ 3). Eine kurze Klärung der Voraussetzungen des Begriffs ‚Menschheit' schließt die Bestandsaufnahme der moralphilosophischen Grundannahmen der Geschichtsphilosophie Kants ab. Der Abschnitt endet mit einer Anwendung der begrifflich erarbeiteten Differenzierung auf die *Methodenlehre* der *KUK*.

Auf dieser Basis wird die besondere Stellung der kantischen Geschichtsphilosophie deutlicher. Außerdem kann gezeigt werden, welche systematische Perspektive für die Geschichtsphilosophie ein Umweg über die Rechtsphilosophie im Gegensatz zu einem direkten Rückgriff auf die Naturgeschichte (*Kapitel 2*) oder Moralphilosophie (*Unterkapitel 3.2*) eröffnet.

---

[289] „Der Mensch im System der Natur (homo phaenomenon, animal rationale) ist ein Wesen von geringer Bedeutung und hat mit den übrigen Thieren, als Erzeugnissen des Bodens, einen gemeinen Werth (pretium vulgare)." (6: 434, s. a. 8: 365).

## §1 Arten von Vernunft

Kant stieß bei seinem Versuch, den Menschen innerhalb des Systems der lebenden Natur adäquat einzuordnen, auf ein Problem: Da der Mensch das einzige Wesen auf der Erde ist, dem Vernunft zugesprochen werden kann, sieht er keine andere Option beim Versuch, das Spezifische dieses Merkmals zu bestimmen, als ihn mit hypothetischen Vernunftwesen, wie zum Beispiel Engeln oder Außerirdischen, zu vergleichen (7: 322, siehe auch 25: 1415).

Trotz dieser Singularität in der Naturgeschichte gewinnt das sinnlich-vernünftige Wesen Mensch an Konturen: Kant spricht ihm einen ‚Charakter' zu, der sich über Generationen entwickelt (7: 322). Daraus resultiert ein Unterschied zu allen anderen Lebewesen, weil der Mensch als Gattungswesen seinen ‚Charakter' selbst schaffe und nicht wie andere Tiere ausschließlich durch Neigungen und Instinkte bestimmt werde (8: 111–115).[290] Der durch Vernunft selbstgeschaffene ‚Charakter' des Menschen sei jedoch nicht mit der Autonomie des moralischen Subjekts gleichzusetzen, die es dem Menschen ebenfalls erlaube, unabhängig von Neigungen und Instinkten zu handeln. Die durch die Autonomie begründete Freiheit bezieht sich auf die ‚innere Freiheit', von der Kant die ‚äußere Freiheit' abgrenzt (*Unterkapitel* 3.1 § 2 und *Unterkapitel* 3.2 § 3), und auf einen individuellen Akteur, nicht den Menschen als Gattungswesen.

Der ‚Charakter' der Gattung sei, wie Brandt[291] hervorhebt, auch nicht biologisch zu verstehen. Um die Eigenart dieses Begriffs besser verständlich zu machen, kann es helfen, ihn in den Kontext des Begriffs der ‚Anlage' zu stellen (7: 321; siehe auch *Unterkapitel* 2.1 § 4 und *Unterkapitel* 3.1 § 4). Der Begriff ‚Anlage' macht die mechanistisch unterbestimmte Entwicklung organischer Wesen mittels der Hypothese einer Naturabsicht verständlich, da nach ihr „alle Naturanlagen eines Geschöpfes […] einmal vollständig und zweckmäßig" (8: 17) entwickelt werden. Demgegenüber

---

[290] Ganz ähnlich Herder, der sonst von Kant kritisiert wurde: „Daß der Mensch den Tieren an Stärke und Sicherheit des Instinkts weit nachstehe, ja daß er das, was wir bei so vielen Tiergattungen angeborene Kunstfähigkeit und Kunsttriebe nennen, gar nicht habe, ist gesichert […]. Mit einer so zerstreuten, geschwächten Sinnlichkeit, mit so unbestimmten, schlafenden Fähigkeiten, mit so geteilten und ermatteten Trieben geboren, offenbar auf tausend Bedürfnisse verwiesen, zu einem großen Kreise bestimmt – und doch so verwaiset und verlassen, daß es selbst [das menschliche Kind] nicht mit einer Sprache begabt ist, seine Mängel zu äußern – Nein! ein solcher Widerspruch ist nicht die Haushaltung der Natur. Es müssen statt der Instinkte andre verborgne Kräfte in ihm schlafen […] Lücken und ‚Mängel' können doch nicht der Charakter seiner Gattung sein." (Herder 1993, 20–24).
[291] Brandt (1999, 468).

stellt der Begriff ‚Charakter' die Eigenleistung[292] bei der Umsetzung der durch die Anlagen gegebenen Fähigkeiten in den Vordergrund.

Für die Verortung des Menschen hatte dies weitreichende kulturtheoretische Folgen: „Am Menschen (als dem einzigen vernünftigen Geschöpf auf Erden) sollten sich diejenigen Naturanlagen, die auf den Gebrauch seiner Vernunft abgezielt sind, nur in der Gattung, nicht aber im Individuum vollständig entwickeln" (8: 18). Kant spezifiziert den Begriff ‚Anlage' in der *Anthropologie* weiter:

> Unter den lebenden Erdbewohnern ist der Mensch durch seine technische (mit Bewußtsein verbunden-mechanische) zu Handhabung der Sachen, durch seine pragmatische (andere Menschen zu seinen Absichten geschickt zu brauchen) und durch die moralische Anlage in seinem Wesen (nach dem Freiheitsprincip unter Gesetzen gegen sich und andere zu handeln) von allen übrigen Naturwesen kenntlich unterschieden, und eine jede dieser drei Stufen kann für sich allein schon den Menschen zum Unterschiede von anderen Erdbewohnern charakteristisch unterscheiden. (7: 322)

Für den technischen und pragmatischen Gebrauch der Vernunft scheint diese kulturtheoretische Gattungsperspektive unproblematisch, da die Regeln der Technik und auch des geschickten Umgangs mit Menschen prinzipiell einer empirischen Rekonstruktion zugänglich sind. So kann man sich ohne Weiteres vorstellen, wie Regeln der technischen Vernunft von Generation zu Generation tradiert, angepasst und optimiert werden können. Demgegenüber verändert sich instinktives Verhalten bei Tieren, es mag so elaboriert sein wie die unterschiedlichen Vogelgesänge oder der Dammbau des Bibers,[293] nicht in gleicher Weise: Diese Tierarten sind nicht fähig, sich ihren ‚Charakter' selbst zu schaffen. Die Selbstverantwortlichkeit des Menschen für seinen ‚Charakter', für die Umsetzung seiner ‚Anlagen', verweist auf seine Besonderheit als Gattungswesen. Der ‚Charakter' der Gattung und die ‚Anlagen' zur Menschheit beziehen sich jedoch auf verschiedene Arten von Vernunft. Im Folgenden soll ein Ansatz zur Deutung dieser Begriffs-Konstellationen vorgestellt und problematisiert werden, um anschließend die Implikationen für die Geschichtsphilosophie prüfen zu können.

Allen Wood schlägt in seinem Aufsatz *Kant and the Problem of Human Nature* (2003) vor, einen Bezug zwischen den drei Anlagen zur Vernunft zu zwei weiteren

---

[292] „Kants Begriff des Charakters als differenzierender Verhaltensdisposition entspricht der Tradition, in der Hume steht, und drückt eine verbreitete Tradition dessen aus, was bis heute in der Psychologie unter der Rede von Charakteren von Individuen oder Gemeinschaften verstanden wird." (Sturm 2009, 415).
[293] Zwei der von Kant häufig angeführten Beispiele (7: 323).

Kantischen Trias vor: zum einen ‚Erhaltung–Erziehung–Regierung' (7: 321 f.)[294] und zum anderen ‚Kultivierung–Zivilisierung–Moralisierung' (7: 324).[295] Wood liest hierbei den Begriff ‚erhalten' als Hinweis auf eine bestimmte genuin menschliche Art, eigene natürliche Mängel gegenüber anderen Tieren auszugleichen: seine instrumentelle Vernunft. Wie die Analyse des daraus resultierenden Typs von Handlungsweisen zeigen wird (*Unterkapitel* 3.1 § 2), ist dieser Interpretationsansatz im Text gut belegt. Wenn man ‚regieren' zudem rechtsphilosophisch auslegt (*Unterkapitel* 3.2), dann gewinnt Woods Vorschlag[296] zusätzlich an Attraktivität. Ferner spricht Kant von einer „Cultur der Geschicklichkeit", die durch des Menschen „technische Anlagen" vermittelt werde (7: 322), und grenzt diese von pragmatischen Anlagen ab, die für den besseren Umgang der Menschen untereinander zu entwickeln seien. Er nennt dies ‚Zivilisierung' und betont, dass ‚Zivilisierung' nicht mit ‚Moralisierung' gleichgesetzt werden könne. Lediglich durch die Emanzipation von der „Tyrannei des Sinnenhanges", die eine Herrschaft, in der „die Vernunft allein Gewalt haben soll" (5: 433), vorbereitet, deutet sich auf Gattungsebene ein Bedingungsverhältnis der Entwicklungen ‚Kultivierung–Zivilisierung–Moralisierung' an.[297] Kant unterscheidet demnach zwischen drei Dimensionen, anhand derer die Entwicklung des Menschen analysiert werden könne: (1) ‚Erhaltung–Kultivierung' vermittelt durch seine ‚technischen Anlagen', (2) ‚Erziehung–Zivilisierung' vermittelt durch seine ‚pragmatischen Anlagen' und (3) ‚Regierung–Moralisierung' vermittelt durch seine ‚moralischen Anlagen'.

Jedoch ist ein solcher Zusammenschluss verschiedener Begrifflichkeiten, wie Wood ihn hier vorschlägt, nicht ohne Schwierigkeiten. Brandt warnt davor, die Begriffskonstellation „technisch–pragmatisch–moralisch" (7: 322 ff.) mit der Trias

---

[294] Brandt hebt das Fortschrittspotenzial der Erziehung gegenüber der rechtlichen Organisation hervor: „Kant begeisterte sich kurze Zeit für einen Revolution der Erziehungsanstalten [...] dieser Gedanke wird schon in den siebziger Jahren aufgegeben und durch die Beobachtung der allmählichen wachsenden Rechtlichkeit der Staaten ersetzt." (2007, 180).
[295] Wood (2003, 52).
[296] „'Cultivation' is the historical development of our technical predisposition to devise means to our ends (most basically, our end of self-preservation); 'civilization' is the historical development of our pragmatic predisposition to pursue our total well-being or happiness through modes of life involving other people which can be transmitted from each generation to the next through tradition and education; 'moralization' is the development of our predisposition to personality, devising and striving to obey rational laws through which the terms people's social interactions themselves are made rational, and human society becomes a system of ends united and combined – what the principle of morality calls a 'realm of ends'." Wood (2003, 53).
[297] Hier schwingt eine Nähe zu Brechts „Erst kommt das Fressen, dann kommt die Moral" aus der Dreigroschenoper mit. Dieser Gedanke scheint immer wieder in Kants Geschichtsphilosophie hervor, freilich ohne dass Kant ihn argumentativ einzuholen versucht.

von „Kultur–Zivilisierung–Moral" im 7. Satz der *Idee* (8: 26) gleichzusetzen, da sich verschiedene Verwendungsweisen des Begriffs ‚Kultur' bei Kant nachweisen lassen.[298] Die Vielschichtigkeit der Bezüge dieser Begriffskonstellationen verstärkt sich ferner dadurch, dass Kant in *Die Religion innerhalb der Grenzen der bloßen Vernunft* (6: 26 ff.) eine weitere Trias einführt: Die Anlagen des Menschen „für die Thierheit des Menschen, als eines lebenden; für die Menschheit desselben, als eines lebenden und zugleich vernünftigen" und „für seine Persönlichkeit, als eines vernünftigen und zugleich der Zurechnung fähigen Wesens". Die Anlage zur „Thierheit" als lebendes Wesen sei dabei ihrerseits dreifach: „erstlich zur Erhaltung seiner selbst; zweitens zur Fortpflanzung seiner Art durch den Trieb zum Geschlecht und zur Erhaltung dessen, was durch Vermischung mit demselben erzeugt wird; drittens zur Gemeinschaft mit andern Menschen, d. i. der Trieb zur Gesellschaft" – und sie sei unabhängig von dem Vermögen der Vernunft.

Diese Trias muss deshalb von den aufgeführten Anlagen der Vernunft getrennt werden, auch wenn sie durchaus in ein klassifikatorisches Verhältnis zu ihnen gestellt werden kann. Wesentlicher Unterschied ist, dass bei den Anlagen zur Menschheit das Vernunftvermögen zum Wesensmerkmal wird. Die Anlage zur Vernunft eröffnet erstlich den Raum des kulturellen Lebens: „Von ihr rührt die Neigung her, sich in der Meinung Anderer einen Werth zu verschaffen" und aus dieser Anlage speist sich auch die „ungesellige Geselligkeit" (8: 21), da „bei der besorgten Bewerbung Anderer zu einer uns verhaßten Überlegenheit über uns" der Mensch sich „der Sicherheit halber diese über andere als Vorbauungsmittel selbst zu verschaffen" versucht und „die Natur doch die Idee eines solchen Wetteifers (der an sich die Wechselliebe nicht ausschließt) nur als Triebfeder zur Cultur brauchen wollte" (6: 27). Von dieser den Bereich des ‚Pragmatischen' (*Unterkapitel* 2.3 § 2) betreffenden Anlage der Vernunft ist „die Anlage für die Persönlichkeit", „die Empfänglichkeit der Achtung für das moralische Gesetz, als einer für sich hinreichenden Triebfeder der Willkür" (6: 27) als ein eigener Bereich zu trennen. Sie ist angesichts ihres Verweises auf Kants Moralphilosophie prinzipiell von den technischen und pragmatischen Anlagen unterschieden – auch wenn sie den Abschluss dieser Reihung bildet. Kant schließt den Gedanken:

> Wenn wir die genannten drei Anlagen [Thierheit, Menschheit, Persönlichkeit; C. R.] nach den Bedingungen ihrer Möglichkeit betrachten, so finden wir, daß die erste keine Vernunft, die zweite zwar praktische, aber nur andern Triebfedern dienstbare, die dritte aber allein für sich selbst praktische, d. i. unbedingt gesetzgebende, Vernunft zur Wurzel habe (6: 28).

---

[298] Brandt (1999, 54).

Die von Wood vorgeschlagene Ordnung kann deshalb erweitert werden: ein erster Bereich mit der Anlage für die „Thierheit" im Menschen als Gattungswesen zur Erhaltung, Fortpflanzung und Gemeinschaft; ein zweiter Bereich mit den Anlagen zur ‚Menschheit', die alle der Vernunft bedürfen, darunter (a) die technische Anlage, die der Kultivierung dient, (b) die pragmatische Anlage, die der Erziehung und der Zivilisierung dient, und (c) die Anlage zur Persönlichkeit, die bei der Moralisierung wichtig wird. Dabei referiert nur Letztere auf Kants Moralphilosophie und setzt die reine praktische Vernunft voraus.

Die begrifflichen Wendungen Kants und die verschiedenen Kontexte erschweren eine einheitliche Systematik der charakteristischen Merkmale des Menschen.[299] Entscheidend für die systematische Einordnung der Geschichtsphilosophie Kants ist jedoch, dass er einerseits die moralische Vernunft in den Kontext einer umfassenderen praktischen Vernunft stellt und hierdurch eine von der Naturgeschichte anhebende in die Sittengeschichte mündende Kulturgeschichte impliziert. Der Text hält hierfür aber kein entsprechendes Argument bereit, sondern verliert sich in Andeutungen. So betont auch Brandt „die große, begrifflich nicht näher bestimmte Distanz der kritischen Moralphilosophie und pragmatischen Anthropologie."[300] Kant machte andererseits mehrfach unmissverständlich klar, dass Zivilisierung nicht Moralisierung nach sich zieht: „Wir sind civilisirt bis zum Überlästigen zu allerlei gesellschaftlicher Artigkeit und Anständigkeit. Aber uns für schon moralisirt zu halten, daran fehlt noch sehr viel" (8: 26; siehe auch 5: 433; 7: 326).[301] Bemerkenswert ist auch der Topos aus *Zum ewigen Frieden* (8: 366): „Den Staat braucht auch ein Volk von Teufeln" (*Unterkapitel* 3.2).

Eine Lösung hierfür wäre, den Zusammenhang zwischen Zivilisierung und Moralisierung regulativ zu denken:[302] Für ein sinnlich vernünftiges Wesen kann die Annahme eines Zusammenhangs zwischen seinen äußeren Lebensumständen, wie der Möglichkeit zur politischen Partizipation und dem allgemeinen Wohlstand, und der Tendenz, das moralische Gesetz zu verwirklichen, in epistemischer Hinsicht

---

**299** Brandt (1997, XVI): „Pragmatisch ist somit einerseits der Oberbegriff, dessen Gegenbegriff ‚spekulativ' ist; zum anderen ist es einer der drei Unterbegriffe neben ‚technisch' und ‚moralisch'. Zudem unterscheidet Kant noch eine Kultur der Geschicklichkeit von einer Kultur der Disziplin (5: 432; 9: 449)."
**300** Brandt (1997, XLVIf.). Ebenfalls bemerkenswert an dieser Stelle ist Kants Nähe zu Rousseaus Position (6: 33; 7: 324 f.).
**301** Kants Sonderstellung innerhalb der Geschichtsphilosophie der Aufklärung zeigt sich auch hier – man hört fast ihren großen Kritiker Burckhardt heraus, der davor warnt, dass die Kultur „leicht über ihre eigenen Beine stolpern" könnte (1905, 398).
**302** Hier liegt ein wichtiger Unterschied zum ‚Factum der reinen praktischen Vernunft' (5: 31), dem Bewusstsein des moralischen Gesetzes als ‚ratio cognoscendi' der transzendentalen Freiheit, die ihrerseits ‚ratio essendi' des moralischen Gesetzes ist (5: 4 Anm.).

hilfreich sein. Daneben markiert auch ein psychologisches Moment die Nähe von Geschichts- und Religionsphilosophie und wird in Äußerungen über den „Kummer" und das „Sittenverderbniß" greifbar (*Kapitel 5*).

Die Reihung Kultivierung–Zivilisierung–Moralisierung wäre demnach als Hypothese zu verstehen, die sich der unterschiedlichen Begründungsarten ihrer Elemente bewusst ist. Zudem stellt die Annahme einer Moralisierung der Menschheit als Konsequenz ihrer Zivilisierung ein regulatives Prinzip dar, mittels dessen er auf eine bestimmte Weise Geschichte schreiben kann. Dabei lassen sich zwei Funktionen dieses Prinzips bestimmen: 1. die Funktion zur Auswahl und Systematisierung der Quellen und 2. die Funktion als selbsterfüllende Prophezeiung – als empirischer Anreiz für (pflichtgemäßes) praktisches Handeln. Beide Funktionen lassen die Fundierung der moralischen Grundkategorien unberührt.

Um diese Leseweise weiter zu plausibilisieren, wird im Folgendem (§ 2) zunächst die Besonderheit des mit Vernunft handelnden sinnlichen Wesens Mensch näher bestimmt und anschließend in den Kontext der transzendentalphilosophischen Unterscheidung zwischen ‚homo phanoemenon' und ‚homo noumenon' gestellt.

## § 2 Homo Noumenon: Prämisse einer Geschichte in weltbürgerlicher Absicht?

Bei allen methodologischen und konzeptuellen Differenzen und Veränderungen zwischen den Geschichtsforschungen des 18. und des 21. Jahrhunderts bleiben beide grundlegend auf das Handeln von Menschen bezogen. Befasst man sich mit der Frage, wie mit dem Wissen über das Handeln von Menschen umgegangen wird, kommt man nicht umhin sich mit Kants spezifischem Begriff von ‚Freiheit' auseinanderzusetzen.

Menschliche Handlungen waren als Phänomene in Raum und Zeit für Kant wie jedes andere Naturphänomen determiniert. In der Dritten Antinomie der *KrV* formulierte er wie folgt:

> Alle Handlungen des Menschen in der Erscheinung [seien] aus seinem empirischen Charakter und den mitwirkenden anderen Ursachen nach der Ordnung der Natur bestimmt, was zur Konsequenz habe, dass, wenn wir alle Erscheinungen seiner Willkür bis auf den Grund erforschen könnten, [...] es keine einzige menschliche Handlung geben [würde], die wir nicht mit Gewissheit vorhersagen und aus ihren vorhergehenden Bedingungen als notwendig erkennen könnten. (*KrV*, B577)

Trotz dieser klaren Worte wäre es falsch, Kant als einen naiven Reduktionisten zu verstehen – auch der Bereich der Gründe, als psychophysischer Schnittpunkt gedacht, darf nicht den grundlegenden Erhaltungsprinzipien der Physik widersprechen, denn

> weder durch ein Wunder, noch durch ein geistiges Wesen [kann] in der Welt eine Bewegung hervorgebracht werden, ohne eben so viel Bewegung in entgegengesetzter Richtung zu wirken, folglich nach Gesetzen der Wirkung und Gegenwirkung der Materie, denn widrigenfalls würde eine Bewegung des Universums im leeren Raum entspringen (18: 320).

Als Konsequenz dieses starken Determinismus verliert die dem empirischen Bewusstsein zugängliche Wahlfreiheit an moralphilosophischer Relevanz.[303] In der *KpV* explizierte Kant dies am Beispiel des Bratenwenders:

> Hier wird nur auf die Nothwendigkeit der Verknüpfung der Begebenheiten in einer Zeitreihe, so wie sie sich nach dem Naturgesetze entwickelt, gesehen, man mag nun das Subject, in welchem dieser Ablauf geschieht, Automaton materiale, da das Maschinenwesen durch Materie, oder mit Leibnizen spirituale, da es durch Vorstellungen betrieben wird, nennen, und wenn die Freiheit unseres Willens keine andere als die letztere (etwa die psychologische und comparative, nicht transscendentale, d. i. absolute, zugleich) wäre, so würde sie im Grunde nichts besser, als die Freiheit eines Bratenwenders sein, der auch, wenn er einmal aufgezogen worden, von selbst seine Bewegungen verrichtet. (5: 97)

Erst die transzendentale Freiheit kann als Fundament die Begründungslast tragen, die ihr Kant auferlegt, und erst sie ermöglicht es, den Menschen als moralisch verantwortliches Wesen zu denken.

> Es giebt Fälle, wo Menschen von Kindheit auf, selbst unter einer Erziehung, die mit der ihrigen zugleich andern ersprießlich war, dennoch so frühe Bosheit zeigen und so bis in ihre Mannesjahre zu steigen fortfahren, daß man sie für geborne Bösewichter und gänzlich, was die Denkungsart betrifft, für unbesserlich hält, gleichwohl aber sie wegen ihres Thuns und Lassens eben so richtet, ihnen ihre Verbrechen eben so als Schuld verweiset, ja sie (die Kinder) selbst diese Verweise so ganz gegründet finden, als ob sie ungeachtet der ihnen beigemessenen hoffnungslosen Naturbeschaffenheit ihres Gemüths eben so verantwortlich blieben, als jeder andere Mensch. (5: 99 f.)

Der Mensch darf ‚frei' genannt werden, weil er fähig ist, unabhängig von der Sinneswelt Gesetze zu formulieren und sich an diese zu binden (6: 227). Durch diese Eigenschaft ist er ein „mit innerer Freiheit begabtes Wesen (*homo noumenon*)" (6: 418).

Auch § 3 der *Tugendlehre* expliziert den Unterschied zwischen ‚homo phaenomenon' und ‚homo noumenon':

---

[303] „Die Freiheit der Willkür aber kann nicht durch das Vermögen der Wahl, für oder wider das Gesetz zu handeln, (libertas indifferentiae) definirt werden" (6: 226).

> Der Mensch betrachtet sich in dem Bewußtsein einer Pflicht gegen sich selbst, als Subject derselben, in zwiefacher Qualität: erstlich als Sinnenwesen, d. i. als Mensch (zu einer der Thierarten gehörig); dann aber auch als Vernunftwesen (nicht blos vernünftiges Wesen, weil die Vernunft nach ihrem theoretischen Vermögen wohl auch die Qualität eines lebenden körperlichen Wesens sein könnte), welches kein Sinn erreicht und das sich nur in moralisch-praktischen Verhältnissen, wo die unbegreifliche Eigenschaft der Freiheit sich durch den Einfluß der Vernunft auf den innerlich gesetzgebenden Willen offenbar macht, erkennen läßt (6: 418).

Im Folgenden wird davon ausgegangen, dass Kant mit der Unterscheidung zwischen vernünftigem Wesen und Vernunftwesen gleichzeitig zwischen technisch-pragmatischer und moralischer Vernunft trennt. Inwiefern ein vernünftiges Wesen nicht schon ein moralisches Wesen ist, kann durch das Verhältnis zwischen instrumenteller Vernunft und den Instinkten der Tiere verdeutlicht werden. Beide Konzepte dienen dazu, besondere Verhaltensweisen innerhalb der Naturgeschichte abzugrenzen. Bei Tieren erfolgt eine willkürliche Bewegung demnach entweder aus Instinkt oder aus einer spontanen Neigung. Dadurch ergibt sich einerseits eine Differenz zu der Bewegung lebloser Materie nach mechanischen Gesetzen und anderseits zu den willkürlichen Bewegungen, die einem Begriff folgen (5: 172 und 15: 779). Begriffe ihrerseits können technisch sein und sind dann Naturbegriffe oder es handelt sich um moralische Begriffe (5: 26, 4: 414 und 416). In der Einleitung der *KUK* grenzte Kant dann den ‚Willen' als ein durch Begriffe bestimmtes Vermögen von den übrigen Naturursachen ab: „Der Wille, als Begehrungsvermögen, [...] [ist] eine von den mancherlei Naturursachen". Und er unterschied diese Art Naturursache von der „physischen Möglichkeit oder Notwendigkeit einer Wirkung, wozu die Ursache nicht durch Begriffe (sondern wie bei der leblosen Materie durch Mechanismus und bei Tieren durch Instinkt) zur Kausalität bestimmt wird." Kant erklärte überdies, dass die Begriffe, die „der Kausalität des Willens die Regel [geben], ein Naturbegriff, oder ein Freiheitsbegriff" sein können (5: 172).[304]

Im *Kanon*-Kapitel der *KrV* finden sich Anhaltspunkte,[305] wie die besondere Art der Kausalität der instrumentellen Vernunft zu bestimmen ist. Kant stellte dort fest, dass „praktische Freiheit [...] *durch Erfahrung* bewiesen werden" könne, „denn nicht bloß das, was reizt, d. i. die Sinne unmittelbar affiziert, bestimmt die menschliche Willkür, sondern wir haben ein Vermögen, durch Vorstellungen von dem, was selbst auf entferntere Art nützlich oder schädlich ist, die Eindrücke auf unser sinnliches Begehrungsvermögen zu überwinde[n]" (*KrV*, B830). Verantwort-

---

[304] Die Unterscheidung Mechanismus–Instinkt–Begriff findet sich auch in den *Reflexionen* (18: 419).
[305] Bojanowski (2006, 194 ff.) zum sogenannten Kanonproblem.

lich dafür machte Kant nicht die transzendentale Freiheit, sondern die auf das technisch-praktische Vermögen des Menschen gründende relative Freiheit.[306]

Da dem Menschen ein Vermögen zugesprochen werden kann, sich unabhängig von der Nötigung durch sinnliche Antriebe selbst zu bestimmen, sei die menschliche Willkür als ‚arbitrium librum' und nicht bloß als ‚arbitrium brutum' zu verstehen.[307] Dass dies berechtigt ist, wies Kant umfassend in der GMS und der KpV nach. Das Vermögen, Handlungen nach der Vorstellung von Gesetzen zu bestimmen, nannte Kant ‚Wille'. Da dieser schließlich nur vernünftigen Wesen zugesprochen werden kann (4: 427, 5: 134), stellt sich die Frage, welcher Zusammenhang zwischen der Vorstellung von Gesetzen und den drei Vernunftanlagen besteht.

Kant differenzierte in der GMS grundsätzlich zwei Typen handlungsbestimmender Gesetze oder Normen: den hypothetischen und den kategorischen Imperativ. Wenn eine Handlungsnorm so vorgestellt werden muss, dass sie für alle sinnlich vernünftigen Wesen verbindlich ist, gilt sie kategorisch. Wenn sie nur unter bestimmten subjektiven und daher kontingenten Voraussetzungen gilt, dann gilt sie hypothetisch (4: 427 und 6: 381). Daraus ergibt sich, dass sowohl technische, empirische Gegenstände betreffende Handlungsnormen als auch pragmatische Handlungsnormen, welche im Besonderen den Menschen als ‚homo phaenomenon' betreffen, den hypothetischen Imperativen zuzuordnen sind (4: 414 f.).[308] Beide zielen auf die beste Wahl der Mittel zur Realisierung eines kontingenten, empirischen Zwecks. Ihnen stehen die moralischen Handlungsnormen gegenüber, die kategorisch und für den Willen jedes sinnlichen Vernunftwesens gelten (4: 414–417). Als Adressat dieser kategorischen Imperative kann der Mensch nicht mehr einfach als ‚homo phaenomenon' gedacht werden, sondern man muss sich ihn als einen mit einem intelligiblen Charakter versehenen ‚homo noumenon' vorstellen.

Diese Lehre vom kategorischen Imperativ findet sich in der ersten rein moralphilosophischen Schrift Kants, der *Grundlegung der Metaphysik der Sitten*. Dieses Buch wurde vier Jahre nach der KrV im Jahr 1785 veröffentlicht und sollte das

---

**306** Im *Gemeinspruch* konstatierte Kant: „Denn ohne allen Zweck kann kein Wille sein" (8: 289 Anm. 3), und ergänzte, dass man im Falle einer moralischen Handlung vom (konkreten) Zweck abstrahieren können müsse, damit das Gesetz als der alleinige Bestimmungsgrund der Handlung betrachtet werden könne.
**307** Kant entlehnt die Begriffe ‚arbitrium brutum' und ‚arbitrium sensitivum' der deutschen Schulphilosophie (Baumgarten, *Metaphysica* § 712; 2010, 17: 134). Die menschliche Willkür kennzeichnet er als ‚arbitrium librum', die ihrerseits entweder ‚sensitivum' oder ‚intellectuale' sein könne (28: 255). Siehe auch: „Arbitrium autem est vel sensitivum vel intellectuale; illud est vel brutum vel liberum" (17: 313) und „Freiheit ist das Vermögen, sich durchs arbitrium intellectuale allein zu bestimmen. Dieses kann also keine causam impulsivam vom Objekt (Interesse) her haben" (15: 470).
**308** Siehe auch Schönecker/Wood (2002, 108).

Fundament einer Ethik als Wissenschaft von den Gesetzen der Freiheit bilden. Kant zielte auf eine ‚Metaphysik' der Sitten, da

> Empirische Principien [...] überall nicht dazu [taugen], um moralische Gesetze darauf zu gründen. Denn die Allgemeinheit, mit der sie für alle vernünftigen Wesen ohne Unterschied gelten sollen, die unbedingte praktische Nothwendigkeit, die ihnen dadurch auferlegt wird, fällt weg, wenn der Grund derselben von der besonderen Einrichtung der menschlichen Natur, oder den zufälligen Umständen hergenommen wird, darin sie gesetzt ist (4: 442).

Zwei Jahre nach Erscheinen der *GMS* veranlasste der Vorwurf vermeintlicher Unstimmigkeiten zwischen der *KrV* und der *GMS* Kant erneut, systematisch zum Thema Freiheit Stellung zu beziehen.[309] Das Ergebnis, die *KpV*, ist ein schnell geschriebenes Buch. Beck nimmt an, dass Kant im Frühjahr 1787 mit der Niederschrift begann und bereits im September fertig war – freilich nicht ohne Zuhilfenahme von Vorarbeiten.[310] Die *KpV* reagierte wie angemerkt zum einen auf die von verschiedenen Seiten geäußerte Kritik an der *GMS*, knüpfte aber auch an Elemente der *KrV* an und entwickelte die transzendentale Theorie der Freiheit weiter.[311]

In der Vorrede betonte Kant das neue Element in seiner Theorie der Freiheit: das ‚Faktum der Vernunft'. Praktische Vernunft könne jetzt „einem übersinnlichen Gegenstande der Kategorie der Causalität, nämlich der Freiheit, Realität" verschaffen (5: 6). Dieses ‚Faktum der Vernunft' bestimmte Kant als das Bewusstsein des moralischen Gesetzes, aus dem die Existenz und nicht nur die Möglichkeit der transzendentalen Freiheit abgeleitet werden könne. Das moralische Gesetz sei „die *ratio cognoscendi* der Freiheit" und die Freiheit ihrerseits „die *ratio essendi* des moralischen Gesetzes" (5: 41). Transzendentale Freiheit als „Bedingung des moralischen Gesetzes" (5: 5) sei die einzige der drei Ideen der spekulativen Vernunft aus der *KrV*, von der ein sinnlich vernünftiges Wesen wie der Mensch „die Möglichkeit a priori wissen" könne.[312]

---

309 Beck (1995, 65–68) und Schönecker/Wood (2002, 32 f.).
310 Beck (1995, 17).
311 „Die zweite Kritik ist hinsichtlich des Freiheitsbegriffs der epistemische Höhepunkt der Kantischen Philosophie. Erst die Deduktion der Freiheit aus dem Moralgesetz als Faktum der reinen Vernunft erlaubt es Kant, der transzendentalen Freiheit objektive Realität zu verschaffen und sie zu den Gegenständen des Wissens zu zählen." (Bojanowski 2006, 21).
312 „Der Begriff der Freiheit, so fern dessen Realität durch ein apodiktisches Gesetz der praktischen Vernunft bewiesen ist, macht nun den Schlußstein von dem ganzen Gebäude eines Systems der reinen, selbst der speculativen Vernunft aus, und alle andere Begriffe (die von Gott und Unsterblichkeit), welche als bloße Ideen in dieser ohne Haltung bleiben, schließen sich nun an ihn an und bekommen mit ihm und durch ihn Bestand und objective Realität, d.i. die Möglichkeit derselben wird dadurch bewiesen, daß Freiheit wirklich ist; denn diese Idee offenbart sich durchs moralische Gesetz." (5: 4 f.).

Im Gegensatz zur *KrV* geht es in der *KpV* nicht primär um die Frage, ob ein Subjekt eine neue Kausalreihe beginnen könne, sondern um den Ursprung des Gesetzes. Durch diesen veränderten Fokus rückt ‚Freiheit' innerhalb der Argumentation der *KpV* deutlicher als zuvor in den noumenalen Bereich, der zwar gedacht werden kann, aber sinnlich nicht erfahrbar ist. Es reicht nicht, ein vernünftiges Naturwesen zu sein, um die Erkenntnis und die Möglichkeit der Befolgung des Sittengesetzes verständlich zu machen. Ein Naturwesen kann als mit Vernunft begabt gedacht werden, ohne es gleichzeitig unabhängig von der Erscheinungswelt und ihren Gesetzen – transzendental frei – zu denken. Der Mensch als Vernunftwesen kann allerdings im Sinne der *KpV* ‚frei' genannt werden.

Seine Handlungen können auf eine grundsätzlich andere Weise verstanden werden als dies die bloße Wahlfreiheit ermöglicht, weshalb sie auch nicht vollständig anhand phänomenaler Ereignisse rekonstruiert werden können: Der kantische Moralphilosoph macht „nicht den irdischen Schauspieler […] für seine Taten verantwortlich, sondern den zeitfreien intelligiblen Urheber der Rolle selbst."[313] Diese Unterscheidung verstellt die Möglichkeit einer empirischen Erhellung moralischer Begründungsfragen. Kant resümierte in der *GMS* entsprechend, „daß alle sittlichen Begriffe völlig *a priori* in der Vernunft ihren Sitz und Ursprung haben und dieses zwar in der gemeinsten Menschenvernunft eben sowohl, als der im höchsten Maße speculativen; daß sie von keinem empirischen und darum bloß zufälligen Erkenntnisse abstrahirt werden können" (4: 411). 1797 unterschied Kant in der *Metaphysik der Sitten* dann nachdrücklich zwischen dem Menschen als vernünftigem Naturwesen (‚homo phaenomenon') und über innere Freiheit verfügendem Wesen (‚homo noumenon') (6: 418, 420, 423 und 439).

Das dieser Differenzierung zugrunde liegende Begriffspaar Phaenomenon–Noumenon ist zentraler Bestandteil der Transzendentalphilosophie. Ein Noumenon ist ein Ding „sofern es nicht Object unserer sinnlichen Anschauung ist" und „wir von unserer Anschauungsart desselben abstrahiren" (*KrV*, B307). Der Mensch bezieht sich auf solche Gedankendinge rein begrifflich, ihre „objective Realität [kann] aber auf keine Weise erkannt werden" (*KrV*, B310; auch *KrV*, B311 und B343). Allerdings gibt es ein ‚Ding an sich', zu dem der Mensch direkten Zugang hat: zu sich selbst als Adressat des kategorischen Imperativs. In der *KrV* kennzeichnete Kant diesen Bezug noch als „bloße Apperzeption" (*KrV*, B574). ‚Apperzeption' ist hierbei nicht mit der introspektiven Erkenntnis eines Subjekts gleichzusetzten; dies nannte Kant den ‚inneren Sinn', der zeitlich, wenn auch nicht räumlich ist. Die Apperzeption hingegen ist weder zeitlich noch räumlich bestimmt.

---

313 Brandt (2002, 168).

## § 3 Homo Noumenon und das Subjekt der Geschichte

Im Abschnitt *Von der Kriecherei* (§ 11) der *MdS* wird dieser Übergang mittels Apperzeption vom „Menschen im System der Natur", einem Gattungsbegriff (*Unterkapitel* 2.1 § 3 und *Kapitel 6*), zu dem Menschen „als Person betrachtet, d. i. als Subject", moralphilosophisch gewendet:

> Der Mensch im System der Natur (homo phaenomenon, animal rationale) ist ein Wesen von geringer Bedeutung und hat mit den übrigen Thieren, als Erzeugnissen des Bodens, einen gemeinen Werth (pretium vulgare). Selbst, daß er vor diesen den Verstand voraus hat und sich selbst Zwecke setzen kann, das giebt ihm doch nur einen äußeren Werth seiner Brauchbarkeit (pretium usus), nämlich eines Menschen vor dem anderen, d. i. ein Preis, als einer Ware, in dem Verkehr mit diesen Thieren als Sachen, wo er doch noch einen niedrigern Werth hat, als das allgemeine Tauschmittel, das Geld, dessen Werth daher ausgezeichnet (pretium eminens) genannt wird.
>
> Allein der Mensch, als Person betrachtet, d. i. als Subject einer moralisch-praktischen Vernunft, ist über allen Preis erhaben; denn als ein solcher (homo noumenon) ist er nicht blos als Mittel zu anderer ihren, ja selbst seinen eigenen Zwecken, sondern als Zweck an sich selbst zu schätzen, d. i. er besitzt eine Würde (einen absoluten innern Werth), wodurch er allen andern vernünftigen Weltwesen Achtung für ihn abnöthigt, sich mit jedem Anderen dieser Art messen und auf den Fuß der Gleichheit schätzen kann. (6: 434 f.)

Wenn Kant hier mit „betrachtet" jedoch nur zum Ausdruck bringen wollte, dass er den Menschen quasi von „außen" analysiert, verliert der Übergang seine systematische Problematik. Der ‚Mensch' im Sinne von Menschengeschlecht (*Unterkapitel* 6.1) ist ein theoretischer Begriff, den nur ein Wesen mit praktischer Vernunft bilden kann.[314] In einer Notiz zur *Anthropologie in pragmatischer Hinsicht* aus dem Nachlass 1796/97 heißt es dazu:

> Der Mensch ist sich aber seiner selbst nicht blos als vernünftiges Tier (animal rationabile) was räsonniren kann sondern auch seiner Thierheit ungeachtet als Vernunftwesen (animal rationale) bewußt und in dieser Qualität erkennt er sich nicht durch Erfahrung denn die [[würde]] kann ihm nie die [[objektive]] unbedingte Nothwendigkeit [[seiner Willensbestimmung]] dessen was er sein soll sondern nur empirisch was er ist oder unter empirischen Bedingungen sein soll lehren, sondern er erkennt an sich selbst aus reiner Vernunft (a priori) [[die Menschheit auch als ein]] nämlich das Ideal der Menschheit welches mit ihm [[womit er sich]] als einen Menschen vergleichen [[und so den reinen Charakter seiner Gattung angeben

---

[314] Ähnlich in der *MdS:* „Der Mensch betrachtet sich in zwiefacher Qualität: erstlich als Sinnenwesen, d. i. als Mensch (zu einer der Thierarten gehörig); dann aber auch als Vernunftwesen […], welches kein Sinn erreicht und das sich nur in moralisch-praktischen Verhältnissen, wo die unbegreifliche Eigenschaft der Freiheit sich durch den Einfluß der Vernunft auf den innerlich gesetzgebenden Willen offenbar macht, erkennen läßt." (6: 418; siehe auch 4: 411 f., 4: 448 und 6: 26 f.).

> kann]] durch die Gebrechlichkeiten seiner Natur als Einschränkungen jenes Urbildes den Character seiner Gattung kann erkennen und zeichnen lassen. Diesen aber zu würdigen ist die Vergleichung mit einem Maßstabe nöthig der [[nicht]] nirgend anderswo als in der vollkommenen Menschheit angetroffen werden kann. (7: 413)[315]

Ausschließlich Wesen, die für die Idee der Menschheit empfänglich sind und die sich des Unterschieds zwischen dem Menschen als vernünftigem Tier und dem Menschen als Vernunftwesen (*Unterkapitel* 3.1 § 2) bewusst sind, können den Begriff ‚reiner Charakter der Gattung' konzeptualisieren und geschichtsphilosophisch nutzbar machen. 1798 unterschied Kant im *Streit der Fakultäten* im Kontext allgemeiner Anmerkungen zu Religionssekten ebenfalls zwischen dem transzendentalen Wesen ‚Mensch' und dem ‚Menschen' als Teil einer Naturgattung:

> [...] dieses [transzendentale Qualität des Menschen; C. R.] ist zugleich dasjenige, was die Menschheit in der Idee zu einer Würde erhebt, die man am Menschen als Gegenstande der Erfahrung nicht vermuthen sollte. Daß wir den moralischen Gesetzen unterworfene und zu deren Beobachtung selbst mit Aufopferung aller ihnen widerstreitenden Lebensannehmlichkeiten durch unsere Vernunft bestimmte Wesen sind, darüber wundert man sich nicht, weil es objectiv in der natürlichen Ordnung der Dinge als Objecte der reinen Vernunft liegt, jenen Gesetzen zu gehorchen. [...] diese moralische, von der Menschheit unzertrennliche Anlage in uns ist ein Gegenstand der höchsten Bewunderung (7: 58).

Weder durch instrumentelle noch durch pragmatische Vernunft wird der Mensch über allen Preis erhaben, da er als solches Wesen immer nur ein Gegenstand der Erfahrung bleibt und seinen Wert in Relation dazu erhält. Erst wenn man sich den Menschen als ‚homo noumenon' denkt, erhält er eine Würde, die ihn von allen Gegenständen der Erfahrung abhebt. Die *KUK* reflektiert diese Unterscheidung in der Gegenüberstellung des Menschen als ‚letzten Zweck' und als ‚Endzweck'.

### § 4 Der Mensch als Natur-, Letzter und End-zweck

Die Differenz zwischen dem Menschen als einem mit Vernunft begabten Naturwesen und als Vernunftwesen spiegelt sich im Übergang vom Menschen als ‚letztem Zweck' zum Menschen als ‚Endzweck' in der *Methodenlehre* der *KUK*. Im Folgenden soll der hiermit markierte Wandel des Menschen der Naturgeschichte zum Menschen der politischen Geschichte und schließlich zum Menschen der Sittengeschichte untersucht werden. Bezweckt die Argumentation der *Methodenlehre* die

---

[315] Satzzeichen sind aus dem Original übernommen und sollen hier keine Änderungen des Textes anzeigen.

Darlegung eines solchen Übergangs – und gelingt ihr dies? Ist Christoph Horn zuzustimmen, wenn er feststellt: „Das Natürliche wirkt auch nach der dritten Kritik im Politischen fort; die politische Geschichte wird von Kant als Fortsetzung der Naturgeschichte gesehen."[316]

Eine Darstellung des Argumentationsgangs der *Methodenlehre* der *KUK* soll die geschichtsphilosophische Relevanz der Unterscheidung zwischen den Bereichen der Natur, der Kultur und der Moral besser ausleuchten. Die *KUK* gilt als ambivalentes Spätwerk mit zwei scheinbar eigenständigen Teilen und darüber hinaus zwei unterschiedlich angelegten Einleitungen, von denen nur eine in die Druckfassung aufgenommen wurde. Kant bestimmte den Menschen im zweiten Teil der *KUK* zunächst als ein Naturwesen unter anderen. Im *Anhang zur Methodenlehre* (§ 83) qualifizierte er ihn dann als „letzten Zweck der Natur" und hob ihn damit über den Rest der belebten Natur. ‚Letzter Zweck' sei der Mensch jedoch ausschließlich für die reflektierende und nicht für die bestimmende Urteilskraft[317] und immer nur „durch Verknüpfung mit der Natur".[318]

Inhaltlich entwickelte Kant zwei Orientierungspunkte für den Menschen als „letzten Zweck": Glückseligkeit oder Kultur. Unter Glückseligkeit verstand er die dauerhafte Erfüllung der Wünsche eines sinnlich-vernünftigen Wesens, die „Befriedigung aller unserer Neigungen (sowohl extensive, der Mannigfaltigkeit derselben, als intensive, dem Grade, und auch protensive, der Dauer nach)" (*KrV*, B834). Kultur hingegen sei „die Tauglichkeit und Geschicklichkeit zu allerlei Zwecken, wozu die Natur (äußerlich und innerlich) von ihm gebraucht werden könne" (5: 429 f.).

Durch ihre Offenheit scheint Kultur ein geeigneterer Kandidat für den „letzten Zweck" der Natur als das Streben nach Glückseligkeit, das der Mensch mit anderen Tieren gemein hat. In der Naturordnung sei deshalb nicht Glückseligkeit, sondern Kultur der immanente Zweck des Menschen (5: 430).

Glückseligkeit als letzten Zweck schließt Kant überdies aus, weil er keinen Anhaltspunkt dafür sieht, „daß die Natur ihn [den Menschen; C. R.] zu ihrem be-

---

316 Horn (2011, 112).
317 Die Theorie der reflektierenden Urteilskraft wird eine zentrale Rolle bei der Darstellung des transzendentalen Prinzips der systematischen Einheit der Erfahrung bilden, das in *Unterkapitel 4.2 § 4* ausführlich behandelt wird.
318 In § 61 der *KUK* bestimmte Kant Prinzipien der reflektierenden Urteilskraft als „ein Princip mehr, die Erscheinungen derselben unter Regeln zu bringen, wo die Gesetze der Causalität nach dem bloßen Mechanism derselben nicht zulangen." (5: 360) Die reflektierende Urteilskraft verfährt anhand des regulativen Prinzips der Zweckmäßigkeit, mittels dessen sie ausgehend von einem Einzelfall ein bestimmendes Allgemeineres sucht. Sie leitet die Beobachtung der Natur unter der Prämisse eines systematischen Zusammenhangs sowohl der Erfahrung im Allgemeinen als auch der empirischen Gesetze.

sondern Liebling aufgenommen und vor allen Thieren mit Wohlthun begünstigt habe." Der Mensch bleibe vielmehr „in [...] verderblichen Wirkungen, in Pest, Hunger, Wassergefahr, Frost, Anfall von andern großen und kleinen Thieren u. d. gl., eben so wenig verschont, wie jedes andere Thier" (5: 430). Durch Kultur scheint sich dem Menschen aber ein Weg zu eröffnen, sich „von dem Despotism der Begierden, wodurch wir, an gewisse Naturdinge geheftet" sind, zu lösen, indem er frei wird, die Bestimmung der Tierheit „anzuziehen oder nachzulassen, zu verlängern oder zu verkürzen, nachdem es die Zwecke der Vernunft erfordern" (5: 432). Wie im zweiten Satz der *Idee* schon festgestellt wurde, sind es „am Menschen (als dem einzigen vernünftigen Geschöpf auf Erden) [...] diejenigen Naturanlagen, die auf den Gebrauch seiner Vernunft abziel[en]" und die sich „nur in der Gattung, nicht aber im Individuum vollständig entwickeln", welche die Gattung Mensch vor dem Rest der Natur auszeichnet. Diese Vernunft wird im Folgesatz näher als „ein Vermögen, die Regeln und Absichten des Gebrauchs aller seiner Kräfte weit über den Naturinstinct zu erweitern", bestimmt. Im Gegensatz zum Instinkt benötigt sie „Versuche, Übung und Unterricht, um von einer Stufe der Einsicht zur andern allmählig fortzuschreiten" (8: 18 f.). Der Mensch bleibt aber auch als Kulturwesen durch seine Tierheit bestimmt. Die „Disciplin der Neigungen" zeige jedoch „ein zweckmäßiges Streben der Natur zu einer Ausbildung, welche uns höherer Zwecke, als die Natur selbst liefern kann, empfänglich" mache (5: 433):

> Schöne Kunst und Wissenschaften, die durch eine Lust, die sich allgemein mittheilen läßt, und durch Geschliffenheit und Verfeinerung für die Gesellschaft, wenn gleich den Menschen nicht sichtlich besser, doch gesittet machen, gewinnen der Tyrannei des Sinnenhanges sehr viel ab und bereiten dadurch den Menschen zu einer Herrschaft vor, in welcher die Vernunft allein Gewalt haben soll: indeß die Übel, womit uns theils die Natur, theils die unvertragsame Selbstsucht der Menschen heimsucht, zugleich die Kräfte der Seele aufbieten, steigern und stählen, um jenen nicht zu unterliegen, und uns so eine Tauglichkeit zu höheren Zwecken, die in uns verborgen liegt, fühlen lassen. (5: 433 f.)

In § 83 der *KUK* diagnostizierte Kant deshalb, dass die „formale, subjektive Bedingung, nämlich der Tauglichkeit sich selbst überhaupt Zwecke zu setzen und (unabhängig von der Natur in seiner Zweckbestimmung) die Natur den Maximen seiner freien Zwecke überhaupt angemessen als Mittel zu gebrauchen", dasjenige sei, „was die Natur in Absicht auf den Endzweck, der außer ihr liegt, ausrichten und welches also als ihr letzter Zweck angesehen werden kann" (5: 431). Kant scheint in § 83 zu sagen, dass das vernünftige Wesen Mensch als letzter Zweck der Natur betrachtet werden dürfe, weil es als Vernunftwesen Zwecke in die Natur bringe, die über die Natur hinausgehen. Diese Leseweise wird durch eine frühere Bemerkung in § 82 unterfüttert, in der eine Beliebigkeit, beim Versuch eine Hierarchie der Zweckbeziehung in die Natur hineinzulegen, festgestellt wurde: „Man könnte auch mit dem Ritter Linné den dem Scheine nach umgekehrten Weg gehen und sagen: Die gewächsfressenden Thiere sind da, um den üppigen Wuchs des Pflanzenreichs, wodurch viele Species derselben erstickt werden würden, zu mäßigen" (5: 427). Ohne einen Bezug zu etwas außerhalb der Naturordnung hätte man keine Basis, eine bestimmte Zweckordnung einer anderen vorzuziehen. § 84 der *KUK* legt deshalb die Voraussetzungen dar, unter denen der Mensch als ‚Endzweck' verstanden werden könne – und zwar weil der Verstand ‚diskursiv' ist, also mittels Prädikation operieren muss, um das mannigfaltig Gegebene in einem Urteil zu einer Einheit zu verbinden (4: 333 f. und *KrV*, B93).[319]

Wenn der diskursive Verstand des Menschen konfrontiert mit Phänomenen wie organischen Wesen überfordert sei und die instrumentelle Vernunft ihm deshalb einen Weg aus dieser unglücklichen Lage weise, erfordere die projizierte Zweckordnung aus epistemischen Gründen nicht nur einen letzten Zweck, sondern einen Endzweck, weil sonst „die Kette der einander untergeordneten Zwecke nicht vollständig gegründet" sei.

Die Kette der Zwecke ließ Kant in der *KUK* bei den Naturzwecken beginnen. Ihre Erfahrung zeitige einen „Begriff von einer Teleologie der Natur, und zwar *a priori*, weil wir sonst ihn nicht in unsre Vorstellung der Objecte derselben hineinlegen, sondern nur aus dieser, als empirischer Anschauung, herausnehmen dürften." Kant arbeitet in § 81 weiterführend heraus, dass die „Möglichkeit *a priori* einer solchen Vorstellungsart, welche doch noch keine Erkenntniß ist", darauf gründe, „daß wir in uns selbst ein Vermögen der Verknüpfung nach Zwecken (nexus finalis) wahrnehmen." Im Gegensatz zu einer Kausalverbindung (*nexus effectivus*), die „bloß durch den Verstand gedacht" wird, bedarf eine Zweckverbindung der Vernunft (5: 372).

Manche Interpreten lesen dies als einen Hinweis darauf, dass Kant Kultur gewissermaßen als eine Vorstufe zur Moral verstanden habe. Paul Guyer[320] zum Beispiel entwickelt von hier aus ein „neues Argument",[321] das den „Abgrund" zwischen praktischer und theoretischer Philosophie überbrücken solle:[322] Die epistemischen Schwierigkeiten mit einem bestimmten Teil der Natur, organischen Körpern, führten Kant zuerst zum Begriff ‚Naturzweck', dann zum Verständnis des

---

319 Hierzu auch McLaughlin (1989, 123).
320 Guyer (2000, 2001[a], 2001[b]).
321 Das „alte" Argument für einen Übergang ist nach Guyer der Schluss vom Sollen auf das Können. „But this suggests that the argument that will bridge the incalculable gulf is the inference from the object in set for us by morality to the possibility of realizing that object in nature that Kant had already expanded in the first two critiques." (2001, 377).
322 „This is an argument that the scientific study of *nature* also requires us to adopt the regulative principle that human morality is the final end (*Endzweck*) of nature." (Guyer 2001[a], 378).

vernünftigen Wesens Mensch als ‚letzter Zweck' der Natur und schließlich zur Moral als ‚Endzweck' der Kultur.

Guyer unterscheidet folgende Schritte: Erstens würde ein bestimmter Teil der Natur, die Organismen, den Menschen aufgrund seines diskursiven Verstands dazu zwingen, sie analog zu einem Produkt einer planenden Intelligenz zu erklären.[323] Kant gab diesen Dingen den Namen ‚Naturzweck'. Er würde dann darauf schließen, dass auch die ganze Natur als ein solches Produkt zu verstehen sei, das auf Kultur als letzten Zweck der Natur verweist.[324] Es sei nämlich für den Menschen unumgänglich, einen Zweck hinter dem Produkt zu suchen.[325] Der Begriff der ‚Kultur' genüge dem Vernunftbedürfnis jedoch nicht als systematischer Abschluss, da er sich nicht als unbedingt denken lasse. Das einzige Phänomen in der Natur, welches zu einem solchen Abschluss tauge, sei der Mensch – nicht als Kulturwesen, sondern als moralisches Wesen. Als Vernunftwesen könne der Mensch als unbedingter ‚Endzweck' der Kultur gedacht werden.[326]

Der Begriff ‚Endzweck' bleibt „skeptisch angefochten", aber unwiderlegt. Kant behauptete sogar, dass der Endzweck „in moralisch-praktischer Rücksicht als unumgänglich" zu betrachten sei, „ob ihm gleich seine objective Realität, wie überhaupt aller Zweckmäßigkeit gegebener oder gedachter Gegenstände, nicht theoretisch-dogmatisch gesichert werden kann" (20: 294). Die Hypothese eines Endzwecks steht unter der Voraussetzung, dass man „die Zweckverbindung in der Welt für real und für sie eine besondere Art der Causalität, nämlich einer absichtlich wirkenden Ursache" annehme, und einer Besonderheit der theoretischen Vernunft. Und diese könne nicht

> bei der Frage [...] stehen bleiben, wozu Dinge der Welt (organisirte Wesen) diese oder jene Form haben, in diese oder jene Verhältnisse gegen andere von der Natur gesetzt sind; sondern da einmal ein Verstand gedacht wird, der als die Ursache der Möglichkeit solcher Formen angesehen werden muß, wie sie wirklich an Dingen gefunden werden, so muß auch in eben demselben nach dem objectiven Grunde gefragt werden, der diesen productiven Verstand zu einer Wirkung dieser Art bestimmt haben könne, welcher dann der Endzweck ist, wozu dergleichen Dinge da sind (5: 434 f.).

---

[323] Guyer (2001ª, 379 ff.).
[324] Guyer bemerkt selbst das Problem dieses Schritts (2001ª, 387 ff.).
[325] „Kant does not offer an explicit argument for the premise." Guyer (2001ª, 390).
[326] Guyer fasst zusammen: „The argument is thus meant to show that the only way we can conceive of both organisms in particular and nature as a whole as intelligently designed systems is by thinking of the laws of nature as aimed at the realization of the highest good set for us as the ultimate object of morality." (2001ª, 380).

Kant setzte den Menschen als diesen objektiven Grund, da er nicht nur das einzige Wesen mit instrumenteller Vernunft sei, sondern dank seiner Autonomie auch ein Gesetz habe, demzufolge die Zwecke als „unbedingt und von Naturbedingungen unabhängig, an sich aber als nothwendig vorgestellt" werden können.

> Das Wesen dieser Art ist der Mensch, aber als Noumenon betrachtet; das einzige Naturwesen, an welchem wir doch ein übersinnliches Vermögen (die Freiheit) und sogar das Gesetz der Causalität samt dem Objecte derselben, welches es sich als höchsten Zweck vorsetzen kann (das höchste Gut in der Welt), von Seiten seiner eigenen Beschaffenheit erkennen können (5: 435).[327]

Der Unterschied zwischen dem Menschen als letztem Zweck und als Endzweck sei der zwischen einem Wesen mit bloß instrumenteller Vernunft und einem mit reiner praktischer Vernunft.

Wie man sieht, entfaltet der Begriff ‚Endzweck' seine Bedeutung in Bezug zu den Begriffen ‚letzter Zweck' und ‚Naturzweck'. Der Vorwurf, dass der ‚Endzweck' in jedem moralischen Wesen, also auch schon bei Adam, voll realisiert sein müsse und deshalb keine geschichtsphilosophische Perspektive eröffnen könne, geht fehl, da der einzelne Mensch zwar ‚Zweck an sich', aber nur das Menschengeschlecht ‚Endzweck' ist (*Unterkapitel* 6.2). Der Begriff ‚Endzweck' ergibt nur in einem System der Zwecke Sinn. So kann zum Beispiel ein reines Vernunftwesen, etwa ein Engel, nicht als Endzweck gedacht werden, da es nicht zu der Art von Dingen gehört, die der Mensch teleologisch denken muss. Die Annahme eines Endzwecks ist demnach an zwei Voraussetzungen gebunden: (1) dass der Mensch „die Zweckverbindung in der Welt für real und für sie eine besondere Art der Causalität, nämlich einer absichtlich wirkenden Ursache" annehme und (2) an seiner spezifischen Art der theoretischen Vernunft, die eben nicht „bei der Frage [...] stehen bleiben [könne], wozu Dinge der Welt (organisirte Wesen) diese oder jene Form haben" (5: 434 f.). Einen Endpunkt für die sich aufdrängende Frage nach dem „Wozu" sieht Kant nicht im einzelnen Menschen, sondern in einem Kollektivbegriff, dem Menschenge-

---

[327] Siehe auch § 84 der *KUK*: „Von dem Menschen nun (und so jedem vernünftigen Wesen in der Welt), als einem moralischen Wesen, kann nicht weiter gefragt werden: wozu (quem in finem) er existire. Sein Dasein hat den höchsten Zweck selbst in sich, dem, so viel er vermag, er die ganze Natur unterwerfen kann, wenigstens welchem zuwider er sich keinem Einflusse der Natur unterworfen halten darf. – Wenn nun Dinge der Welt, als ihrer Existenz nach abhängige Wesen, einer nach Zwecken handelnden obersten Ursache bedürfen, so ist der Mensch der Schöpfung Endzweck; denn ohne diesen wäre die Kette der einander untergeordneten Zwecke nicht vollständig gegründet; und nur im Menschen, aber auch in diesem nur als Subjecte der Moralität ist die unbedingte Gesetzgebung in Ansehung der Zwecke anzutreffen, welche ihn also allein fähig macht ein Endzweck zu sein, dem die ganze Natur teleologisch untergeordnet ist." (5: 435 f.).

schlecht.[328] Diese Orientierung führt zu der Frage nach der normativen Dimension des „wir".

## 3.2 Was sollen wir tun?

> Das Problem der kantischen Geschichtsphilosophie besteht jedoch darin, daß in ihrer Begründung von dem Moralprinzip der praktischen Vernunft kein direkter Gebrauch gemacht wird.[329]

Was Riedel als Problem der Geschichtsphilosophie diagnostiziert, kann auch als ihre Stärke ausgemacht werden. Geht man davon aus, dass man der Geschichte aus epistemischen Gründen ein Subjekt unterstellen darf, um angemessen über sie zu reflektieren, dann muss auch davon ausgegangen werden, dass dieses Subjekt nicht dieselben Eigenschaften wie das Subjekt einer freien Handlung haben kann. Die Frage „Was soll ich tun?" verweist durch das Personalpronomen „ich" auf die individuelle Dimension normativen Handelns. Innerhalb der praktischen Philosophie gewinnt die Fragestellung beim Schritt aus dem Zwischenmenschlichen, bei dem der einzelne Akteur als Autor seiner Handlung verstanden wird, zum größeren, politischen Rahmen eine neue Qualität. Man findet hierzu einen Ansatz in Kants Rechtsphilosophie, bei den Fragen nach der Legitimität kollektiven Zwangs und dem normativen Status von Verfassungstexten: Also auf dem Feld der politischen Philosophie und bei der Frage „Was sollen wir tun?".

Da Kant die Frage nach dem „Wir" nirgendwo explizit formulierte, erscheint das Verhältnis von transzendentaler Moralphilosophie zu seinem politischen Denken zunächst verstellt. Folglich präsentieren sich auch in der Literatur unterschiedliche, teils konträre Deutungsansätze.[330] Konsens besteht allerdings darüber, dass Kants politische Philosophie nicht unabhängig von seiner Moralphilosophie zu verstehen ist – ohne damit zu sagen, dass sie darauf reduziert werden könnte. Kant

---

[328] Zu einem ähnlichen Ergebnis kommt Laberge: „Dies veranlaßt uns dazu, die Natur überhaupt und nicht mehr nur die organisierten Wesen als ein „System der Zwecke" (5: 377) zu beurteilen. Aber um annehmen zu können, daß die Erde rund ist, weil diese Form für die vollständige Entwicklung der Menschengattung unerläßlich ist, müßte man zuerst annehmen, daß der Mensch nicht nur ein Naturzweck, sondern der „letzte Zweck der Natur als eines teleologischen Systems" ist. Dies würde nur dann gelingen, wenn man entschlüsseln könnte, was in ihm die Verwirklichung des „Endzweck[es] des Daseins einer Welt, d. h. der Schöpfung selbst" (5: 434) befördert. Man würde alsdann herausfinden, daß der ewige Frieden einen entscheidenden Überschritt zu dieser Verwirklichung hin bildet." (Laberge 2011, 112).
[329] Riedel (1974, 10).
[330] Kersting (1993), Flikschuh (2000), Ludwig (2005), Ripstein (2009) und Horn (2014).

selbst differenzierte zwischen einem reinen, apriorischen und einem unreinen, empirischen Teil der politischen Philosophie und betonte den Vorrang des reinen Teils vor allem im zweiten Teil von *Über den Gemeinspruch. Vom Verhältniß der Theorie zur Praxis im Staatsrecht (Gegen Hobbes)* aus dem Jahr 1794.

Bei der Frage nach dem systematischen Stellenwert von Kants Geschichtsphilosophie ist ein Rückbezug zur Rechtsphilosophie ein selten eingeschlagener Weg. Es stellt sich aber heraus, dass rechtsphilosophische Theoriestücke wie die „reine Republik" (6: 210–313) gewinnbringend als regulatives Prinzip für den/der philosophischen Geschichtsschreiber*in gelesen werden können.

Vermeintliche Spannungen innerhalb der kritischen Philosophie, die zum Beispiel das Geschichtszeichen aus dem *Streit der Fakultäten* oder der Leitfaden (8: 17) der *Idee* erzeugen, können vor dem Hintergrund der Rechtsphilosophie nicht nur entschärft werden, sondern gewinnen neue, kontrastreichere und stimmigere Konturen. Eine Geschichte, die sich auf das Ziel einer vernunftbegründeten Form des Zusammenlebens hinbewegt und die mit einem minimalen Zusatz anthropologischer Grundannahmen operiert, fügt sich in das Konzept der kritischen Philosophie ein und eröffnet gleichzeitig eine neue systematische weniger verstellte Perspektive auf Kants Geschichtsphilosophie.

Um dies zu verdeutlichen, wird zunächst die textliche Grundlage vorgestellt (§ 1), um dann Kants Herleitung einer idealen Staatsform, die „reine Republik", über die Begriffe ‚Recht' und ‚äußere Freiheit' zu rekonstruieren (§ 2). Abschließend soll Arthur Ripsteins Interpretation und systematische Verortung der Rechtsphilosophie diskutiert (§ 3) und geprüft werden, ob sie eine geeignete Grundlage für die Einschätzung der geschichtsphilosophischen Implikationen der politischen Philosophie Kants darstellt.

## § 1 Schriften zur politischen Philosophie

Unter Kants Schriften zur politischen Philosophie nimmt der erste Teil der *Metaphysik der Sitten*, die *Rechtslehre*, eine besondere Stellung ein. Es ist das einzige eigenständige Buch, das er diesem Thema widmete, daneben stehen lediglich der Abschnitt zum *Staatsrecht (gegen Hobbes)* aus *Über den Gemeinspruch: Das mag in der Theorie richtig sein, taugt aber nicht für die Praxis* (1793), *Zum Ewigen Frieden* (1795) und der Aufsatz *Was ist Aufklärung?* (1784). Seit 2010 ist zu diesem Kanon, durch eine neue Edition von Delfosse, Hinske und Bordoni,"[331] das *Naturrecht Feyerabend* getreten, das Kants Vorlesung aus dem Jahr 1784 dokumentiert.

---

[331] Kant (2010).

Mit dem Titel der *Metaphysik der Sitten* (1797) stellte Kant einen Rückbezug zur zwölf Jahre zuvor erschienenen *Grundlegung der Metaphysik der Sitten* her. Ein Blick in die Methodenlehre der *KrV* erhellt die systematische Stellung weiter:

> Die Philosophie der reinen Vernunft ist nun entweder Propädeutik (Vorübung), welche das Vermögen der Vernunft in Ansehung aller reinen Erkenntniß a priori untersucht, und heißt Kritik, oder zweitens das System der reinen Vernunft (Wissenschaft), die ganze (wahre sowohl als scheinbare) philosophische Erkenntniß aus reiner Vernunft im systematischem Zusammenhange, und heißt Metaphysik (*KrV*, B869).

Erst nachdem die Möglichkeit, die Quellen und der Umfang der Metaphysik einer Kritik unterzogen wurden (*KrV*, AXII), wird Metaphysik als „reine Vernunfterkenntniß aus bloßen Begriffen" (4: 469) möglich. So erscheint das späte Erscheinungsdatum im Februar 1797 nach der Niederschrift der drei *Kritiken* einerseits konsequent, anderseits empfiehlt es sich, aufgrund mehrerer Änderungen am Text,[332] die Kant über die Jahre durchführte, und des eigenwilligen Aufbaus mit Bedacht bei der systematischen Verortung vorzugehen.

William Glaston rät dem Leser der *Rechtslehre*, das Arbiträre und Unnütze von den soliden und tragfähigen Elementen der Schrift zu trennen.[333] Andere Interpreten versuchen, wenngleich mit unterschiedlichen Zielsetzungen, eine Verteidigung des Werks und des metaphysischen Status des Rechts.[334] Darüber hinaus gilt es, im Auge zu behalten, dass – da der wahrscheinlich gewichtigste Name in der politischen Philosophie des 20. Jahrhunderts auf Kant Bezug nimmt – manches in der *Rechtslehre* von Rawls'schen Theorieelementen wie der freien rationalen Zustimmung als Legitimationsgrundlage eines Staats und der skeptischen Haltung gegenüber einer Weltregierung überschattet zu sein scheint.[335]

1785, im Alter von 61 Jahren, entwickelte Kant in der *GMS* erstmals zusammenhängend zentrale Elemente seiner Moralphilosophie wie den kategorischen Imperativ, den Autonomiebegriff und die transzendentale Freiheit. In der 1797 erschienenen *Metaphysik der Sitten* tauchen diese Begriffe hingegen nur noch sporadisch und vor allem in der Einleitung wieder auf.

Da Kant jedoch in der *MdS* keine relevante Revision innerhalb seiner moralphilosophischen Konzeption ankündigte, scheint es wenig problematisch, ihr die

---

[332] Kants Standpunkt hat sich 1784/1785 – in der Zeit zwischen der Mitschrift von *Naturrecht Feyerabend* und dem Erscheinen der *Metaphysik der Sitten* in verschiedenen Punkten, zum Beispiel hinsichtlich der Frage der Sklaverei, wesentlich gewandelt.
[333] Glaston (1996, 209).
[334] Höffe (1999), Horn (2014), Kersting (1993 und 2004), Flikschuh (2000) und Ripstein (2009).
[335] „Kant's political philosophy tends to reach us now by refraction through the mind of the preeminent political philosopher of the twentieth century, John Rawls." (William 2010, 870).

*GMS* zusammen mit der *KpV* als theoretische wie begriffliche Referenz zugrunde zu legen.³³⁶ Die *Metaphysik der Sitten* ist in zwei Abschnitte aufgeteilt: *Metaphysische Anfangsgründe der Rechtslehre* und *Metaphysische Anfangsgründe der Tugendlehre.* Ausgehend vom Begriff des ‚Rechts' leitet Kant mittels dreier Merkmale des Rechts über zu einer ersten Bestimmung der politischen Sphäre:

> Erstlich nur das äußere und zwar praktische Verhältniß einer Person gegen eine andere, sofern ihre Handlungen als Facta aufeinander (unmittelbar oder mittelbar) Einfluß haben können […] zweitens bedeutet er nicht das Verhältniß der Willkür auf den Wunsch (folglich auch auf das bloße Bedürfniß) des Anderen, wie etwa in den Handlungen der Wohlthätigkeit oder Hartherzigkeit, sondern lediglich auf die Willkür des Anderen. Drittens, in diesem wechselseitigen Verhältniß der Willkür kommt auch gar nicht die Materie der Willkür, d. i. der Zweck, den ein jeder mit dem Object, was er will, zur Absicht hat, in Betrachtung, z. B. es wird nicht gefragt, ob jemand bei der Ware, die er zu seinem eigenen Handel von mir kauft, auch seinen Vortheil finden möge, oder nicht, sondern nur nach der Form im Verhältniß der beiderseitigen Willkür, sofern sie bloß als frei betrachtet wird, und ob durch die Handlung eines von beiden sich mit der Freiheit des andern nach einem allgemeinen Gesetze zusammen vereinigen lasse. (6: 230)

Das erste Merkmal des Rechts betrifft seine Praktikabilität, das zweite seine Externalität und das dritte seine Universalität.³³⁷ Um sich in der Sphäre des Politischen zu bewegen, müssen Menschen selbstbestimmt interagieren, ihre Handlungen müssen als „Facta" Einfluss aufeinander haben. Mit Arthur Ripstein wird noch zu zeigen sein, dass hierfür ein Rückbezug zur Anschauungsform des Raums aus der *KrV* eine erhellende Rolle spielen kann, indem sie als ein für das Recht konstitutiver Rahmen verstanden wird.

Recht befasst sich ferner mit Handlungen nur ihrer äußeren Form nach (6: 380 f.), also nicht mit ihren Motiven,³³⁸ dies würde in den Bereich der Tugendlehre fallen (6: 218–221 und 390).

Kant entwickelte seine politische Philosophie vor allem im ersten Teil der *Metaphysik der Sitten*, der *Rechtslehre*, und im zweiten Teil von *Über den Gemeinspruch*. Neuerdings tritt noch die zeitgleich mit der *Idee zu einer Geschichte in weltbürgerlicher Absicht* entstandene Vorlesungsmitschrift *Naturrecht Feyerabend* hinzu.³³⁹ Die 13 Jahre Abstand zwischen dem Erscheinen der *MdS* (1797) und der

---

336 Zum Verhältnis zwischen der *GMS* und der *MdS* Kühn (2010), Timmermann (2007) und Wood (2002).
337 Vgl. hierzu Willaschek (2005, 191).
338 Im *Naturrecht Feyerabend* wird Recht als Unterbereich der pflichtgemäßen Handlungen, die durch äußeren Zwang realisierbar sind, bestimmt (27: 1327).
339 Angestoßen durch die 2010 erschienene Neuedition des Werks, herausgegeben von Delfosse, Hinske und Bordoni. Auch Tagungen zu der Schrift wie die am 6. und 7. Juli 2018 von Petra Giegerich in Mainz organisierte zeugen von einer Art „Renaissance".

*Idee* (1784) sowie die biologische Metaphorik Letzterer (8: 19, 22 und 30), welche man in der *MdS* vergeblich sucht, geben nicht unmittelbar Anlass, die Geschichts- von der Rechtsphilosophie her zu interpretieren. Dass dies aber doch eine aussichtsreiche Perspektive auf die Geschichtsphilosophie eröffnet, soll im Folgenden gezeigt werden.

Zu diesem Zweck wird zunächst Kants Ableitung der bürgerlichen Verfassung aus dem angeborenen Recht auf äußere Freiheit in der *MdS* rekonstruiert (§§ 2–3), um anschließend durch den Einbezug der Interpretation der *Rechtslehre* von Ripstein (§ 4) eine Möglichkeit aufzuzeigen, wie die *Rechtslehre* den ‚Leitfaden' für den philosophischen Geschichtsschreiber konkretisiert und welchen Sinn Begriffe wie ‚Geschichtszeichen' auf diese Weise gewinnen.

## § 2 Die Idee einer ‚reinen Republik'

Als zentraler Bezugspunkt der *MdS* präsentiert sich die ‚reine Republik'. Sie ist Zielpunkt, „ewige Norm" und zugleich der genuine Ort der bürgerlichen Gesellschaft (7: 91 und 331). Kant stellte die repräsentative Organisationsform und die Trennung zwischen Exekutive und Legislative als ihre wesentlichen Merkmale dar[340] und betonte, dass er damit keine demokratische Verfassung meine (7: 351).[341] Allein die republikanische Regierungsform gründe auf der Idee eines ursprünglichen Vertrags und entspreche deshalb den Prinzipien der Freiheit, des Rechts und der Gleichheit (8: 349 f.).

Für Kant ist die ‚reine Republik' „die einzig bleibende Staatsverfassung, wo das Gesetz selbstherrschend ist" (6: 341) – alle historischen Staatsformen werden als Vorstufen zu diesem Ideal begriffen und müssen letzten Endes in die einzig „ursprüngliche (rationale)" Staatsform übergehen (6: 340). Es ist deshalb naheliegend,

---

340 „Alle Regierungsform nämlich, die nicht repräsentativ ist, ist eigentlich eine Unform, weil der Gesetzgeber in einer und derselben Person zugleich Vollstrecker seines Willens (so wenig wie das Allgemeine des Obersatzes in einem Vernunftschlusse zugleich die Subsumtion des Besondern unter jenem im Untersatze) sein kann; denn noch werden [...]. Der Republikanism ist das Staatsprincip der Absonderung der ausführenden Gewalt (der Regierung) von der gesetzgebenden; der Despotism ist das der eigenmächtigen Vollziehung des Staats von Gesetzen, die er selbst gegeben hat, mithin der öffentliche Wille, sofern er von dem Regenten als sein Privatwille gehandhabt wird." (8: 355).
341 In einem Brief an Jacobi schreibt Nicolovius, ein konservativer Gast von Kants Tischgesellschaft: „Kant ist ein völliger Demokrat und hat neulich seine Weisheit mich hören lassen. Alle Gräuel, die jetzt in Frankreich geschähen, wären unbedeutend gegen das fortdauernde Uebel der Despotie, die vorher in Frankreich etabliert war. Höchstwahrscheinlich hätten die Jacobiner Recht in Allem was sie gegenwärtig thäten" (Jacobi 2015, 305). Dank für den Hinweis auf diese Stelle ergeht an Peter McLaughlin.

die Idee des Fortschritts hin zu dieser ‚reinen Republik' als einen ‚Leitfaden' (8: 17 und 29) für die Geschichte sinnlich-rationaler Wesen zu nutzen, indem der Geschichtsschreiber die ‚reine Republik' als eine Art ‚focus imaginarius', als Fluchtpunkt im Spiegelbild, nutzt. Kant entlehnt diesen Begriff aus dem *Anhang der transzendentalen Dialektik* (*KrV*, B672) wahrscheinlich von Newton oder Wolff.[342] Er versucht damit verständlich zu machen, wie die Annahme der systematischen Geschlossenheit der Erweiterung und Systematisierung dem Forscher nutzen kann und wie dieses Vorgehen zugleich die Möglichkeit der Täuschung in sich birgt.

> Nun entspringt uns zwar hieraus die Täuschung, als wenn diese Richtungslinien von einem Gegenstande selbst, der außer dem Felde empirisch möglicher Erkenntniß läge, ausgeschlossen wären (so wie die Objecte hinter der Spiegelfläche gesehen werden); allein diese Illusion (welche man doch hindern kann, daß sie nicht betrügt) ist gleichwohl unentbehrlich nothwendig, wenn wir außer den Gegenständen, die uns vor Augen sind, auch diejenigen zugleich sehen wollen, die weit davon uns im Rücken liegen, d. i. wenn wir in unserem Falle den Verstand über jede gegebene Erfahrung (den Theil der gesamten möglichen Erfahrung) hinaus, mithin auch zur größtmöglichen und äußersten Erweiterung abrichten wollen. (*KrV*, B672 f.)

Angesichts der sinnlichen und zeitlichen Begrenztheit des einzelnen Individuums und einem Gegenstand der sich, wie Geschichte, weit hinter seinem „Rücken" befindet, scheint es „unentbehrlich nothwendig", mit systematisierenden Hypothesen zu operieren. Auf die Geschichte angewandt, hilft die Idee der ‚reinen Republik' dabei, Ereignisse in einer zusammenhängenden Geschichte zu bündeln. Kant bezweckte damit nicht, den Rahmen für *die* Geschichte schlechthin zu setzen. Es handelt sich vielmehr nur um „ein[en] Gedanke[n] von dem, was ein philosophischer Kopf (der übrigens sehr geschichtskundig sein müßte) noch aus einem anderen Standpunkte versuchen könnte" (8: 30). Die Begründung dieses idealen Zielpunkts der Geschichte lässt sich in vier Teilschritte (S 1–4) untergliedern.[343]

## § 3 Rechtfertigung des Staats

§ 52 der *Rechtslehre* kommt zu dem Schluss, dass die Republik „die einzige bleibende Staatsverfassung [sei], wo das Gesetz selbstherrschend ist" (6: 341). Kant gelangte zu diesem Ergebnis über mehrere Teilschritte: (S 1) Grundlegend ist der Begriff ‚äußere Freiheit', wie er in der *Einleitung* zur *Rechtslehre* (6: 210–242) formuliert wird. (S 2)

---

[342] Newton (1704), *Opticks* (I), Axiom 8; Wolff (1710), *Anfangs-Gründe Aller Mathematischen Wissenschaften* (III), Optick § 98.
[343] Die folgende Gliederung orientiert sich an Sharon Byrd und Joachim Hruschka (2010) sowie Ripstein (2009).

Aus der Anwendung dieses einzigen[344] angeborenen Rechts (4: 237) auf räumliche koexistierender Wesen ergibt sich das immer noch vorstaatliche Privatrecht (6: 243–308) mit seinen beiden Angelpunkten des ‚noumenalen' (*possessio noumenon*) und ‚empirischen Besitzes' (*possessio phaenomenon*). (S 3) Durch die Idee eines ‚ursprünglichen Vertrags' wird der rechtlose endlich in einen rechtlichen Zustand, einen verfassungsbegründeten Staat, überführt. In einem solchen Staat gilt öffentliches Recht als Grundlage für alle weiteren positiven Rechte (6: 309–356). (S 4) Schließlich wird in § 52 der genuine Ort dieses „peremtorisch[en]" Rechts in einer Republik bestimmt (6: 339–342).

### (S 1) Äußere Freiheit

„Rechtliche (mithin äußere) Freiheit kann nicht, wie man wohl zu thun pflegt, durch die Befugniß definirt werden: alles zu thun, was man will" (8: 351). Ausgangspunkt für Kants Konzeption einer ‚reinen Republik' ist der Begriff ‚äußere Freiheit', wie er in der *Einleitung* zur *Rechtslehre* (6: 210–242) formuliert wird.[345] ‚Äußere Freiheit' wird dort als die „Unabhängigkeit von eines Anderen nöthigender Willkür" und als das „einzige, ursprüngliche, jedem Menschen Kraft seiner Menschheit zustehende Recht" bestimmt, das „auf lauter Principien *a priori*" (6: 237) beruhe und „durch jedes Menschen Vernunft erkennbar" (6: 296) sei.

Kant erläutert nicht weiter, welche Prinzipien er im Einzelnen meint und warum diese a priori gelten, es lassen sich aber Ansatzpunkte für einen Verbindung zwischen ‚äußerer Freiheit' und ‚innerer Freiheit' sowie zwischen ‚ursprünglichem Recht' und der Selbstzweckformel des kategorischen Imperativs bestimmen.

Die Apriorität der fundamentalen Rechtsgrundsätze wird in der *MdS* zwar impliziert, argumentativ aber nicht eingeholt. Als Bezugspunkt zwischen Recht und Moral erscheinen jedoch die Elemente der Verbindlichkeit und die Universalität des ursprünglichen Rechts sowie das Konzept der Unabhängigkeit.

Der Sollens-Charakter entspricht dem Element der Verbindlichkeit sowohl rechtlicher wie moralischer Imperative zum Ausdruck. Die Universalität ist in moralischer Hinsicht das kategorische Moment des Imperativs, das Gesetz selbst, im Gegensatz zu seiner Anwendung, kennt keine Ausnahme oder Sonderfälle (4: 389 und 5: 159). Schließlich erheben moralische wie rechtliche Normen einen allge-

---

[344] Kant gibt unter der Überschrift *Das angeborenen Recht ist nur ein einziges* zwar vier Bestimmungen (Gleichheit, Souveränität, Unbescholtenheit und die Befugnis, das gegen andere zu tun, was das Ihre nicht schmälert) schließt dann aber „alle diese Befugnisse liegen schon im Princip der angebornen Freiheit und sind wirklich von ihr nicht (als Glieder der Eintheilung unter einem höheren Rechtsbegriff) unterschieden." (6: 238).
[345] „The assumption that everyone has a right to external freedom is the logical starting point for Kant's Doctrine of Right." (Byrd/Hruschka 2010, 77).

meinen Geltungsanspruch, der von der jeweiligen Situation und Person abstrahiert. Das *Allgemeine* oder *Universelle Prinzip des Rechts* lautetet demnach: „Eine jede Handlung ist recht, die oder nach deren Maxime die Freiheit der Willkür eines jeden mit jedermanns Freiheit nach einem allgemeinen Gesetze zusammen bestehen kann" (6: 230).[346] Zielpunkt des Gesetzes ist die Freiheit der Willkür. Das Konzept der Unabhängigkeit spielt eine zentrale Rolle bei der Rechtfertigung der Zwangsgewalt des Staats, weil dieser Gesetze nicht nur formuliert, sondern auch deren Umsetzung mittels Zwang sichert (6:239). Diese erste Gegenüberstellung zeigt, dass Kant sich bei der Formulierung und Begründung moralischer wie rechtlicher Normativität verwandter Elemente bediente, ohne eine ausdrückliche Ableitung nahezulegen oder vorzuführen. Zur weiteren Plausibilisierung des Bezugs zwischen Moral und Recht soll im Folgenden ein Schwerpunkt auf das Element der „Unabhängigkeit" gelegt werden, da zu erwarten ist, dass sich hier eher noch als in den Begriffen der „Verbindlichkeit" und der „Universalität" ein Spezifikum der politisch-geschichtlichen Sphäre ausmachen lässt.

Der Begriff der ‚Unabhängigkeit' erlaubt es, eine konzeptuelle Brücke zwischen dem ‚einzig angeborenen Recht' auf ‚äußere Freiheit' und Teilen der Moralphilosophie zu schlagen.[347] Da die „Unabhängigkeit von eines Anderen nöthigender Willkür" nicht denkbar wäre, wenn ein Mensch lediglich als Werkzeug eines anderen gedacht wird, ergibt sich ein gewisser Bezug zur Selbstzweckformel des kategorischen Imperativs: „Handle so, daß du die Menschheit sowohl in deiner Person, als in der Person eines jeden andern jederzeit zugleich als Zweck, niemals bloß als Mittel brauchst" (4: 429). Durch seine instrumentell-pragmatische Vernunft sei der Mensch in der Lage, ein anderes sinnlich-vernünftiges Wesen als Mittel für die Erfüllung seiner Zwecke zu benutzen – er müsse dies aber aufgrund seiner Autonomie nicht (6: 385) und soll dies auch aufgrund des einzig angeborenen Rechts auf äußere Freiheit nicht tun.

Weil weiterhin die Abhängigkeit des Menschen von einer ihm fremden Willkür in Raum und Zeit gedacht werden muss, werden Gesetze in der *MdS* strukturell so

---

[346] Zum Vergleich der *kategorische Imperativ*, den Kant zwölf Jahre zuvor in der *GMS* formuliert hatte: „Denn da der Imperativ außer dem Gesetze nur die Nothwendigkeit der Maxime** enthält, diesem Gesetze gemäß zu sein, das Gesetz aber keine Bedingung enthält, auf die es eingeschränkt war, so bleibt nichts als die Allgemeinheit eines Gesetztes überhaupt übrig, welchem die Maxime der Handlung gemäß sein soll, und welche Gemäßheit allein der Imperativ eigentlich als nothwendig vorstellt. Der kategorische Imperativ ist also nur ein einziger und zwar dieser: handle nur nach derjenigen Maxime, durch die du zugleich wollen kannst, daß sie ein allgemeines Gesetz werde" (4: 420 f.).
[347] Die sogenannte Unabhängigkeitsthese von Recht- und Moralphilosophie vertritt zum Beispiel Reich (1936, 18 f.); dagegen argumentiert überzeugend Kersting (1984, 37).

bestimmt, dass sie einen Rahmen für Handlungen innerhalb eines Raums und in zeitlicher Abfolge abgeben.[348] Gesetze regeln, wer worauf wann einen legitimen Anspruch erheben darf.

Kant bestimmte das „einzige, ursprüngliche, jedem Menschen Kraft seiner Menschheit zustehende Recht" formal als äußere „Freiheit (Unabhängigkeit von eines Anderen nöthigender Willkür), sofern sie mit jedes Anderen Freiheit nach einem allgemeinen Gesetz zusammen bestehen kann" (6: 237).[349] Neben der Nähe zur Selbstzweckformel des kategorischen Imperativs zeigt sich in dieser Passage auch eine Beziehung zu kompatibilistischen Freiheitstheorien eines Hume oder Hobbes, nach der sich Freiheit im Wesentlichen aus der Abwesenheit von Zwang und einer bewussten Absicht des Handelnden ergibt, ohne auf metaphysische Größen zu rekurrieren.[350]

Diese Art der Freiheit scheint andererseits von Kant in der *KpV* als relative Freiheit des Bratenwenders (*Unterkapitel* 4.1 § 2) moralisch disqualifiziert zu werden. Im Zusammenhang mit der Rechts- und Geschichtsphilosophie lässt sich diese Unstimmigkeit aber dadurch umgehen, dass man den Fokus der Analyse berücksichtigt. Die relative Freiheit des Bratenwenders ist nicht die äußere Freiheit des politischen Menschen in der *MdS*. Erstere steht im Kontext der Begründung von transzendentaler Freiheit, die einen Gegensatz zur Determiniertheit durch Naturursachen bildet, egal, ob unter ‚Natur' andere sinnlich vernünftige Wesen wie der Nachbar oder Naturgesetze wie das Gravitationsgesetz verstanden wird. Die äußere Freiheit hingegen befasst sich nicht mit diesem Problem der Determiniertheit per se, was daran deutlich wird, dass äußere Freiheit für einen Menschen auf einer einsamen Insel – im Gegensatz zur transzendentalen Freiheit – gegenstandslos würde.

Zu Beginn der *MdS* legt Kant die Grundlagen für die Anwendungsbedingungen des Begriffs der ‚äußeren Freiheit': „Eine jede Handlung ist recht, die oder nach deren Maxime die Freiheit der Willkür eines jeden mit jedermanns Freiheit nach einem allgemeinen Gesetze zusammen bestehen kann" (6: 230). Der ‚äußeren Freiheit' anderer soll „durch meine äußere Handlung [...] nicht Eintrag" getan werden (6: 231). Byrd und Hruschka bemerken hierzu, dass ‚Handlung' in einem für Kant typischen weiten Sinne gemeint sei.[351] Eine unfreiwillige Bewegung durch physische Gewalt, zum Beispiel wenn ich gestoßen werde, fällt genauso unter diesen

---

[348] Auch in der *Idee* (8: 17) hob Kant hervor, dass es ihm um empirische Handlungen geht.
[349] In zum *Ewigen Frieden:* „Vielmehr ist meine äußere (rechtliche) Freiheit so zu erklären: sie ist die Befugniß, keinen äußeren Gesetzen zu gehorchen, als zu denen ich meine Beistimmung habe geben können" (8: 351). Hier betont Kant auch die Unveräußerlichkeit dieses Rechts der Menschheit.
[350] Hobbes ([1]1651; 1984, 46), siehe auch Chwaszcza (2008, 80–83).
[351] Byrd/Hruschka (2010, 78).

weiten Begriff von Handlung wie eine durch Drohungen erzwungene selbstständige Bewegung. Von dieser Weichenstellung aus ergänzt Kant vier Bestimmungen des angeborenen Rechts auf äußere Freiheit, die alle im Prinzip der angeborenen Freiheit lägen und „als Glieder der Eintheilung unter einem höheren Rechtsbegriff" von dieser nicht verschieden seien (6: 238): 1. prinzipielle Gleichheit, 2. sein eigener Herr zu sein, 3. prinzipielle Unbescholtenheit und 4. die Befugnis, das gegen andere zu tun, was das Ihre nicht schmälert. Den Geltungsgrund für diese Dimensionen des angeborenen Rechts lässt Kant in der *MdS* jedoch offen.[352] Die *Vorrede* verweist nur knapp auf die *KpV* und die Ableitung des Menschen als „Zweck an sich selbst", als „Subjekt des moralischen Gesetzes", das „keiner Absicht zu unterwerfen [sei], die nicht nach einem Gesetze, welches aus dem Willen des leidenden Subjekts selbst entspringen konnte, möglich ist" (5: 87).

Obwohl Kant betonte, dass es „nur" um die äußere Freiheit gehe und die moralische, innere Freiheit nicht berührt werde, ließ er in der *Vorrede zur Rechtslehre* keinen Zweifel an der metaphysischen Dimension der Rechtsphilosophie:

> Auf die Kritik der praktischen Vernunft sollte das System, die Metaphysik der Sitten, folgen, welches in metaphysische Anfangsgründe der Rechtslehre und in eben solche für die Tugendlehre zerfällt (als ein Gegenstück der schon gelieferten metaphysischen Anfangsgründe der Naturwissenschaft) [...]. Die Rechtslehre als der erste Theil der Sittenlehre ist nun das, wovon ein aus der Vernunft hervorgehendes System verlangt wird, welches man die Metaphysik des Rechts nennen könnte. (6: 205)

Kants politische Philosophie nahm ihren Ausgang vom Begriff der äußeren Freiheit des Menschen. Er verstand darunter die Fähigkeit, selbstbestimmt in der Welt zu handeln, um persönliche Zwecke zu erreichen, und nannte dies das „einzig angeborene Recht" des Menschen.

Bevor die weiteren Schritte der Staatsbegründung (S 2–4) nachvollzogen werden, soll, um die anthropologischen Hintergrundannahmen der formalen Bestimmung des Rechtsverhältnisses aufzuzeigen, der Topos der „ungeselligen Geselligkeit" (8: 20 f., siehe auch 5: 275 und 6: 471 ff.) dargestellt werden. Diese Annahme lässt sich im geschichtsphilosophischen Entwurf als ein regulatives Prinzip einordnen, wie es in *Unterkapitel* 4.2 §2 dargestellt wird. Am Anfang des vierten Satzes der *Idee* heißt es:

---

[352] „Das angeborene Recht der Menschheit wird nicht etwa aus dem allgemeinen Rechtsgesetz abgeleitet, sondern findet sich systematisch auf derselben Ebene. Es ist direkte Folge der intelligiblen Freiheit wie der kategorische Imperativ – und mit diesem das Rechtsgesetz" (KpV §§ 5, 6 und KpV I, I, 3; V 86, 33 f.; Ludwig 2005, 104).

> Das Mittel, dessen sich die Natur bedient, die Entwickelung aller ihrer Anlagen zu Stande zu bringen, ist der Antagonism derselben in der Gesellschaft, so fern dieser doch am Ende die Ursache einer gesetzmäßigen Ordnung derselben wird. Ich verstehe hier unter dem Antagonism die ungesellige Geselligkeit der Menschen, d. i. den Hang derselben in Gesellschaft zu treten, der doch mit einem durchgängigen Widerstande, welcher diese Gesellschaft beständig zu trennen droht, verbunden ist. Hiezu liegt die Anlage offenbar in der menschlichen Natur. Der Mensch hat eine Neigung sich zu vergesellschaften: weil er in einem solchen Zustande sich mehr als Mensch, d. i. die Entwickelung seiner Naturanlagen, fühlt. Er hat aber auch einen großen Hang sich zu vereinzelnen (isoliren): weil er in sich zugleich die ungesellige Eigenschaft antrifft, alles bloß nach seinem Sinne richten zu wollen, und daher allerwärts Widerstand erwartet, so wie er von sich selbst weiß, daß er seinerseits zum Widerstande gegen andere geneigt ist. (8: 20 f.)

Die ungesellige Geselligkeit ergibt sich aus einer Naturanlage des Menschen, die erklärt, dass der Mensch sowohl den Hang habe, „in Gesellschaft zu treten" als auch denjenigen, „sich zu vereinzeln". Kant sprach ihr eine quasi „katalytische" Funktion zu, da sie die Menschen zum Wettstreit untereinander animiere und so für kulturellen Fortschritt sorge (8: 21 und 24). Selbst-, Ehr-, Herrsch- und Habsucht machten den Menschen zwar „ungesellig", hätten jedoch gepaart mit einem Trieb zur Vergesellschaftung auch positive Auswirkungen: Kulturelle Leistungen in Kunst, Literatur und Technik sowie die Überwindung des trägen Verweilens in einem arkadischen Schäferleben seien Früchte der ungeselligen Geselligkeit (8: 24). Zwietracht motiviere zu „Arbeit und Mühseligkeiten" (8: 21), die ihrerseits wieder zu einer größeren Eintracht (8: 20 ff.; 25: 1421 ff.) und letztlich zur „Errichtung einer vollkommenen bürgerlichen Verfassung" (8: 24) führen könnten.

Kant entwickelte den Gedanken der katalytischen Wirkung von Konflikten allerdings vor allem in *Idee zu einer Geschichte in weltbürgerlicher Absicht* während der 1780er Jahre. Brandt geht davon aus, dass dieser während der 1790er Jahre durch die Vorstellung abgelöst wurde, politische Institutionen seien als intendiertes Resultat des bewussten Handelns sittlich verantwortlicher Menschen zu verstehen.[353] Beiden Annahmen ist gemeinsam, dass sie auf das regulative Prinzip der ungeselligen Geselligkeit reagieren und vom Prinzip der äußeren Freiheit ausgehen.

### (S 2) Besitz

Das einzige angeborene Recht ist Kant zufolge das Recht auf äußere Freiheit. Es bleibt, wie das auf ihm basierende Privatrecht (6: 243–308), im bisherigen Argumentationsverlauf vorstaatlich. Für die Rechtfertigung der Pflicht sinnlich-vernünftiger Wesen, einen Staat einzurichten (S 3), fehlt noch ein weiteres Theorie-

---

[353] Brandt (2001, 101).

stück: die Unterscheidung zwischen ‚noumenalem' (*possessio noumenon*) und ‚empirischem Besitz' (*possessio phaenomenon*).

Die angeborene Freiheit äußerer Handlungen (S 1) ist beim Menschen in ihrer Grundform die räumliche Bestimmung seines Körpers durch seine Vorstellungen. Diese Art Vorstellungen sind „der Bestimmungsgrund der verständigen wirkenden Ursache zu ihrer Hervorbringung" und können auch als Zwecke bezeichnet werden (5: 426). Damit eine äußere freie Handlung gedacht werden kann, müssen dem Handelnden außer seinem eigenen Körper aber noch weitere „brauchbare Gegenstände" (6: 246) zur Verfügung stehen. Eine äußere Handlung ist ohne den Gebrauch von bestimmten Gegenständen an einem bestimmten Ort nicht denkbar.

Der Anspruch, etwas zu besitzen oder „allen andern eine Verbindlichkeit aufzulegen, die sie sonst nicht hätten, sich des Gebrauchs gewisser Gegenstände unserer Willkür zu enthalten, weil wir zuerst sie in unseren Besitz genommen haben", ist daher ein „Erlaubnißgesetz (lex permissiva) der praktischen Vernunft", das sich nicht „aus bloßen Begriffen vom Rechte überhaupt" ableiten lasse, sondern als ein *Postulat der praktischen Vernunft* gelten müsse (6: 247). Folglich sei „der Begriff eines bloß rechtlichen Besitzes kein empirischer (von Raum und Zeit abhängiger) Begriff", gleichwohl habe er „praktische Realität" (6: 252). Kant nennt diesen Besitz ‚intelligibel' (*possessio noumenon*) und grenzt ihn vom bloß ‚empirischen Besitz' (*possessio phaenomenon*) ab.

Dieses *rechtliche Postulat der praktischen Vernunft* impliziert, dass ein Gesetz, das einen Gegenstand prinzipiell vom Gebrauch ausschließt, damit die Grundlage eines jeden Gesetzes, auch seines eigenen, zu einer *res nullius* machen würde. Dem ist so, weil „die Freiheit sich selbst des Gebrauchs ihrer Willkür in Ansehung eines Gegenstandes derselben berauben" würde und dadurch „brauchbare Gegenstände außer aller Möglichkeit des Gebrauchs setzte, d. i. diese in praktischer Rücksicht vernichtete" (6: 246).

Da der von Kant eingeführte Begriff des rechtlichen Besitzes, des Eigentums, nicht empirisch ist, können praktische Aspekte wie die Vermeidung eines aus ihm resultierenden Konflikts nicht der Grund für die Einschränkung von Besitzansprüchen sein. Hierin unterscheidet sich die Konzeption des Naturzustands als begründungstheoretische Legitimation von staatlicher Gewalt wesentlich von Thomes Hobbes' Entwurf.

Bei einem einzelnen empirischen Gegenstand, etwa einem Stück Land, scheint das Gebrauchsverbot unproblematisch. Bedenkt man aber, dass „die reine praktische Vernunft keine andere als formale Gesetze des Gebrauchs der Willkür zum Grunde legt und also von der Materie der Willkür [...] abstrahirt", dann verfehlt diese Lösungsmöglichkeit die Vorgaben der Konstruktionsebene: Es gibt auf der Ebene der Maximen keine besonderen Fälle, also auch nicht ein bestimmtes Stück Land. Der prinzipielle Ausschluss bestimmter äußerer Gegenstände widerspräche der Möglichkeit, dass Vernunft praktisch wird – sei es auf moralische oder auch auf pragmatisch-technische Weise. Reine praktische Vernunft könne „in Ansehung eines solchen Gegenstandes kein absolutes Verbot seines Gebrauchs enthalten, weil dieses ein Widerspruch der ‚äußeren Freiheit' mit sich selbst sein würde" (6: 246). Es verhält sich vielmehr umgekehrt:

> Um aber etwas bloß als Gegenstand meiner Willkür zu denken, ist hinreichend, mir bewußt zu sein, daß ich ihn in meiner Macht habe. – Also ist es eine Voraussetzung a priori der praktischen Vernunft, einen jeden Gegenstand meiner Willkür als objectiv mögliches Mein oder Dein anzusehen und zu behandeln (6: 246).

Nimmt man die Voraussetzung hinzu, dass sinnlich-vernünftige Wesen in Raum und Zeit interagieren müssen, um zu überleben, und Gemeinschaft trotz und wegen ihrer ungeselligen Geselligkeit (8: 20) aktiv suchen, kommt es zu einer Einschränkung der sonst „wilden" Freiheit (6: 316). Solange das Privatrecht nur vernunftbegründet bleibt und keine allgemeine Macht mit Zwangsbefugnissen installiert ist, bleibt der Mensch mangels institutionalisierten Schutzes in einem eigentlich „nichtrechtlichen Zustand" (6: 306), und dieser „Naturzustand ist selbst ein Zustand der Ungerechtigkeit" (6: 350). In dieser Situation kann es aber durchaus stabile soziale Verhältnisse wie zum Beispiel Ehe und Vaterschaft geben (6: 306). Wie die meisten Staatstheoretiker der Neuzeit betonte Kant den hypothetischen Charakter des Naturzustands. Die Möglichkeit von Besitz ist „ein Erlaubnißgesetz (lex permissiva) der praktischen Vernunft", welches sich „aus bloßen Begriffen vom Rechte überhaupt" ableiten lasse. Besitz wird dabei als die Möglichkeit, „allen andern eine Verbindlichkeit aufzulegen, die sie sonst nicht hätten, sich des Gebrauchs gewisser Gegenstände unserer Willkür zu enthalten, weil wir zuerst sie in unseren Besitz genommen haben", bestimmt (6: 247). Diese vorstaatlichen Rechte haben einen anderen normativen Anspruch als genuin moralphilosophische Normen wie der kategorischen Imperativ.[354] Kant schloss den Abschnitt: „[d]ie Vernunft will, daß dieses als Grundsatz gelte, und daß zwar als praktische Vernunft, die sich durch dieses ihr Postulat a priori erweitert" (6: 247).

Von dem Besitz begründenden Postulat ausgehend entfaltete Kant das Privatrecht, zu dem das „Sachenrecht" (6: 260), „persönliche Recht[e]" (6: 271), „Recht[e] der häuslichen Gesellschaft" (6: 277), das „Eherecht" (6: 277), das „Elternrecht" (6:

---

[354] Christoph Horn nimmt diese Differenz als Ausgangspunkt seiner umfassenden Interpretation von Kants Rechtsphilosophie: „Kant hat stattdessen, so meine Auffassung, mithilfe seiner Anthropologie und seiner Geschichtsphilosophie eine nichtideale Form von Normativität formuliert. ‚Nichtideal' heißt: eine schwächere, von Menschen erfüllbare, situationsgerechte und auf die langfristige Wirkung hin berechnete Variante von Normativität." (Horn 2014, 300).

280) und das „Hausherrenrecht" (6: 282) gehören. Gemeinsamer Nenner des Privatrechts ist die Frage nach Besitzansprüchen als Verfügungsgewalt über Gegenstände. Kant ging es hierbei nicht um den größten Nutzen, der aus einem Besitz gezogen werden kann, und folglich auch nicht um die allgemeine Wohlfahrt (*Unterkapitel* 5.1). Da der Begriff des Rechts formal begründet ist, kann er nicht durch materielle Größen wie Gesundheit, Zufriedenheit und Wohlstand der Bürger bestimmt werden, seine Funktion besteht vielmehr darin, öffentliches Recht und Zwang zu begründen.

**(S 3) Vertrag, Öffentliches Recht und Zwang**
Über die Figur des ursprünglichen Vertrags und des mittels Zwangs Rechtsschutz gewährenden Staats wird das „einzige, jedem Menschen Kraft seiner Menschheit zustehende Recht" (6: 237) zu öffentlichem Recht.3.[355] Die vertragstheoretische Begründung staatlicher Herrschaft (8: 297 ff.) sei „eine bloße Idee der Vernunft, die aber ihre unbezweifelte (praktische) Realität hat". Durch sie werde nämlich der Gesetzgeber daran erinnert, dass „er seine Gesetze so gebe, als ob sie aus dem vereinigten Willen eines ganzen Volks haben entspringen können, und jeden Unterthan, so fern er Bürger sein will, so anzusehen, als ob er zu einem solchen Willen mit zusammen gestimmt habe". So resultiere ein „Probirstein der Rechtmäßigkeit eines jeden öffentlichen Gesetzes. Ist nämlich dieses so beschaffen, daß ein Volk unmöglich dazu seine Einstimmung geben könnte [...], so ist es nicht gerecht [...]" (8: 297). Die Idee des Gesellschaftsvertrags dient dazu, eine gegebene Verfassung nach Vernunftprinzipien beurteilen zu können (8: 302). Kant leitete über das hypothetische Konstrukt des ursprünglichen Vertrags aus dem Privatrecht das öffentliche Recht und mit ihm die Rechtfertigung einer umfassenden Staatsgewalt her.

Es geht dabei nicht darum, dass das öffentliche Recht faktisch wahrscheinlicher macht, dass die angeborene äußere Freiheit realisiert werden kann, sondern dass es als eine Bedingung der Möglichkeit der Letzteren gedacht werden muss. Deshalb ist distributive Gerechtigkeit auch nicht der geeignete Zielpunkt für Kants politische Philosophie, sondern äußere Freiheit. Als einziges angeborenes Recht ist sie das Maß, an dem eine bestehende politische Ordnung gemessen wird, und legitimiert deren Einrichtung.

Kant nahm an, dass es nicht nur aus anthropologischen Gründen erforderlich, sondern vielmehr ein Gebot der Vernunft sei, den Zustand wilder Freiheit zu verlassen und ein öffentliches Recht zu installieren (6: 306 f.). Er nannte dies ein Postulat, das „aus dem Privatrecht im natürlichen Zustande [hervor]geht: [...] du sollst

---

[355] Ripstein (2009, 90).

im Verhältnisse eines unvermeidlichen Nebeneinanderseins mit allen anderen aus jenem heraus in einen rechtlichen Zustand [...] übergehen" (6: 307).

Für die Etablierung eines rechtlichen Zustands bedarf es in der Argumentation der *MdS* einer übergeordneten Instanz,[356] die sich durch den ‚ursprünglichen Vertrag' legitimiert.[357] Kant versteht diesen Urakt der Rechtsgemeinschaft nicht als eine pragmatische Lösung sozioanthropologischer Grundkonflikte, sondern als eine vernunftbegründete Pflicht, da die bis hierhin skizzierte Ausgangssituation nur durch einen Vertrag vom Zustand „wilder" Freiheit in einen Zustand öffentlichen Rechts überführt werden könne (6: 306 f.).[358]

Den Staat verstand Kant, im Gegensatz zu Hobbes, nicht als pragmatische Abhilfe gegen anthropologisch begründete Konflikte, vielmehr müsse er aus Vernunftgründen gegründet werden, um äußere Freiheit vernünftiger Wesen innerhalb eines begrenzten Raums zu ermöglichen. Pragmatische Erwägungen, wie die Möglichkeit, in einem friedlichen, gerechten und ressourcenreichen Staat zu leben, haben deswegen ebenso wie die Glückseligkeit der Bürger keine besondere legitimatorische Kraft. Die Staatsgründung durch einen ursprünglichen Vertrag partizipiert vielmehr an dem Gedanken des angeborenen Rechtsanspruchs eines sinnlich-vernünftigen Wesens und setzt bei der rational begründeten Begrenzung dieses Anspruchs an (6: 313). Es ging Kant demzufolge bei der Legitimation von Verfassung und Staatsgewalt nicht um das Wohlergehen der Bürger, sondern er beanspruchte, dies „gänzlich aus dem Begriffe der Freiheit im äußeren Verhältnisse der Menschen zueinander" zu leisten, jedoch ohne hierbei auf den „Zwecke, den alle Menschen natürlicher Weise haben (der Absicht auf Glückseligkeit)", zu referieren (8: 289). Die Gegenüberstellung der durch Besitz vermittelten äußeren Freiheit und des Wohlergehens der Bürger, die Kant hier thematisierte, findet sich ebenfalls in der US-amerikanischen Verfassung (1787): In den Worten des ersten Artikels der Unabhängigkeitserklärung: „We hold these truths to be self-evident, that all men are created equal, that they are endowed by their Creator with certain unalienable Rights, that among these are Life, Liberty and the pursuit of Happiness [...]"[359]. Das

---

356 „Norms and institutions do more than enhance the prospects for independence: they provide the only possible way in which a plurality of persons can interact on terms of equal freedom." (Ripstein 2009, 14).
357 Ripstein (2009, 90).
358 Siehe auch *Zum ewigen Frieden:* „Gleichwie wir nun die Anhänglichkeit der Wilden an ihre gesetzlose Freiheit, sich lieber unaufhörlich zu balgen, als sich einem gesetzlichen, von ihnen selbst zu constituirenden Zwange zu unterwerfen, mithin die tolle Freiheit der vernünftigen vorzuziehen, mit tiefer Verachtung ansehen und als Rohigkeit, Ungeschliffenheit und viehische Abwürdigung der Menschheit betrachten." (8: 354).
359 Jefferson (1776, 315).

Streben nach Glück als unveräußerliches Recht zu garantieren, ist bei Kant keine genuin staatliche Aufgabe, auch könne dies seine Zwangsbefugnisse nicht legitimieren. In der Forschung zur Unabhängigkeitserklärung der Vereinigten Staaten wird jedoch diskutiert, ob Thomas Jefferson in seinem ursprünglichen Entwurf statt „pursuit of happiness" den Begriff ‚estate' verwendet und sich damit auf Locke und dessen *Two Treatises of Government* (1689) bezogen hatte. Nach Locke legitimiert sich der Staat durch seine Funktion, den Besitz (*property*) seiner Bürger zu schützen. Zum Besitz gehören Leben, Freiheit und Grundbesitz (*life, liberty* and *estate*).[360] Locke konkretisierte dies in *A Letter concerning Toleration* durch den Begriff ‚civil interest', zu welchem „life, liberty, health, and indolency of body; and the possession of outward things"[361] gehören. Fürsprecher der Austauschthese von „pursuit of happiness" mit „estate" leiten daraus eine libertäre Interpretation der Aufgaben des Staates ab und wenden sich damit gegen das Modell eines Wohlfahrtsstaats, auf das die Wendung „pursuit of happiness" hinzuweisen scheint.[362] Aus Kants Ableitung und seiner Legitimation des Staates lässt sich leichter ein Bezug zur ersten Leseweise herstellen, da das Glück der Menschen nur bei der Behandlung der dritten systematischen Frage, nach der berechtigten Hoffnung, zu einem relevanten Konstruktionselement wird (*Kapitel 5*).

Vergesellschaftung unter vernunftbegründeten Gesetzen bildete für Kant ein Postulat, das „aus dem Privatrecht im natürlichen Zustande [hervor]geht: [...] du sollst im Verhältnisse eines unvermeidlichen Nebeneinanderseins mit allen anderen aus jenem heraus in einen rechtlichen Zustand [...] übergehen" (6: 307). Mit dem ursprünglichen Vertrag wird das unvermeidliche Nebeneinander der Menschen in einen Staat, eine „Vereinigung einer Menge von Menschen unter Rechtsgesetzen" (6: 313) überführt. Diese Staatsgründung ist kein Rekonstruktionsversuch eines historischen Prozesses, sondern Kant wollte darlegen, wie die den idealen Staat legitimierenden Gesetze „a priori nothwendig, [...] aus Begriffen des äußeren Rechts" folgen und jedem faktischen Staat als Richtschnur dienen können (6: 313, siehe auch 8: 109 und 19: 555). Der staatsbegründende ursprüngliche Vertrag muss so gedacht werden, als sei er „nur aus dem allgemeinen (vereinigten) Volkswillen" (8: 295, 8: 383) entsprungen. Auf ihn sei „allein eine bürgerliche, mithin durchgängig rechtliche Verfassung unter Menschen gegründet" (8: 297). Normativ wirksam wird dieses Ideal (6: 355, 313), indem es „nämlich jeden Gesetzgeber [bindet], daß er seine Gesetze so gebe, als sie aus dem vereinigten Willen eines ganzen Volks haben entspringen können, und jeden Unterthan, sofern er Bürger sein will, so anzusehen, als

---

360 Locke (1689, 1988, 209–222).
361 Locke (1689, 1983, 26).
362 Zuckert (1996, 73 ff.), Corbett (2009) und Pangle (1988).

ob er zu einem solchen Willen mit zusammen gestimmt habe" (8: 297). Insofern wird der aus dem ursprünglichen Vertrag resultierende Staat als eine Gemeinschaft unter selbstgegebenen Gesetzen vorgestellt. Kant verleiht dieser Art von Gesellschaft sogar den Status einer „moralische Person". In *Zum ewigen Frieden* bestimmte Kant den Staat als autonome Einheit: „Ein Staat ist nämlich nicht (wie etwa der Boden, auf dem er seinen Sitz hat) eine Habe (patrimonium). Er ist eine Gesellschaft von Menschen, über die Niemand anders, als er selbst zu gebieten und zu disponiren hat." Dies nicht zu respektieren und den Staat „als Pfropfreis einem andern Staate einzuverleiben, heißt seine Existenz als einer moralischen Person aufheben und aus der letzteren eine Sache machen und widerspricht also der Idee des ursprünglichen Vertrags, ohne die sich kein Recht über ein Volk denken läßt." (8: 344). § 45 der *Metaphysik der Sitten* definiert den Staat prägnant als „Vereinigung einer Menge von Menschen unter Rechtsgesetzen". Sofern diese Gesetze „a priori nothwendig, [...] aus Begriffen des äußeren Rechts überhaupt von selbst folgend, (nicht statutarisch) sind", ergebe sich eine Idee, die jedem faktischen Staat als Richtschnur dienen könne (6: 313).

An dieser Stelle ist dem ideellen Staat das ‚Reich der Zwecke' aus dem zweiten Abschnitt der *GMS* gegenüberzustellen, um die Perspektive der Geschichtsphilosophie besser einordnen zu können. Kant charakterisiert das ‚Reich der Zwecke' dort folgendermaßen:

> Ich verstehe aber unter einem Reiche die systematische Verbindung verschiedener vernünftiger Wesen durch gemeinschaftliche Gesetze. Weil nun Gesetze die Zwecke ihrer allgemeinen Gültigkeit nach bestimmen, so wird, wenn man von dem persönlichen Unterschiede vernünftiger Wesen, imgleichen allem Inhalte ihrer Privatzwecke abstrahirt, ein Ganzes aller Zwecke (sowohl der vernünftigen Wesen als Zwecke an sich, als auch der eigenen Zwecke, die ein jedes sich selbst setzen mag) in systematischer Verknüpfung, d. i. ein Reich der Zwecke, gedacht werden können, welches nach obigen Principien möglich ist. (4: 433)

Nicht allein dadurch, dass der Mensch die Fähigkeit besitzt, sich Zwecke zu setzen, sondern sich und andere als ‚Zweck an sich' zu begreifen, wird er zu einem Teil des Reichs der Zwecke. Ein Volk von Teufeln ist in einer idealen Republik eher denkbar als in einem Reich der Zwecke. In der *GMS* geht der Begriff bekanntlich in eine eigene Formulierung des kategorischen Imperativs ein: „[...] ein jedes vernünftige Wesen [solle] so handeln, als ob es durch seine Maximen jederzeit ein gesetzgebendes Glied im allgemeinen Reiche der Zwecke wäre" (4: 438). Dieses Konstruktionselement ist für Kants Rechtsphilosophie nicht in gleicher Weise elementar, was einen wesentlichen Unterschied zwischen Rechts- und Religionsphilosophie markiert. Von der Würde des Vernunftwesens Mensch ist in der *Rechtslehre* der *MdS* nirgendwo die Rede, und legales Handeln allein genügt andererseits nicht, um Teil des Reichs der Zwecke zu werden; erst die „sittlich gute Gesinnung" qualifiziert einen Menschen hierzu (4: 435). Dieser Unterschied wird ferner daran deutlich, dass der Staat primär als mit Zwangsbefugnissen ausgestattete Exekutivgewalt bestimmt wird (6: 255), um die Möglichkeit der praktischen Umsetzung von Gesetzen begrifflich und praktisch zu garantieren. „Das stricte Recht kann [...] als die Möglichkeit eines mit jedermanns Freiheit nach allgemeinen Gesetzen zusammenstimmenden durchgängigen wechselseitigen Zwanges vorgestellt werden" (6: 232).[363] Die verfassungsbegründete Zwangsgewalt des Staats gründet in der äußeren Freiheit der einzelnen Bürger, muss diesen Ursprung aber nicht tatsächlich, zum Beispiel durch Wahlen, explizit zum Ausdruck bringen. In der Argumentation der *MdS* genügt es, wenn die Verfassung diesem Ideal dem Gedanken nach entspricht.

Da außerdem das Recht nur in der äußeren Freiheit des Einzelnen begründet ist, zielt es auf die Durchsetzung oder Verhinderung empirischer Handlungen: „Das stricte Recht kann auch als die Möglichkeit eines mit jedermanns Freiheit nach allgemeinen Gesetzen zusammenstimmenden durchgängigen wechselseitigen Zwanges vorgestellt werden" – so der Untertitel von § E der *MdS* (6: 232). Die theoretische Möglichkeit der Erzwingbarkeit der Einhaltung bleibt getrennt von der Frage nach der moralischen Legitimität des Zwangs.[364] Diese Trennung findet sich bereits 1705 in Thomasius' *Fundamenta juris naturae et gentium* in der Unterscheidung zwischen Recht (*iustum*) und Ethik (*honestum*).

Außer der Garantie der Durchsetzung des Rechts durch Zwang verfasst, tradiert und pflegt der Staat Rechtstexte. Die Exekutive solle von der Legislative und Judikative institutionell getrennt und alle Organe in einem idealen Staat letztlich an der äußeren Freiheit seiner Bürger orientiert sein.[365] Jeder faktische Staat ist vor diesem theoretischen Hintergrund herausgefordert, seine Herrschaftsorganisation dem vernunftbegründeten Modell des Vertragsstaats anzupassen und seine Herrschaft so zu organisieren, als sei sie einvernehmlich dem gemeinschaftlichen Willen aller entsprungen. Der ursprüngliche Vertrag ist, indem er das „Ideal der Gesetzgebung, Regierung und öffentlichen Gerechtigkeit" (19: 503) formuliert, gleichzeitig die „Richtschnur, principium, exemplar des Staatsrechts" (19: 504)[366] und normati-

---

[363] Willaschek deckt eine interessante Verbindungslinie zwischen der so begründeten Zwangsgewalt und dem heutigen Grundgesetz der BRD auf: „Ein Gesetz, dessen Einhaltung weder überprüfbar noch strafrechtlich durchsetzbar ist [bezogen wird sich hier auf den Einzug von Spekulationssteuer in den Jahren 1997 und 1998; C. R:], verstoße gegen Artikel 3, Absatz 1 des Grundgesetzes, wonach alle Menschen vor dem Gesetz gleich sind." (2005, 189).
[364] Ludwig (2005, 99).
[365] „Der Republikanism ist das Staatsprincip der Absonderung der ausführenden Gewalt (der Regierung) von der gesetzgebenden." (8: 352).
[366] Ripstein schlug auf einer Tagung zum *Naturrecht Feyerabend* am 07.07.2018 in Mainz die Zuordnung ‚regulativ': Vertrag und ‚konstiutiv': Postulat des Rechts vor, um das Verhältnis der beiden Elemente zu klären.

ver Zielpunkt für den Geschichtsphilosophen – für das, „was ein philosophischer Kopf (der übrigens sehr geschichtskundig sein müßte) noch aus einem anderen Standpunkte versuchen könnte" (8: 30).

Kant begründet wie Hobbes oder Rousseau vor ihm die Notwendigkeit der Staatseinrichtung mit den Defekten des vorstaatlichen Zustands. Hierbei handelt es sich um einen Kontraktualismus, der auf eine Naturzustandstheorie rekurriert. Allerdings stellt er diesen vor den Hintergrund seiner praktischen Philosophie, wodurch sich einerseits distinkte Unterschiede zu Hobbes und Rousseau ergeben, die Kant auch bewusst sind.[367]

Im Folgenden soll, bevor Kants Ableitung der Republik als ideale Staatsform dargestellt wird, das Verhältnis der drei Ansätze gegenübergestellt werden. Um einzuordnen, wie Kant zu Hobbes und Rousseau steht, muss man sich klar machen, dass bei Kant dem Menschen als Naturwesen keine Rechte per se zukommen. Zuerst als ‚Person' bzw. als *homo noumenon* kommen ihm Rechte zu (6: 223). Kants Rechtslehre, welche der Staatsgründung zugrunde liegt, kann als Kants Versuch rekonstruiert werden, zu explizieren, wie Recht, als Vermögen, anderer zu verpflichten, begründet werden kann (6: 239). Kant kam, wie wir gesehen haben, zu dem Schluss, dass der Staat sich wesentlich aus seiner handlungskoordinierenden Funktion der äußeren Freiheit legitimiere. Er tue dies aber nicht in erster Linie auf praktischem Niveau wie bei Hobbes, sondern auf der theoretischen Begründungsebene. Staatsgewalt wird verstanden als vereinter vernunftbegründeter Volkswille (6: 338), da Recht sich als Fremdverpflichtung nicht ohne eine Staatsgewalt begründen lässt. Ein Staat kann also, wie Hirsch (2016) herausarbeitet, legitim sein, indem er die ihm theoretisch zugesprochene Funktion der Rechtssetzung praktisch umsetzt. Gerecht ist er allerdings erst dann, „wenn sich die politische Herrschaft hierbei tatsächlich auch an den Vorgaben des ursprünglichen Vertrages, d.h. am Ideal des vereinigten Volkswillens orientiert." (Hirsch 2016, 68). Hirsch schließt den Gedanken:

> Insofern dies die Wahrung der ursprünglichen Freiheitsrechte der Bürger impliziert, können wir sagen, dass der Staat auch dann erst liberal ist. Mit Blick hierauf ist Kants kategorisches Widerstandsverbot nunmehr lediglich die Kehrseite des Legitimitätskriteriums politischer Herrschaft: Wenn Rechte aus den genannten autonomietheoretischen Gründen stets nur im und durch den Staat behauptet werden können, kann es keine legitime Rechtsdurchsetzung gegen den Staat geben.

---

[367] Bereits der Titel des zweiten Teils von *Über den Gemeinspruch. Vom Verhältniß der Theorie zur Praxis im Staats-recht (Gegen Hobbes)* verrät dies.

Der Staat legitimiert sich dadurch, dass er einen Freiheit ermöglichenden Rahmen setzt, und ist dadurch auf Freiheit als Prinzip seiner Machtausübung verpflichtet. Legitim ist der Staat daher bereits in dem Moment, in dem er effektiv diese Funktion der Rechtssetzung und -durchsetzung wahrnimmt. Gerecht ist der Staat jedoch erst dann, wenn sich die politische Herrschaft hierbei tatsächlich auch an den Vorgaben des ursprünglichen Vertrages, d. h. am Ideal des vereinigten Volkswillens orientiert. Kant steht demnach zwischen Hobbes und Rousseau. Bei der Legitimitätsfrage staatlicher Macht ist Kant Hobbes näher: Recht gibt es ausschließlich durch den Staat, und zur Staatsbegründung bedürfe es der vertraglichen Vereinigung unter einem zur Rechtsdurchsetzung fähigen Herrscher.

Jedoch handelt es sich bei Kant nicht wie bei Hobbes um ein rein pragmatisches Klugheitsgebot getrieben vom rationalen Selbsterhaltungswillens, sondern um ein Mittel, um das autonomietheoretische Defizit, welches sich durch die uneingeschränkte äußere Freiheit ergibt, zu kompensieren. Da es sich überdies bei Kants Ansatz nicht um eine pragmatische Lösung handelt, kann Kant den vereinigten Volkswillen als den eigentlichen rechtlichen Souverän verstehen. Dementsprechend verfügt der Herrscher nur über die Rolle des Repräsentanten. So behält Kants Theorie der Staatsbegründung ihr normativ-kritisches Potenzial. Empirische Herrschaft soll am Vernunftideal gerechter Herrschaft nach Maßgabe des Volkswillens gemessen werden.

In der theoretischen Stellung des Volkswillens ist eine gewisse Nähe zu Rousseau auszumachen. Jedoch bedarf es bei Rousseau der faktischen politischen Partizipation aller Bürger eines Staates; bei Kant ist dieser Volkswillen ein regulatives Prinzip, ein ideales Entwicklungsziel. Somit handelt es sich um eine fortwährende Reformpflicht. Hierin besteht sowohl eine Differenz zu Rousseau als auch zu Locke. Bei beiden verliert im Gegensatz zu Kant Herrschaft ihre Legitimität, wenn grundlegende Freiheitsrechte der Bürger nicht mehr gesichert sind, weil die Verpflichtungen des Staates nicht eingehalten werden (Locke) oder die Machtausübung nicht mehr Ausdruck des *volonté générale* ist (Rousseau).

Kant trennt die Frage der Legitimität von der Frage der Gerechtigkeit. Dies erzeugt eine gewisse Distanz zu liberalen Denkansätzen, welche am deutlichsten in seiner Haltung gegenüber des Widerstandsrechts und damit verbunden zu Umsturzversuchen wie der Französischen Revolution deutlich wird. Kant schließt ein Recht auf Widerstand strikt aus (6: 320). Dies führt zur bekannten Problematik des Revolutionsverbots bei funktionierender Staatsgewalt, unabhängig von deren Ausübung: „Durch die Trennung von Legitimität und Gerechtigkeit nimmt er die Gefahr ihrer Pervertierung in Kauf."[368] Kant setzt für den Fall der Pervertierung der Macht

---

[368] Hirsch (2016, 70).

anscheinend gänzlich auf das politische Potenzial der Meinungsfreiheit.[369] Begründet sieht er diese in „unverlierbaren Rechte[n]" des Menschen, „die er nicht einmal aufgeben kann, wenn er auch wollte". Deshalb „muß dem Staatsbürger und zwar mit Vergünstigung des Oberherrn selbst die Befugniß zustehen, seine Meinung über das, was von den Verfügungen desselben ihm ein Unrecht gegen das gemeine Wesen zu sein scheint, öffentlich bekannt zu machen". Dies ist zudem notwendig, da das Oberhaupt, insofern ee auch, wie seine Untertanen, nur ein Mensch ist, auch irren kann. Kant schließt den Gedanken mit einem Plädoyer für die Meinungs- und Pressefreiheit: „die Freiheit der Feder – in den Schranken der Hochachtung und Liebe für die Verfassung, worin man lebt [, sei] ... – das einzige Palladium der Volksrechte" (8:304). Dies scheint nun wieder ungemein modern oder wie Hirsch zusammenfasst: „Damit begreift Kants politische Philosophie – und das ist ein Novum – die bürgerliche Herrschaftskritik auf dem Boden der Verfassung als notwendiges Element politischer Herrschaft: *contestatory democracy* im ausgehenden 18. Jahrhundert."[370] Man kann Kants Revolutionsverbot jedoch auch noch von einer anderen Warte aus verteidigen. So trennt Willaschek zwischen einer empirischen und einer analytischen Seite des Verbots: „Dieser Einwand [Verbot, gegen den Staat zu revoltieren, auch wenn dieser seine Macht missbraucht; C. R.] betrifft aber gleichsam nur die empirische Oberfläche der kantischen Argumentation", denn ihr „begrifflicher Kern besteht in der analytisch wahren ... Feststellung, dass es ein Recht auf die Möglichkeit zum Rechtsbruch nicht geben kann."[371] Letzterer Grund scheint, bedenkt man den formalen Anspruch der *MS*, durchaus überzeugend.

Nach diesem Blick auf die Sonderstellung von Kants innerhalb der kontraktualistischen Tradition, soll nun Kants Herleitung der Republik als beste Staatsform dargestellt werden.

### (S 4) Staat und Republik

Durch die Ableitung des Staats[372] aus dem einzig angeborenen Recht ergibt sich dessen genuine Aufgabe, die äußere Freiheit seiner Bürger zu sichern und zu ko-

---

369 Ripstein (2009, 337 ff.) argumentiert, dass es ein Ausmaß an Pervertierung der Macht gebe, wie es zum Beispiel im Dritten Reich zu finden, bei dem der Staat aufhöre, Staat zu sein, und dass deshalb das Revolutionsverbot nicht mehr gelte.
370 Hirsch (2016, 74).
371 Willaschek (2015, 195).
372 Kant spricht an manchen Stellen vom Staat wie von einer Person: „Ein Staat ist nämlich nicht (wie etwa der Boden, auf dem er seinen Sitz hat) eine Habe (patrimonium). Er ist eine Gesellschaft von Menschen, über die Niemand anders, als er selbst zu gebieten und zu disponieren hat. Ihn aber, der selbst als Stamm seine eigene Wurzel hatte, als Pfropfreis einem andern Staate einzuverleiben, heißt seine Existenz als einer moralischen Person aufheben und aus der letzteren eine Sache ma-

ordinieren. Begründungtheoretisch partizipiert positives Recht, indem es sich an diesen „unwandelbare[n] Principien" des Naturrechts orientiert (6: 256), an dessen normativer Kraft (6: 229). Um die Möglichkeit der praktischen Umsetzung von Gesetzen begrifflich wie praktisch zu garantieren,[373] wird der Staat im weiteren Argumentationsverlauf als Exekutivgewalt mit weitreichenden Zwangsbefugnissen bestimmt (6: 255).

Hierfür hält der weitere Text drei Varianten bereit,[374] (1) die Herrschaft nur einer Person, (2) eines bestimmten Personenkreises oder (3) aller (8:351). Diese drei Formen der Beherrschung können in zwei Arten der Regierung in Erscheinung treten: der republikanischen und der despotischen.[375]

Ist der Staat republikanisch verfasst, dann muss die ausführende Gewalt von der gesetzgebenden getrennt sein (8: 352), wodurch „das stricte Recht [...] als die Möglichkeit eines mit jedermanns Freiheit nach allgemeinen Gesetzen zusammenstimmenden durchgängigen wechselseitigen Zwang vorgestellt werden" könne (6: 232).

Diese verfassungsbegründete Eigenschaft des Staats ist in der äußeren Freiheit seiner Bürger begründet, muss dies vorerst jedoch faktisch, zum Beispiel durch freie Wahlen, nicht zwangsläufig zum Ausdruck bringen: Eine Monarchie kann, ebenso wie eine repräsentative Demokratie, funktional dem Prinzip der Gewaltenteilung folgen und beanspruchen, den Volkswillen auszudrücken. Da es Kant um die Realisierung eines Vernunftideals von Herrschaft geht, welches qua Ideal nicht in der Zeit erreichbar ist, haben empirisch-institutionelle Vorgaben ohnehin einen provisorischen Charakter.[376] Es genügt, wenn eine Verfassung auf die Annäherung an dieses Ideal hin angelegt ist. § 41 der *MdS* schlussfolgert aus den bisher entwickelten Begriffen, dass der Mensch, sofern er sich in seinem Handeln als Teil der Menschheit begreife, die moralische Pflicht habe, aus dem Naturzustand herauszutreten (*exeundum esse e statu naturali*, 6: 98*1) und auf diese ideale Verfassung hinzuarbeiten.

---

chen und widerspricht also der Idee des ursprünglichen Vertrags, ohne die sich kein Recht über ein Volk denken läßt*" (8: 334); oder auch wie von einem Organismus. Beides scheint am besten als symbolische Redeweise mit regulativer Funktion verstanden werden zu können (siehe *Unterkapitel 4.2 § 1*).
373 Hier liegt ein Unterschied zu Hobbes' pragmatischer Rechtfertigung der absoluten Gewalt des Staats.
374 Kant listet hier Formen der ‚respublica phaenomenon' im Gegensatz zur ‚respublica noumenon' auf. Vgl.: „Respublica noumenon oder phaenomenon. Die letztere hat drey Formen, aber respublica noumenon ist nur eine und dieselbe" (19: 609 f.).
375 Siehe auch Dreier (2005, 153).
376 Hirsch (2016, 72 f.).

So ergibt sich der Begriff der ‚reinen Republik' und seine normative Kraft aus der Vorstellung sinnlich vernünftiger Wesen, die innerhalb eines Raums und einer Zeit ihre individuellen Zwecke verfolgen und dabei unumgänglich miteinander interagieren – und hier setzt gleichzeitig die einflussreichste Interpretation der letzten Jahre von Kants Rechtslehre an.

## § 4 Kontextualisierungsversuche

Einen umfassenden Entwurf zur systematischen Einordnung der Rechtsphilosophie legte 2009 Arthur Ripstein vor.[377] Ripsteins Anspruch ist es, Kants Rechtsphilosophie in ihrem inneren Zusammenhang darzustellen, sie zu verteidigen und weiterzuentwickeln. Er unternimmt es gleichfalls, Kants Rechtsphilosophie allein von dem Begriff ‚äußere Freiheit' im Sinne der Unabhängigkeit von Zwang her zu rekonstruieren und Kants Position auch dort herauszuarbeiten, wo dieser selbst wenig Mühe auf die systematische Einordnung verwandt hat. Für die Verortung der Geschichtsphilosophie im Werk Kants ist dabei vor allem sein Versuch, das Verhältnis zwischen Recht und Ethik zu präzisieren, aufschlussreich und liefert einen Ansatz, ihre zentralen Lehren wie den ‚Leitfaden' oder das ‚Geschichtszeichen' neu zu deuten.

In *Freedom and Force* geht Ripstein davon aus, dass Kant nicht zu zeigen bezweckte, wie Theorieelemente der Moralphilosophie auf das Zusammenleben von Menschen in einem bestimmten Raum zu einer bestimmten Zeit anzuwenden seien. Die anthropologische und die naturgeschichtliche Bestimmung des Menschen würden von ihm vielmehr weitgehend ausgeschlossen. Auch gehe es nicht um eine pragmatische Lösung für eine sozioanthropologische Problemlage,[378] sondern um

---

377 Wood setzt in seiner Rezension zu Ripsteins *Freedom and Force* (*Notre Dame Philosophical Reviews* (11) 2009, https://ndpr.nd.edu/news/force-and-freedom-kant-s-legal-and-political-philosophy/) mit einer anschaulichen Einschätzung der Forschungslage zu Kants Rechtslehre ein: „One sunny spring day nearly forty years ago, I was sitting in an open air café in Ithaca, New York, having coffee with Hans-Georg Gadamer. He was already over 70, and I was still in my twenties, having just published my first book on Kant. So our conversation, which consisted mainly of youth listening to the superior wisdom of age, centered on the current state of Kant scholarship. Gadamer said that the biggest single lacuna in Kant studies was the absence of a really good book on Kant's Rechtslehre. It ought to be a book, he declared, that did not start out from Kantian ethics, but instead expounded Kant's theory of human rights, law and politics authentically, solely on the ground of Kant's concept of Recht: external freedom according to universal law." (Wood 2009).
378 Dieses besteht darin, dass die Kantische Moralphilosophie die Form im Gegensatz zur Materie in den Mittelpunkt der Argumentation stellt. Ripstein geht davon aus, dass dies bei der Rechtsphi-

die transzendentale Begründung des Prinzips des Rechts: „Eine jede Handlung ist recht, die oder nach deren Maxime die Freiheit der Willkür eines jeden mit jedermanns Freiheit nach einem allgemeinen Gesetze zusammen bestehen kann" (6: 230). Aus diesem universellen Prinzip des Rechts ergebe sich das einzige angeborene Recht auf äußere Freiheit, die Unabhängigkeit vom Zwang anderer freier Wesen. Ripstein vertritt die These, dass das universelle Prinzip des Rechts aus dem kategorischen Imperativ folge – „The Universal Principle of Right really does follow from the Categorical Imperative" –, es ihm aber nicht „equivalent"[379] sei. Die Bestimmung des Verhältnisses von dem universellen Prinzip des Rechts und dem kategorischen Imperativ würde überdies erschwert, weil Kant das Prinzip des Rechts „als ein Postulat, welches gar keines Beweises weiter fähig ist", einführt und explizit ausschließt, dass die Verbindlichkeit des Gesetzes, der eines moralischen Gesetzes bzw. eines ‚Sollen' aus Freiheit entspricht:

> Also ist das allgemeine Rechtsgesetz: handle äußerlich so, daß der freie Gebrauch deiner Willkür mit der Freiheit von jedermann nach einem allgemeinen Gesetze zusammen bestehen könne, zwar ein Gesetz, welches mir eine Verbindlichkeit auferlegt, aber ganz und gar nicht erwartet, noch weniger fordert, daß ich ganz um dieser Verbindlichkeit willen meine Freiheit auf jene Bedingungen selbst einschränken solle, sondern die Vernunft sagt nur, daß sie in ihrer Idee darauf eingeschränkt sei und von andern auch thätlich eingeschränkt werden dürfe. (6: 231)

Postulate wie das universelle Prinzip des Rechts sind theoretisch mögliche Inhalte des Glaubens, nicht von empirischer Erkenntnis. Ferner sind diese allein durch die praktische Vernunft begründet.[380] Mit dem Postulat der praktischen Vernunft sucht Kant in der *KpV* nachzuweisen, dass ein transzendental begründetes moralisches Sollen in Beziehung zu einer raumzeitlichen Welt der Erscheinungen gedacht werden kann.[381]

---

losophie auch so sein müsse; Rechtsphilosophie könne nicht die anthropologisch bestimmte Materie einer formalen Moralphilosophie sein (2009, 357).
379 Ripstein (2009, 358).
380 „Nein, die Überzeugung ist nicht logische, sondern moralische Gewißheit, und da sie auf subjectiven Gründen (der moralischen Gesinnung) beruht, so muß ich nicht einmal sagen: es ist moralisch gewiß, daß ein Gott sei etc., sondern: ich bin moralisch gewiß etc. Das heißt: der Glaube an einen Gott und eine andere Welt ist mit meiner moralischen Gesinnung so verwebt, daß, so wenig ich Gefahr laufe, die letztere einzubüßen, eben so wenig besorge ich, daß mir der erste jemals entrissen werden könne." (*KrV*, B857).
381 „Die Causalität in Ansehung der Handlungen des Willens in der Sinnenwelt muß sie allerdings auf bestimmte Weise erkennen, denn sonst könnte praktische Vernunft wirklich keine That hervorbringen. Aber den Begriff, den sie von ihrer eigenen Causalität als Noumenon macht, braucht sie nicht theoretisch zum Behuf der Erkenntniß ihrer übersinnlichen Existenz zu bestimmen und also

Als Postulat kann das universelle Prinzip des Rechts aber nicht aus dem kategorischen Imperativ abgeleitet werden, wie Allen Wood feststellt.[382] Ripstein geht deshalb davon aus, dass das universelle Prinzip des Rechts als Postulat den kategorischen Imperativ lediglich erweitere: „As a rational being you could not will a universal law under which you could never set a purpose for yourself, or one under which you could only do so with the leave of another."[383] Wood fragt angesichts dieses Vorschlags: „But if the principle of right involves an 'extension' of the categorical imperative, and is not a 'derivation' from it, how can it also 'follow' from it?"[384]

Man findet bei Ripstein eine Plausibilisierung der Spannung zwischen „follows from" und „extension" darin, dass mittels der Figur des ‚noumenalen Besitzes' (*possessio noumenon*; 6: 252 und 255) das universelle Prinzip des Rechts derart expliziert werden kann, dass es unabhängig vom kategorischen Imperativ bestehen könne – es also nicht von ihm abgeleitet werden müsse.[385] Er verweist hierfür auf Sellars, der im Begriff ‚Verpflichtung' (*obligation*) den transzendentalen Gehalt des ‚noumenalen Besitzes'[386] sieht:

> As Wilfrid Sellars has pointed out, the intuitive idea here is simple and familiar: we have obligations to others that take objects in space and time as their objects, such as the obligation to pay a debt of a dollar. Since obligations are governed by laws of freedom, which must be noumenal rather than phenomenal, it follows that there must be some sense in which it is possible to have noumenal possession of empirical dollars [...].[387]

Das in den „obligations" enthaltene normative Element scheint Kant aber ohne den kategorischen Imperativ nur durch die Triebfeder des äußeren Zwangs einführen zu wollen (6: 220).[388] Ripstein trägt dem Rechnung, indem er herausstellt, dass das universelle Prinzip des Rechts im Gegensatz zum kategorischen Imperativ nicht die Stelle der Wirkursache einer Handlung einnehmen könne, sondern lediglich anzeigen solle, wo gerechtfertigterweise Zwang angewandt werden dürfe. Recht sei

---

ihm so fern Bedeutung geben zu können. Denn Bedeutung bekommt er ohnedem, obgleich nur zum praktischen Gebrauche, nämlich durchs moralische Gesetz." (5: 49 f.).
382 Wood (2009).
383 Ripstein (2009, 371) und etwas später im Text: „Such an argument is not a derivation of the Universal Principle of Right from the Categorical Imperative; it only shows the former to be the legitimate extension of the latter." (2009, 372).
384 Wood (2009).
385 Ripstein (2009, 362).
386 ‚Noumenaler' bzw. ‚intelligibler Besitz' (6: 252 und 255); auch ‚possessio noumenon' (§ 6 Privatrecht der *MS*).
387 Ripstein (2009, 364).
388 Vgl. auch: „Recht und Befugnis zu zwingen bedeuten als einerlei" (6: 232).

insofern nicht präskriptiv, da es dem Rechtssubjekt nicht vorschreibe dieses zu tun oder zu unterlassen, sondern es „erteilt lediglich die Erlaubnis, unerlaubte Handlungen durch Zwang zu unterbinden."[389] Es gehe beim Recht nicht um Autonomie und das Gefühl der Achtung für das moralische Gesetz, sondern primär um die Legitimation und Möglichkeit des Zwangs.[390]

Andererseits ist die Relation zwischen dem Konzept ‚noumenaler Besitz' und etwas Räumlichem, wie einem Dollarschein, nur schwierig zu erfassen: „If I wrongfully take it from you, then you have noumenal possession of a dollar of which I have physical possession. The postulate of practical reason with regard to rights articulates the structure of noumenal possession."[391] Die Eigenheit eines noumenalen Besitzes lässt sich kaum ausschließlich in den Kategorien des äußeren Zwangs explizieren.[392] Ripstein[393] entfaltet dieses Verhältnis deshalb über eine Aussage aus der *Einleitung* in die *Rechtslehre* wie folgt:

> So wie wir nun in der reinen Mathematik die Eigenschaften ihres Objects nicht unmittelbar vom Begriffe ableiten, sondern nur durch die Construction des Begriffs entdecken können, so ists nicht sowohl der Begriff des Rechts, als vielmehr der unter allgemeine Gesetze gebrachte, mit ihm zusammenstimmende durchgängig wechselseitige und gleiche Zwang, der die Darstellung jenes Begriffs möglich macht. (6: 233)

Wie ist es aber zu verstehen, dass Zwang die Darstellung des Begriffs des Rechts ermögliche, und zwar analog zu der Synthesis der Anschauung, die ihrerseits die Darstellung des Begriffs ‚Triangel' ermöglicht? Ripstein geht hierauf nicht ein, die von Kant angedeutete Analogie lässt sich jedoch folgendermaßen ausbuchstabieren: „So wie wir nun in der reinen Mathematik die Eigenschaften ihres Objects nicht unmittelbar vom Begriffe ableiten, sondern nur durch die Construction des Begriffs entdecken können", würde rechtsphilosophisch gewandt heißen: So wie aus der metaphysischen Rechtslehre kein konkreter Gesetzestext abgeleitet werden kann, so kann nur in der Interaktion bestimmter Menschen an einem bestimmten Ort zu einer bestimmten Zeit mittels „wechselseitige[n] und gleiche[n] Zwang[s]" ein sol-

---

389 Willaschek (2005, 196).
390 Ripstein (2009, 359).
391 Ripstein (2009, 364). Man könnte vermuten, dass es sich weniger um eine „noumenale" als um eine „funktionale Beziehung" handelt, was vielleicht noch deutlicher als in dem Beispiel eines Dollarscheins am virtuellen Geld des Finanzmarkts hervortritt: Millionen von Dollar wechseln in Sekundenbruchteilen mehrfach ihren Besitzer und generieren oder annihilieren dabei Geld durch die Wertentwicklung von Firmenanteilen, nicht durch das *Federal Reserve System*.
392 §903 des BGB unterscheidet zwischen ‚Eigentum' eines Hauses, welches weitreichend uneingeschränkte Verfügungsgewalt beinhaltet, und ‚Besitz' eines Hauses in einem Mietsverhältnis, der maßgeblich durch den Vermieter eingeschränkt wird.
393 Ripstein (2009, 364).

cher Text erarbeitet werden.[394] Ausgehend[395] von einer Anmerkung Kants in der *MdS* – „So hat die Vernunft dafür gesorgt, den Verstand auch mit Anschauungen a priori zum Behuf der Construction des Rechtsbegriffs so viel möglich zu versorgen." (6: 233) – formuliert Ripstein die These, dass der Rechtsbegriff neben dem „mit ihm zusammenstimmende[n] durchgängig[en] wechselseitige[n] und gleiche[n] Zwang" noch durch ein weiteres Element formal bestimmt wird: die Anschauungsform des Raums. Er begründet dies damit, dass Anschauungen a priori und formaler Natur seien und eine Voraussetzung äußerer Freiheit darstellten: „Right is concerned with external freedom, and intuitions are required to construct it precisely because right governs the relations between free and rational beings who occupy space."[396]

So wie jeder Gegenstand der Erfahrung a priori den Formen der Anschauung genügen müsse und nicht aus den Kategorien abgeleitet werden könne, so könne die genuine Normativität des Rechtsbegriffs räumlich-vernünftiger Wesen nicht allein aus dem kategorischen Imperativ abgeleitet werden.[397]

> If space is governed by the part/whole relation rather than the concept/instance relation, then embodied rational beings can stand in a novel type of incompatibility relation *to each other*, in addition to the conceptual incompatibility of potential maxims that are the object of the Categorical Imperative.[398]

Ripstein sieht deshalb hierin das „Universelle Prinzip des Rechts" aus dem kategorischen Imperativ nicht abgeleitet, sondern seine legitime Erweiterung durch einen „Rechtsimperativ" nachgewiesen. Räumlich-moralischen Wesen müsse wegen des Rechts auf äußere Freiheit auch ein Recht auf räumliche Unversehrtheit, primär der ihres Körpers, eingeräumt werden. Dieses Recht werde nicht verliehen, sondern sei schon im Begriff von räumlich-vernünftigen Wesen, sofern diese innerhalb eines begrenzten Raums gedacht werden, enthalten.[399] Die systematische

---

**394** „Einen Begriff aber construiren, heißt: die ihm correspondirende Anschauung a priori darstellen. Zur Construction eines Begriffs wird also eine nichtempirische Anschauung erfordert." (*KrV*, B741). Siehe auch: „So construire ich einen Triangel, indem ich den diesem Begriffe entsprechenden Gegenstand entweder durch bloße Einbildung in der reinen, oder nach derselben auch auf dem Papier in der empirischen Anschauung, beidemal aber völlig a priori, ohne das Muster dazu aus irgend einer Erfahrung geborgt zu haben, darstelle." (*KrV*, B741).
**395** „The key to his solution is to be found in his remarks about the nature of 'external' freedom, and his claim that reason has taken care to furnish the understanding as far as possible with a priori intuitions for constructing the concept of right (6: 233)." (Ripstein 2009, 358).
**396** Ebenda.
**397** Ebenda.
**398** Ripstein (2009, 372 f.).
**399** Ripstein (2009, 372).

Stellung eines solchen „Rechtsimperativs" scheint jedoch problematisch, da er einerseits nicht hypothetisch auf einen besonderen Zweck bezogen ist,[400] andererseits jedoch nicht wie der kategorisch Imperativ um seiner selbst willen befolgt wird, sondern vielmehr, um Strafe zu vermeiden.[401]

Durch die Analogie zwischen Zwang und der Rolle der Anschauung in der mathematischen Konstruktion eines ‚Triangel' soll weiter verständlich gemacht werden, wie die Befugnis des Staats, Zwang auszuüben, nicht durch die hieraus resultierenden Konsequenzen für ein funktionierendes, faires und dem Wohlergehen der Bürger dienendes Gemeinwesen abgeleitet wird. Vielmehr ergebe sich das normative Element aus der Relation der Begriffe ‚äußere Freiheit' und ‚Zwang' (*MdS:* §§ *A–E*, 6: 229–233). Ripstein kritisiert damit nicht nur utilitaristische Ansätze der politischen Philosophie, sondern explizit auch John Rawls' Anknüpfung an Kant, da ein Schleier des Nichtwissens als Prüfungsverfahren an Kants Rechtsverständnis vorbeigehe. Kant verweise zwar auf die Zustimmungsfähigkeit der Vernunft, tue dies aber nicht auf Basis der Fairness, sondern auf der Basis des ursprünglichen Rechts.

Ripstein geht weiter davon aus, dass der Unterschied zwischen dem „Universellen Prinzip des Rechts" und dem kategorischen Imperativ unter Rückgriff auf die *KrV* verständlicher gemacht werden,[402] und liefert damit einen alternativen Ansatz zur Einbettung der politisch-gesellschaftlichen Schriften Kants in dessen Naturteleologie, wie hier in *Unterkapitel* 3.1 behandelt.

Dazu versucht Ripstein, strukturelle Ähnlichkeiten im Verhältnis zwischen der *Ästhetik* und der *Analytik* der *KrV* und dem kategorischen Imperativ sowie dem Begriff des Rechts herauszuarbeiten.[403] Der epistemischen Absage an Aussagen bezüglich des Dings an sich in der *Analytik* entspräche dann die epistemische Ab-

---

**400** Kant nennt als ein Merkmal der Idee des Rechts, dass dem „wechselseitigen Verhältniß der Willkür ... auch gar nicht die Materie der Willkür, d.i. der Zweck, [...] in Betrachtung [kommt]" (6: 230).
**401** Hierzu Willaschek (2005, 197–200), der zu folgendem Schluss kommt: „Erst dadurch, dass alle Rechtspflichten Kant zufolge auch Tugendpflichten sind, die aus ethischer Perspektive auch um ihrer selbst willen erfüllt werden sollen, ergibt sich gleichsam sekundär der präskriptive Charakter rechtlicher Normen." (2005, 200).
**402** „The Logical Forms of Judgment govern conceptual thought; the Categories govern thinking about objects. In the same way, the Categorical Imperative governs the willing of maxims; the Universal Principle of Right governs the choice of deeds." (Ripstein 2009, 373 f.).
**403** „The difference between inner willing and outer freedom is, as Kant notes of the parallel distinction between the intellectual and the sensible, transcendental rather than merely logical." (Ripstein 2009, 358).

sage an die Erkennbarkeit der moralischen Dimension einer Handlung.[404] Das Recht befasst sich mit der äußeren Freiheit, zu der wir nur mittels Handlungen in Raum und Zeit einen epistemischen Zugriff haben.[405] Ripstein expliziert dieses Verhältnis weiter mittels der *Amphibolie der Reflexionsbegriffe*.[406] Bevor näher auf die Interpretation Ripsteins eingegangen wird, soll dieser wenig bekannte Textabschnitt kurz verortet werden.

Die *Amphibolie der Reflexionsbegriffe* gehört zum zweiten Buch der *Analytik*, in dem Kant die sogenannten *Grundsätze der Erfahrung* behandelte.[407] Nachdem im ersten Buch die Kategorien deduziert worden waren, galt es als Nächstes das Zusammenspiel von Sinnlichkeit und Verstand zu klären, auf dem jede Erfahrung gründet, geklärt werden. Die *Analytik der Grundsätze* ist in drei Teile unterteilt: den *Schematismus*, die *Grundsätze* und das letzte Stück *Von dem Grunde der Unterscheidung aller Gegenstände überhaupt in Phaenomena und Noumena*, in welchem Kant im *Anhang* die *Amphibolie der Reflexionsbegriffe* behandelte (*KrV*, B 316–324), noch ergänzt um die *Anmerkung zur Amphibolie der Reflexionsbegriffe* (*KrV*, B324–349). Kant bezweckte, dort Fehlannahmen vorzuführen, auf die Leibniz aufgrund seiner Nichtberücksichtigung der Struktur der Anschauungsformen verfallen war.[408] Die *Amphibolien der Reflexionsbegriffe* bilden gleichzeitig den Übergang zur *Dialektik*, deren kritische Stoßrichtung hier bereits anklingt. Kant ging es darum, die vermeidbaren Fehler der traditionellen Metaphysik aufzudecken, die nicht durch die Natur der Vernunft den Charakter eines unvermeidlichen transzendentalen Scheins haben. Um diese kurze Einordnung abzuschließen, sei auf die „unbewegte" Editionsgeschichte der Passage hingewiesen: Die *Amphibolien* wurden zwischen der A- und der B-Auflage von Kant nur marginal verändert, was gegen die Lesart der

---

[404] In the same way [gemeint ist das Verhältnis von Formen der Anschauung und Kategorien; C. R.], the Universal Principle of Right abstracts from the maxim on which a person acts, focusing instead on the purely external relation between agents." (Ripstein 2009, 374).
[405] Ripstein (2009, 358).
[406] In der *MdS* taucht der Begriff ‚Amphibolie' (Zweideutigkeit) nur in der Tugendlehre, nicht aber in der Rechtslehre auf: „Also kann der Mensch sonst keine Pflicht gegen irgend ein Wesen haben, als blos gegen den Menschen, und stellt er sich gleichwohl eine solche zu haben vor, so geschieht dieses durch eine Amphibolie der Reflexionsbegriffe, und seine vermeinte Pflicht gegen andere Wesen ist blos Pflicht gegen sich selbst" (6: 442).
[407] Generell ist Malter zuzustimmen, wenn dieser bemerkt, die Reflexionsbegriffe gehören „zu den am schwersten zugänglichen Teilen der Kritik der reinen Vernunft" (1982, 125).
[408] „In this section I use the contrasts considered in the Amphiboly discussion to explain the role of forms of sensibility in generating the other marks of the difference between the Universal Principle of Right and the Categorical Imperative." (Ripstein 2009, 374).

Reflexionsbegriffe als vorkritisches Relikt spricht.[409] Daneben werden die Reflexionsbegriffe aber auch von einigen Interpreten als ein noch auszuführendes, nur angedeutetes eigenständiges „Lehrstück der Transzendentalphilosophie"[410] eingeschätzt.

Die vier Begriffspaare, anhand derer Kant seine Kritik an Leibniz im *Amphibolie*-Abschnitt vortrug, sind (1) Einerleiheit und Verschiedenheit, (2) Einstimmung und Widerstreit, (3) Inneres und Äußeres (4) Materie und Form. Kant führte die Begriffspaare nicht weiter ein und verwies auch nicht auf eine Herleitung andernorts, lediglich in der Einteilung anhand von vier Oberbegriffen ist Kant der Kategorientafel gefolgt. Die Begriffspaare verdeutlichen Möglichkeiten, Vorstellungen innerhalb einer „logischen Reflexion" oder „objektiven Komparation" zu vergleichen. Wird nun, wie Leibniz es tat, der Unterschied zwischen Erscheinung und Ding an sich nicht beachtet und der irreduzible Anteil der Sinnlichkeit vernachlässigt, dann kommt es zu einer Amphibolie.

Von dieser Textgrundlage und einem Brief Kants aus dem Jahr 1789 nimmt nun Ripsteins Interpretation der Rechtsphilosophie ihren Ausgang. Der Adressat des Briefs war der Marburger Arzt, Schriftsteller und Freimaurer Johann Heinrich Jung-Stilling. Kant schrieb darin:

> Es frägt sich eigentlich, wie Gesetze in einer schon vorausgesetzten bürgerlichen Gesellschaft gegeben werden sollen und da glaube ich, könne man nach der Ordnung der Categorien sagen: 1. der Qvantität nach, müssen sie so beschaffen seyn, als ob einer für alle und alle für einen sie beschlossen hätte; daß sie 2. der Qvalität nach, nicht den Zweck der Bürger (jedes seine Glückseligkeit, die man jeden nach seiner Neigung und Vermögen selbst kan besorgen lassen), sondern nur die Freyheit eines jeden und die Einschränkung derselben durch den Zwang, auf die Bedingungen, unter denen sie mit jeden andern Freyheit zusammen bestehen kan, betreffen müssen. Daß sie, was 3. die Relation der Handlungen des Bürgers betrift, nicht diejenige betreffen müssen, welche er gegen sich selbst ausübt, oder unmittelbar in Ansehung Gottes zu verrichten vermeynt, sondern nur die äußere Handlungen, dadurch er anderer Mitbürger Freyheit einschränkt. Daß 4. der Modalität nach, die Gesetze (als Zwangsgesetze) um der allgemeinen Freyheit halber nicht anders als so fern sie nothwendig zu dieser erforderlich sind und nicht als willkührliche und zufällige Gebote, um beliebiger Zwecke willen, gegeben werden müssen. (23: 495)

---

[409] Willaschek vermutet indes aufgrund sachlicher und thematischer Ähnlichkeit zwischen der Behandlung ‚objektiver Komparation' mit § 5 aus *De Mundi*, dass die Konzeption des Vorstellungsvergleichs in der *KrV* ein Überbleibsel der vorkritischen Phase sei. Einen weiteren Hinweis für die These einer „vor-kritischen Altlast" sieht Willaschek (1998, 343) darin, dass in den Amphibolien Begriffe dem Verstand und der Sinnlichkeit zugeordnet werden können (z. B. *KrV*, B324 f.), obwohl doch andernorts Begriffe ausschließlich dem Verstand vorbehalten sind (*KrV*, B33).
[410] Malter (1982, 127 und 133).

Kant schloss seinen Brief mit der Ankündigung der Fertigstellung der *Metaphysik der Sitten* zu Ostern. Dort würde er dann ausführlich „die Principien a priori für eine bürgerliche Verfassung überhaupt" (23: 495) abhandeln. Ripstein überführt nun die in diesem Brief getroffenen Unterscheidungen in die Rechtsphilosophie:

> (i) 'identity/difference,' which yields two distinct ways of individuating actions; (ii) 'agreement/opposition,' which explains why wrong under the Categorical Imperative is internal contradiction, but wrong under the Universal Principle of Right merits external coercion; (iii) 'inner/outer,' which generates the concept of rights against, and duties owed to, particular persons; and (iv) 'form/matter,' which explains why principles of right do not take account of ends.[411]

In jedem dieser vier Fälle würde sich die in der *KrV* begründete Unterscheidung zwischen räumlichem Gegenstand und Begriff im Verhältnis zwischen äußerer Handlung und innerem moralischen Gesetz widerspiegeln.[412] Die logischen Formen des Urteils bestimmen das begriffliche Denken (die Kategorien), die Kategorien wiederum bestimmen das Denken über Gegenstände. Gleicherweise würde nun der kategorische Imperativ formal die Maximen bestimmen können, so wie das „universelle Prinzip des Rechts" formal die Handlungen in Zeit und Raum bestimmen könne.

Ripsteins Argument ist unterschiedlich bewertet worden. Laura Valentini und Andreas Sangiovanni kritisieren den Ansatz grundsätzlich, während Miriam Ronzoni und Garrath Williams Ripsteins Interpretation grundsätzlich zustimmen, wenn sie auch einzelne Modifikationen vorschlagen, welche die Reichweite und den Umfang des öffentlichen Rechts wesentlich erweitern würden. Da die in der vorliegenden Arbeit behandelten geschichtsphilosophisch interessanten Kritiken Valentinis und Sangiovannis am selben Punkt ansetzen, nämlich der Tragfähigkeit des angeborenen Rechts, konzentriert sich die Prüfung der Einwände auf Valentini.

Valentini sieht schon in der Begründung angeborener Rechte einen Zirkelschluss Kants,[413] der die weitere Entwicklung dieses Theoriestücks unnötig mache – oder wie der Titel ihres Aufsatzes andeutet: *Why Freedom as Independence can not ground the Whole of Political Morality.* Ein Recht auf äußere Freiheit könne kein anderes Recht begründen, so Valentini, da der Begriff ‚äußere Freiheit' schon eben jene Rechte voraussetze, die das Recht auf ‚äußere Freiheit' gerade begründen wolle. Da nämlich ohne ein Vorverständnis von Recht zum Beispiel unklar bleiben würde, warum in einem Fall wie Diebstahl die ‚äußere Freiheit' des Diebs eingeschränkt

---

411 Ripstein (2009, 375).
412 Ebenda.
413 „Kant's specification of the innate right of freedom is viciously circular because freedom is defined in terms that appeal to right and right in terms that appeal freedom" (Valentini 2012, 250).

werden dürfe, müsse von einem faktischen Vorverständnis von dem, was als Recht gelte, ausgegangen werden, das den Gebrauch der ‚äußeren Freiheit' bestimme. Eine Freiheit, die mittels Zwangs Freiheit einschränke, indem sie nach Ripstein die Funktion „hindering a hindrance to freedom" habe,[414] könne nur eine Freiheit sein, die auf einem Vorverständnis von Gerechtigkeit aufbaue, sodass „until we have an independent account of justice, then, we cannot know whether someone is free or unfree."[415] Um zu wissen, welcher Vollzug von äußerer Freiheit einer Person, wie zum Beispiel ein Diebstahl, den Vollzug von ‚äußerer Freiheit' einer anderen Person, zum Beispiel in der Form von Verfügungsgewalt über einen Gegenstand (Besitz), illegitim ist, muss eine Art normativer Überbau in Form von substanziellen Grundrechten vorliegen. Dieser kann aber wiederum der Idee von Freiheit als Unabhängigkeit zugrunde liegen, was Kant und Ripstein durchaus sehen, da zum Beispiel Diebstahl das Gesamtsystem des Vollzugs der ‚äußeren Freiheit' von Menschen, die miteinander interagieren, unterminiert.[416] Ripstein wehrt sich deshalb gegen den Vorwurf der Zirkularität, indem er auf eine zugrunde liegende Fehleinschätzung der kantischen Idee des Rechts hinweist. Die Kritik an ihm und Kant würde auf einem Argument fußen, das ursprünglich Sidgwick in *Methods of Ethics* eingeführt habe.[417] Gegen diesen Vorwurf des Primats der Gerechtigkeit vor der Freiheit spricht, dass auch ‚äußere Freiheit' als formaler und grundlegender Begriff der politischen Gerechtigkeit die Wohlfahrt der Bürger eines Staats begründen kann, wenn man die Stufen von Kants Argumentation berücksichtigt: Ein angeborenes Recht auf ‚äußere Freiheit' begründet das Privatrecht, welches das öffentliche Recht und schließlich das internationale Recht legitimiert. Da auf jeder Stufe der Begriff des Rechts auf neue Gegenstände und in anderen Beziehungen angewandt wird, sind Fehlschlüsse bei der Anwendung des gleichen Begriffs von Recht auf allen Stufen unvermeidlich. Die diagnostizierte Zirkularität sei demnach vielmehr einer Unbestimmtheit des formalen Rechtsbegriffs aufseiten Valentinis geschuldet.

Welche Implikationen hat diese Leseweise der Rechtsphilosophie für die Interpretation von Kants Geschichtsphilosophie? Deutlich wurde, dass der Begriff des einzigen ursprünglichen Rechts letztlich in der Transzendentalphilosophie be-

---

414 Ripstein (2009, 55).
415 Valentini (2012, 254).
416 Eine Stelle aus dem bereits erwähnten Brief Kants an Jung-Stilling erhellt diesen Zusammenhang: „Das allgemeine Problem der bürgerlichen Vereinigung aber ist: Freyheit mit einem Zwange zu verbinden welcher doch mit der allgemeinen Freyheit und zur Erhaltung derselben zusammenstimmen kan. Auf solche Art entspringt ein Zustand der äußeren Gerechtigkeit (iustitiae externae) wodurch das was im natürlichen Zustande blos Idee war nämlich das Recht als bloßes Befugnis zu zwingen realisirt wird." (8: 229).
417 Sidgwick ([1]1874, 1981, 341).

gründet ist. Zu ihm kommen wenige anthropologische Grundannahmen, mit denen Kant seine Ableitung der republikanischen Verfassung als ideale Regierungsform realisierte. Die dargelegte Verknüpfung der Fragen „Was soll ich tun?" und „Was sollen wir tun?" über die Begriffe der äußeren Freiheit sowie des einzig ursprünglichen Rechts spiegelt geleichzeitig den systematischen Zusammenhang zwischen Politik und Moral bei Kant wider. Politik steht unter dem normativen Anspruch der Rechtslehre, wie sie in der *MS* dargelegt wurde. Eine rein pragmatische Machtausübung verbietet sich in dieser Konzeption: „Das Recht muß nie der Politik, wohl aber die Politik jederzeit dem Recht angepaßt werden" (8: 429, s. 8: 370[418]). Politik bleibt über den Rechtsbegriff an die Moralphilosophie gebunden und beide sind primär der praktischen Philosophie zuzuordnen (8: 370, 379). Habermas denkt diesen Gedanken 1992 in *Faktizität und Geltung* folgendermaßen weiter:

> Einerseits kann die Legalität des Verhaltens als ‚die bloße Übereinstimmung einer Handlung mit dem Gesetz' erzwungen werden; deshalb muß den Subjekten eine Befolgung des Gesetzes aus andere als moralischen Gründen freigestellt sein. [...] Anderseits ist aber eine ‚Vereinigung' der Willkür eines jeden mit der Willkür aller anderen, d.h. soziale Integration, nur auf Grundlage normativ gültiger Regeln möglich, die unter dem moralischen Gesichtspunkt [...] die zwanglose, nämlich rational motivierte Anerkennung ihrer Adressaten verdienen [...] Rechtsnomen sind unter jeweils verschiedenen Aspekten zugleich Zwangsgesetze und Gesetze der Freiheit[419]

Um Kants Geschichtsphilosophie von hier aus weiter systematisch zu verorten, wird die in *Unterkapitel* 3.2 behandelte Konzeption einer idealen oder ‚reinen Republik' nun auch in Hinblick auf die epistemische Bedeutung des Ideenbegriffs untersucht und zum Zusammenhang von Geschichtsphilosophie und Erkenntnistheorie übergeleitet.

---

[418] Hier führt Kant aus, dass man trotz der soziologisch-anthropologischen Elemente Politik nicht als ‚Klugheitslehre' oder ‚Staatsraison' missverstehen dürfe. Die Wirksamkeitsabwägungen stehen dem normativen Anspruch nach. „[A]lle Politik muß ihre Kniee vor [dem Recht] beugen, kann aber dafür hoffen, obzwar langsam, zu der Stufe zu gelangen, wo sie beharrlich glänzen wird" (8: 380).
[419] Habermas (1992, 46 f.).

# 4 Geschichte – Was kann ich wissen?

Kant resümierte im neunten und letzten Satz von *Idee* (8: 29), dass der Versuch, eine Weltgeschichte zu schreiben, die an der „vollkommene[n] bürgerliche[n] Vereinigung in der Menschengattung" orientiert ist, als möglich angesehen werden müsse. Es handle sich dabei zwar nur um die Idee einer Geschichte, aber im Gegensatz zu Ansätzen wie Herders *Ideen zur Philosophie der Geschichte der Menschheit* (*Unterkapitel* 2.2) habe sie den Anspruch, nicht das Ergebnis „kühner Einbildungskraft" (8: 45) zu sein. Dass „das menschliche Geschlecht im Fortschreiten zum Besseren immer gewesen sei und so fernerhin fortgehen werde", sei kein „bloß gutgemeinter und in praktischer Absicht empfehlungswürdiger", sondern ein „allen Ungläubigen zum Trotz auch für die strengste Theorie haltbarer Satz" (7: 88). Welche Theorie meint Kant hier? *Kapitel* 3 hat gezeigt, dass ein direkter Rückbezug zur Moralphilosophie problematisch ist und „Fortschritt zum Besseren" besser rechtsphilosophisch gelesen werden sollte. Im Folgenden wird, bevor *Kapitel 5* auf religionsphilosophische Gesichtspunkte eingeht, die erkenntnistheoretische Dimension der Fortschrittshypothese untersucht.

In *Unterkapitel* 3.2 wurde dargelegt, wie Kant bei der Begründung der Idee der ‚reinen Republik' auf die Begriffe der ‚äußeren Freiheit' (S 1) und des ‚noumenalen Besitzes' (S 2) rekurrierte. Beide Begriffe sind nicht empirisch fundiert, sondern gewinnen erst vor dem Hintergrund der Transzendentalphilosophie spezifische Konturen. Eine Geschichtsschreibung, die sich von dieser Perspektive her entfaltet, muss als ‚Idee' verstanden werden. Analog zur Idee der systematischen Einheit der Naturgesetze fungiert die Idee der ‚reinen Republik' als Ziel der Entwicklung der Menschheit für den Geschichtsschreiber als ein ‚regulatives Prinzip'.[420]

In *Unterkapitel* 4.2 § 2 wird der Begriff des regulativen Prinzips im Hinblick auf seine epistemische Rolle in der Geschichtsphilosophie geprüft. Vorher (*Unterkapitel* 4.1) soll eine systematische Einordnung der ‚reinen Republik' als Idee Ausgangspunkt bei der Frage nach den erkenntnistheoretischen Bezügen von Kants Geschichtsphilosophie sein.

---

[420] Die systematische Bestimmung der ‚regulativen Prinzipien' und ihr Verhältnis zu den ‚konstitutiven' ist ein an dieser Stelle zu weitreichendes Themenfeld. McLaughlin (1989, 23) bemerkt in Bezug auf die *Dialektik*: „Regulative Prinzipien sind in der Hauptsache als metaphysisches Recycling zu verstehen." Wartenberg hingegen hält ‚regulative Prinzipien' für „a necessary element of his general critical program" (1992, 415).

## 4.1 Die Republik als Idee

> Die Idee einer mit dem natürlichen Rechte der Menschen zusammenstimmenden Constitution: daß nämlich die dem Gesetz Gehorchenden auch zugleich, vereinigt, gesetzgebend sein sollen, liegt bei allen Staatsformen zum Grunde, und das gemeine Wesen, welches, ihr gemäß durch reine Vernunftbegriffe gedacht, ein platonisches Ideal heißt (*respublica noumenon*), ist nicht ein leeres Hirngespinst, sondern die ewige Norm für alle bürgerliche Verfassung überhaupt und entfernt allen Krieg. (7: 90 f.)[421]

Kants Herleitung der *respublica noumenon* oder der ‚reinen Republik' wurde in *Unterkapitel* 3.2 nachvollzogen. Als ein zentraler Aspekt wurde herausgearbeitet, dass für Kant die Form und nicht den Inhalt einer politischen Vereinigung im Zentrum steht[422] und dass es keineswegs um einen Gesinnungs- oder Tugendstaat gehen soll: „Der Staat soll die Menschen nicht bessern und sie zu tugendhaften Wesen erziehen, sondern sittliche Autonomie ermöglichen."[423] Strukturell bestimmend scheinen zwei Aspekte, zum einen ein virtuelles Als-ob- Verständnis vom vereinigten Willen des Volkes und zum anderen eine Relativierung der Rolle der faktischen Staatsform. Die Entscheidungsträger stehen in der Verantwortung, so zu handeln, als ob sie den Willen der mündigen Regierten umsetzen,[424] eine tatsächliche Einbindung der Bürger ist jedoch nicht unbedingt notwendig, wodurch eine bestehende monarchische Regierung jedoch nicht einfach durch ein Ideal der reinen Republik delegitimiert wird.

Die ideale Regierungsform wiederum ging aus der Idee des ursprünglichen Vertrags hervor (8: 349, 6: 315). Als „ewige Norm" oder als „Vollkommenheit, die sich in der Erfahrung noch nicht vorfindet" (9: 445), wie Kant die Idee der ‚reinen Republik' in der *Pädagogik* von 1803 bezeichnete, kann man ihr einerseits handlungsorientierende,[425] andererseits aber auch eine epistemische Funktion zusprechen.[426] Mit Letzterer wird sich das folgende Kapitel befassen. In *Unterkapitel* 2.1 §4 wurde auf die Ähnlichkeit der Verwendung des Keimbegriffs im Kontext der Naturgeschichte, namentlich der Entstehung und Funktionsweise von organisierten

---

[421] Zu den Begriffen der ‚reinen' bzw. ‚wahren Republik' vgl. MS (6: 340).
[422] Kant kommt im *Gemeinspruch* zu dem Schluss: „[E]s giebt eine Theorie des Staatsrechts, ohne Einstimmung mit welcher keine Praxis gültig ist" (6: 340).
[423] Dreier (2005, 139).
[424] Zur Problematik der politischen Exklusion von Frauen, Besitzlosen und Kindern siehe Kersting (1993, 254 ff.), Brandt (1989) sowie Bartuschat (1999).
[425] Vgl. *MS* (6: 230).
[426] „Der macht sich der um die Geschichte wie ein Genie verdient, der sie unter Ideen faßt, die immer bleiben können. Sonst wenn eben so viel vergessen werden muß, als hinzukommt, wird die Erkenntnis nicht mehr wachsen, oder wohl gar aus Mangel an Aufmunterung zu neuen Erkenntnissen abnehmen." (*Refl. 1997*, 16: 188).

Wesen, wie auch bei der Entstehung und Funktionsweise politischer Strukturen, wie beispielsweise einer Republik, hingewiesen. Eine Republik als systemische Einheit lässt sich demnach nicht befriedigend mechanistisch analysieren und leitet über zu teleologischen Denkformen. Eine Republik ist deshalb ein besonderer Gegenstand der Erkenntnistheorie, die nur mittels der Vernunft gefasst werden kann.

Im Gegensatz zu den Vernunftbegriffen, die sich aus der Struktur der Vernunft ableiten lassen – die transzendentalen Ideen der Seele, der Welt und von Gott – kannte Kant auch Ideen, deren Existenz sich der Idealisierung eines empirischen Begriffs verdanken, wie zum Beispiel die eines reinen Elements (Wassers in der *KrV*, B674). Hierbei stellt sich die Frage: Wie ist die Idee der ‚reinen Republik' systematisch zu verorten? Als eine transzendentale Idee, als eine Idealisierung der Empirie, oder geht sie weder in dem einen noch in dem anderen Ideenbegriff auf? Nach den Ergebnissen des *Unterkapitels* 3.2 scheint die letzte Variante am naheliegendsten.

Die Idee der ‚reinen Republik' leitet ihre Konstruktionselemente, etwa das ursprüngliche Recht auf ‚äußere Freiheit' und das Konzept einer ‚possessio noumenon', aus der transzendentalen Philosophie ab (*Unterkapitel* 3.2 § 3), rekurriert aber auch auf anthropologische Prämissen, wie die der ungeselligen Geselligkeit. Bevor mittels der Idee der ‚reinen Republik' die epistemische Relevanz der geschichtsphilosophischen Grundbegriffe des ‚Leitfadens' und des ‚Geschichtszeichens' genauer bestimmt wird, sollen zwei dafür bedeutende erkenntnistheoretische Begriffe geklärt werden: ‚Vernunftbedürfnis' und ‚regulatives Prinzip'.

Alle Ideen sind wesentlich auf das oberste Erkenntnisvermögen, die Vernunft, bezogen. Hiermit ist nicht diejenige Vernunft gemeint,[427] die Kant 1781 einer Kritik unterzog. Dies ist die Vernunft im weiteren Sinne, welche die beiden oberen Erkenntnisvermögen (den Verstand und Vernunft i. e. S.) umfasst und das Gegenstück zur empirischen Erkenntnis bildet (*KrV*, B863): „Etwas durch Vernunft erkennen [wir], wenn wir uns bewußt sind, daß wir es auch hätten wissen können, wenn es uns auch nicht so in der Erfahrung vorgekommen wäre; mithin ist Vernunfterkenntniß und Erkenntniß a priori einerlei" (5: 12). Diese ‚reine' Vernunft aus dem Titel des ersten kritischen Hauptwerks erschöpft sich nicht im logischen Gebrauch der Vernunft (*KrV*, B362). Der Syllogismus oder eben logische Gebrauch kommt der Vernunft im engeren Sinne zu, die von Kant als das Vermögen der „Erkenntnis aus Prinzipien" oder als das „Vermögen zu schließen" gekennzeichnet wurde (*KrV*, B356; B358). Bei der Vernunft im engeren Sinne handelt es sich um den Abschluss der in der *KrV* untersuchten Erkenntnisvermögen, namentlich um das oberste Erkennt-

---

[427] Die genaue Bestimmung und Einordnung dieses Erkenntnisvermögens ist eine fortwährende Aufgabe der Kantforschung. Für einen Überblick zur aktuellen Diskussion siehe zum Beispiel Williams (2018). Im Kontext der vorliegenden Fragestellung scheint eine quellenbasierte Auseinandersetzung mit diesem Begriff jedoch ein probates Mittel.

nisvermögen: „Alle unsere Erkenntniß hebt von den Sinnen an, geht von da zum Verstande und endigt bei der Vernunft, über welche nichts Höheres in uns angetroffen wird" (*KrV*, B355). Als oberstes Erkenntnisvermögen integriert die Vernunft die anderen beiden Erkenntnisvermögen. Allerdings bleibt sie dabei an die Vorarbeit der Sinne und des Verstandes gebunden:

> Die Vernunft bezieht sich niemals geradezu auf einen Gegenstand, sondern lediglich auf den Verstand, und vermittelst desselben auf ihren eigenen empirischen Gebrauch, schafft also keine Begriffe (von Objekten), sondern ordnet sie nur [...] und gibt ihnen [...] Einheit [...]. (*KrV*, B671; siehe auch B692 und B359)

Die Vernunft kann sich nur indirekt, mittels des Verstandes, auf empirische Objekte beziehen. Ihre spezifische Leistung besteht dabei im Verbinden der empirischen Verstandeserkenntnisse mittels Prinzipien (*KrV*, B672).

Diese logische Funktion der Vernunft im engeren Sinne entwickelt die *KrV* zum transzendentalen Vernunftbegriff weiter, indem diese in die Idee einer vollständigen und unbedingten Synthesis überführt wird. „Der transcendentale Vernunftbegriff [geht] jederzeit nur auf die absolute Totalität in der Synthesis der Bedingungen und endigt niemals als bei dem schlechthin, d. i. in jeder Beziehung Unbedingten" (*KrV*, B525; siehe auch *KrV*, B364 f.). Kant betonte ausdrücklich, „daß unsere Erkenntnißkraft ein weit höheres Bedürfniß fühle, als bloß Erscheinungen nach synthetischer Einheit [auszu]buchstabiren", sie erhebe sich zu Ideen, „die viel weiter gehen, als daß irgend ein Gegenstand, den Erfahrung geben kann, jemals mit ihnen congruiren könne, die aber nichtsdestoweniger ihre Realität haben" (*KrV*, B370 f.). Auf das Unbedingte bezogen zu sein, erscheint als Wesensmerkmal der Vernunft. Die Rede über Wesensmerkmale der Vernunft im engeren Sinne führt zu dem für die Geschichtsphilosophie wichtigen Begriff ‚Vernunftbedürfnis'. Kant expliziert diesen Begriff als einen „subjectiven Grund [der Vernunft, C. R.] etwas vorauszusetzen und anzunehmen, was sie durch objective Gründe zu wissen sich nicht anmaßen darf" (8: 137).

## 4.2 Vernunftbedürfnis und regulative Prinzipien

### § 1 Vernunftbedürfnis

In der *KpV* differenziert Kant im Rahmen der Diskussion der unterschiedlichen Handlungsmotive zwischen ‚Trieb' und ‚Interesse'. ‚Interesse' wird zudem unterschieden in ein ‚empirisches' und ein ‚reines' Interesse. Sowohl das empirische als auch das reine Interesse setzen Vernunft voraus, da erst durch diese Handlungen gemäß einer allgemeinen Regel vorstellbar sind (4: 216). Im Fall des empirischen Interesses sind es ‚Neigungen' und ‚Bedürfnisse', die hinter der Regel stehen – eine Form der instrumentellen Vernunft (*Unterkapitel* 3.1 § 1). Wenn das Gesetz der Vernunft keinem sinnlichen Motiv untergeordnet ist, dann kann das ‚Interesse' der Vernunft ‚rein' genannt werden. Die kantsche Moralphilosophie findet einen solchen Fall in der Achtung für die Form des Gesetzes (4: 212 und 459).

Hinsichtlich des Interesses an der Möglichkeit der unbedingten Achtung für das Gesetz unterscheidet Pascher in *Kants Begriff „Vernunftinteresse"* (1980) ein theoretisch-formales Vernunftinteresse, das auf die systematische Einheit der Naturgesetze und der Erfahrungswelt angelegt ist, und ein architektonisches Vernunftinteresse, das an der systematischen Einheit praktischer und theoretischer Philosophie orientiert ist.[428]

Das theoretisch-formale Vernunftinteresse lässt sich mittels der Beziehung der Erkenntnisvermögen (*KrV*, B691) näher bestimmen: Die Vernunft im engeren Sinne hat die Aufgabe, empirische Verstandeserkenntnisse zu einer Einheit zu integrieren (*KrV*, B673). Hierfür können aber nicht, wie in der Konstellation Verstand–Sinnlichkeit, konstitutive Regeln (Kategorien) abgeleitet werden, weil die Integration empirischer Verstandeserkenntnisse bei schon kategorial bestimmten Phänomenen ansetzt. Deshalb handelt es sich nur um regulative Prinzipien der Vernunft, die aber allererst einen zusammenhängenden Verstandesgebrauch gewährleisten,[429] da die empirischen Verstandeserkenntnisse nämlich für sich genommen nur eine „distributive" Ansammlung von Phänomenen, ein Aggregat, erzeugen würden (*KrV*, B679). Ausdruck findet dies in den Systematisierungsversuchen des Menschen und seinen heuristischen Hilfsmitteln. Kant verstand diese als einen Hinweis auf ein Erkenntnisvermögen, dessen Ideal an systematischer Einheit über die Einheit der Erscheinungen hinausweise, die durch die Kategorien garantiert werde (*KrV*, B673 und B678).

Zur weiteren Bestimmung des Begriffs ‚Vernunftbedürfnis' sollen Kleingelds Vorschläge im Rahmen ihrer Untersuchungen[430] zur wissenschaftstheoretischen Relevanz der Geschichtsphilosophie Kants näher betrachtet werden.[431] Veranlasst sieht Kleingeld ihre Analyse des Begriffs ‚Vernunftbedürfnis' durch die Spannung

---

[428] Pascher (1991, 16).
[429] Hier geht es um den spekulativen Gebrauch der Vernunft, der dem praktischen Gebrauch gegenübersteht, der nicht zu regulativen Prinzipien, sondern zu Postulaten führt (5: 142; 8: 137; 28: 1082 f.).
[430] Kleingeld (1995, 2008).
[431] Im Folgenden wird mit Pascher davon ausgegangen, dass die Begriffe ‚Vernunftinteresse' und ‚Vernunftbedürfnis' im Hinblick auf ihre argumentative Funktion synonym gebraucht werden (1991, 19).

zwischen der argumentativen Funktion dieses Begriffs in der *KrV* und dem Fehlen einer klärenden Erläuterung bei Kant[432] sowie der Eigentümlichkeit des Ausdrucks ‚Bedürfnis', der mit seiner sinnlichen Konnotation nicht recht in den Rahmen einer transzendentalphilosophischen Analyse passen will (*KrV*, B829 Anm.). Kleingeld prüft in ihrer Arbeit vier Deutungsmöglichkeiten[433] des Begriffs ‚Vernunftbedürfnis': D 1 (wörtlich) die Vernunft als Subjekt eines Bedürfnisses, D 2 (metaphorisch – dekorativ), D 3 (metaphorisch-argumentativ) zum einen als Mittel zur reflexiven Selbstthematisierung des Erkenntnisvermögens Vernunft und zum anderen mit „unentbehrlich legitimierende[r] Funktion" des Begriffs in der kritischen Philosophie im Allgemeinen und für Kants Konzeption regulativer Prinzipien im Besonderen[434] sowie (D 4) als Ursache des Bedürfnisses.

(D 1) Dass das Erkenntnisvermögen Vernunft selbst ein Bedürfnis verspürt (*KrV*, B21), erscheint angesichts von Kants Ziel, die apriorischen Bedingungen von Erkenntnis darzulegen und zu rechtfertigen, unwahrscheinlich (7: 136 ff.).[435] Der Begriff ‚Bedürfnis' ist untrennbar mit der Erfahrung und dem Erleben eines sinnlich affizierten Wesens verwoben, der emotionalen Reaktion auf einen Zustand des Mangels oder auch in Form eines Wunschs.[436] Den Begriff so zu verstehen, dass das Erkenntnisvermögen Vernunft eine Emotion fühlt, hätte dieselbe Berechtigung wie die von Kant explizit kritisierten Ausführungen Herders in dessen *Weltgeschichte* und lässt sich somit ausschließen (*Unterkapitel* 2.2).

(D 2) Eine Möglichkeit, diese Schwierigkeit mit dem Begriff ‚Vernunftbedürfnis' zu umgehen, besteht darin, in ihm nur „eine dekorative Metapher ohne argumentativen Wert"[437] zu sehen. Die sinnliche Konnotation des Begriffs ist dann unproblematisch, da sie keine weiteren Implikationen mit sich bringt und da der Begriff

---

432 Pascher (1991, 12): ‚Vernunftinteresse' ist kein zentraler Begriff der kantschen Philosophie. Obwohl der Begriff regelmäßig im Umfeld wichtiger Fragestellungen auftaucht, habe man nie den Eindruck, dass Kant ihm besondere Aufmerksamkeit widme, „der Terminus wird stets sehr beiläufig gebraucht".
433 Kleingeld (1995): D 1: 99–100, D 2: 102–104, D 3: 104–109 und D 4: 100–102.
434 „Es [die Rede vom Vernunftbedürfnis, C. R.] erfüllt legitimierende Funktion hinsichtlich der transzendentalen Idee der Vernunft (*KrV*), des transzendentalen Prinzips der Zweckmäßigkeit (*KU*) sowie dem Postulat der reinen praktischen Vernunft in jeder der drei Kritiken" (Kleingeld 1995, 93).
435 Kant spricht hier explizit davon, dass die Vernunft fühle.
436 Zedler (1752, Supplementband III, 437–439) gibt diese Bedeutung nicht her, es sind eher solche Dinge, die angestrebt werden, weil sie angenehm sind, also im Sinne eines Wunschs oder Interesses. So versuche er, mit Aristoteles Bedürfnisse als eine gerechte Einheit für den Wert von Dingen zu rekonstruieren, der dann in Form von Geld eine kontextungebundene Interaktion und Bedürfnisbefriedigung ermöglicht: Der Metzger verkauft dem Schuster Fleisch für Geld, weil er keine Schuhe braucht, sondern neue Messer.
437 Kleingeld (1995, 91).

ohne relevante Konsequenzen für den Argumentationsgang fallengelassen werden könnte. Somit würde es sich dann nur um eine mehr oder minder gut gelungene Illustration handeln, wie zum Beispiel der Vergleich der Ideenlehre Platons mit dem Höhenflug einer Taube:

> Die leichte Taube, indem sie im freien Fluge die Luft theilt, deren Widerstand sie fühlt, könnte die Vorstellung fassen, daß es ihr im luftleeren Raum noch viel besser gelingen werde. Ebenso verließ Plato die Sinnenwelt, weil sie dem Verstande so vielfältige Hindernisse legt, und wagte sich jenseits derselben auf den Flügeln der Ideen in den leeren Raum des reinen Verstandes (*KrV*, B9).[438]

Für die Deutung als Metapher sprechen überdies formale Aspekte: So verwendete Kant den Begriff ‚Vernunftbedürfnis' eher einleitend und abschließend in den entsprechenden Paragraphen. Tabert bemerkt in seiner Untersuchung zu dem Gebrauch von Metaphern in der *KrV*, dass dies abgesehen von den Begriffen aus dem Rechtswesen (Deduktion, Gerichtshof, Gesetz) Kants typische Verwendung von bildhafter Sprache sei.[439]

Da so jedoch ein Moment der Beliebigkeit in zentrale Elemente der Transzendentalphilosophie eingeführt würde, wird im Folgenden mit Kleingeld davon ausgegangen, dass eine dekorative Leseweise des Begriffs nicht haltbar ist.[440] Kleingeld sieht gerade im ‚Vernunftbedürfnis' eine Möglichkeit, verständlich zu machen, warum eine kategorial bestimmte Welt für ein sinnlich-rationales Wesen bestimmte Fragen aufwerfen muss, die es nicht von sich weisen kann. Statt einer dekorativen Lesart nimmt Kleingeld deshalb an, dass die Rede von einem ‚Interesse' oder ‚Bedürfnis' der Vernunft zwar einen metaphorischen Sinn habe, gleichzeitig aber auch eine Funktion innerhalb der Argumentation erfülle. Diese beiden Elemente sieht sie in dem Begriff des ‚Symbols' vereint.

(D 3) Als ‚Symbol' kann das ‚Vernunftbedürfnis' eine metaphorisch-argumentative Funktion erfüllen, welche die unbefriedigenden Konsequenzen der dekorativen Leseweise umgeht. Hierin besteht eine produktive Möglichkeit, den Begriff zu deuten und auch in der Geschichtsphilosophie fruchtbar zu machen. Eine Darstellung von Kants Kritik an Herder soll vorab verdeutlichen, wo er die Grenzen eines metaphorischen Sprachgebrauchs zieht. Danach wird anhand Sloans Deutung des Begriffs ‚Keime' einerseits ein Rückbezug zu *Kapitel* 2.1 § 4 hergestellt und andererseits eine anspruchsvolle Rekonstruktion dieser auch in der Geschichtsphilosophie wichtigen Metaphern vorgestellt. Abschließend soll mit Pauline Kleingelds

---

[438] Tabert (1968, 258 f.).
[439] Tabert (1968, 257 und 265).
[440] Kleingeld (1995, 104).

Interpretation und Anwendung des Begriffs ‚Vernunftbedürfnis' im Bereich der Geschichtsphilosophie eine vielversprechende Möglichkeit veranschaulicht werden, mittels der metaphorisch-argumentativen Funktion zu zeigen, welcher Bezug zwischen Vernunftbedürfnis und regulativen Prinzipien besteht. Ihr gelingt dies mittels des Konzepts ‚intuitives Symbol' und eines Rückbezugs auf die *KUK*.

Kant darf in seiner Konzentration auf das philosophische Problem und dessen Darstellung wohl als „kompromisslos" bezeichnet werden. Satzbau und Terminologie seiner Philosophie wollten weniger ansprechend als vielmehr so präzise wie möglich sein.[441] So verwehrt sich Kant auch gegen die Verwendung von Metaphern, welche den Text zwar anschaulicher machen, dabei aber von der Sache ablenken oder sie gar missverständlich machen. Explizit kommt Kants Haltung in seiner Kritik an Herders Stil zum Ausdruck (*Unterkapitel* 2.2).

Kant setzte sich im Januar 1785 in seiner Rezension zu Herders gerade erschienenem ersten Band der *Ideen zur Philosophie der Geschichte der Menschheit* mit dem Sprachgebrauch seines ehemaligen Schülers auseinander. Kants Vorbehalt gegen eine Sprache, die das unmittelbare Erleben und das Gefühl an die Stelle nüchterner Definitionen stellt, zeigt sich in seinem Brief vom 06.04.1774 an Hamann, in dem er seinen Freund nicht ohne Ironie darum bat, ihm beim Verständnis von Herders Ausdrucksweise in dessen Stück romantischer Theologie *Die älteste Urkunde des Menschengeschlechts* zu helfen: „Aber wo möglich in der Sprache der Menschen. Denn ich armer Erdensohn bin zu der Göttersprache der anschauenden Vernunft garnicht organisirt. Was man mir aus den gemeinen Begriffen nach logischer Regel vorbuchstabiren kann, das erreiche ich noch wohl." (10: 156). Herders Denkweise sei durch einen „poetischen Geist" verschwommen, voller „Äquivokationen", die ohne argumentativen Wert seien und durch ihre inkonsequente Verwendung sowie den emotionalen Ausdruck nicht diskurstauglich.

Wie kommt es dann, dass Kant trotz des Impetus dieser Zurückweisung auch eine bildliche Sprache verwendete? In der Charakterisierung der Erkenntnisvermögen in der *KrV* stößt man auffällig oft auf Begriffe aus Psychologie und Biologie.[442]

---

[441] So Kants Vorwurf gegen die *Ideen*, dass sie „Logische Pünktlichkeit in der Bestimmung der Begriffe [und] sorgfältige Unterscheidung und Bewährung der Grundsätze" (8: 45) ermangeln.
[442] „Keime und Anlagen im menschlichen Verstand" (*KrV*, B91); „Keime" in der Metaphysik: „dieser Naturanlage unserer Vernunft, welche Metaphysik, als ihr Lieblingskind, ausgeboren hat, dessen Erzeugung, so wie jede andere in der Welt, nicht dem ungefähren Zufalle, sondern einem ursprünglichen Keime zuzuschreiben ist, welcher zu großen Zwecken weislich organisiert ist. Denn Metaphysik ist vielleicht mehr, wie irgend eine andere Wissenschaft, durch die Natur selbst ihren Grundzügen nach in uns gelegt, und kann gar nicht als das Produkt einer beliebigen Wahl, oder als zufällige Erweiterung beim Fortgange der Erfahrungen (von denen sie sich gänzlich abtrennt) an-

Philipp Sloan legt in seinem Essay *Performing the Categories* (2002) einen Versuch vor, Kants metaphorische Redeweise an einer der neuralgischen Stellen des Werks zu analysieren (*KrV*, B167). Seine Ausgangsfrage ist von grundlegender Bedeutung für das Verständnis von Kants Erkenntnistheorie: „Wie lässt sich Kants Ableitung der Kategorien in der *KrV* rekonstruieren?". Es liegt auf der Hand, diese Frage zunächst mit einem Verweis auf die metaphysische Deduktion der Verstandesbegriffe in der *Analytik* klären zu wollen,.[443] Die Frage nach der Stellung der Verstandesbegriffe kann jedoch von unterschiedlichen Ausgangspunkten angegangen werden: eine geltungstheoretische Stoßrichtung und eine genetisch-empirische beziehungsweise nativistische Ausrichtung.[444] Der apriorische Status der Verstandesbegriffe wird bei letzterer Deutung im Sinne einer angeborenen kognitiven Struktur rekonstruiert, die durch Erfahrung moduliert wird. Sloan liest Kants Verwendung des Begriffs ‚Keim' als Hinweis für diese Interpretation.

Er sieht in Kants Gebrauch der Begriffe ‚Keim' und ‚Epigenese' in der *KrV* eine Möglichkeit, die Verstandesbegriffe mit einer klassischen nativistischen Position zu versöhnen. Die Bedeutung der Begriffe ‚Keim', ‚Anlage', ‚Präformation' und ‚Epigenesis' (*KrV*, B90 f.) wird von Sloan vor dem Hintergrund von Kants Rezeption der zeitgenössischen Vererbungslehre rekonstruiert.

Sein Interpretationsansatz geht davon aus, dass Kants Verwendung metaphorischer Sprache nicht als ein mehr oder weniger gut gelungenes Stilmittel gelesen werden sollte. Die Begriffe ‚Keime', ‚Anlage' usw. dienen bei Sloan zu mehr als einem bloßen Mittel zur methodischen Selbstreflexion eines Erkenntnisvermögens, wie sie zum Beispiel Kleingeld liest. Kategorien sind für Sloan vielmehr im physiologischen Substrat angelegt, haben also eine materielle Basis[445] ähnlich den Keimen, auf welchen in Kants Rassentheorie die unterschiedlichen Hautfarben der Menschen angelegt seien (*Unterkapitel* 2.1 § 4).

Weniger voraussetzungsreich erscheint es, die Verweise Kants auf eine biologische Sprache im Kontext der Transzendentalphilosophie als eine Art der Reflexion im Sinne eines intuitiven Symbols zu lesen. Kants in dieselbe Zeit fallende Auseinandersetzung mit Herder legt ebenfalls nahe, dass der Begriff ‚Epigenesis' in der

---

gesehen werden." (4: 353); ‚Keime' in der Moralphilosophie s. zum Beispiel: (6: 122 f.), ‚Interesse' (*KrV*, B490 ff.), ‚Begierde' (*KrV*, B824) und ‚Natur der Vernunft' (*KrV*, B825).
**443** Hierzu Bunte (2016).
**444** Falkenstein (1990).
**445** „The pre-existent Keime supply a determinate and a priori structure to thought that is both subjectively and objectively necessary, subjective in that the foundations of the categories are indeed biologically pre-existent within us, but objective in that they can manifest their structuring only in causal relation to external conditions, and specifically respond to those conditions." Sloan (2002, 242).

Art eines intuitiven Symbols zu verstehen ist (*Unterkapitel* 2.2). Angesichts Kants ablehnender Haltung gegenüber Herders Sprachgebrauch stellt sich die Frage, wie Kant die Rede von einem ‚Bedürfnis' der Vernunft gemeint haben könnte. Da er hier selbst ein Problem erkannte, führt er die Figur der ‚Analogie' oder den technisch eindeutigeren Begriff ‚intuitives Symbol'[446] ein.

Ein ‚intuitives Symbol' ist eine Art Metapher mit technischer Bedeutung.[447] Wenn Kant sich einer bildhaften Sprache bediente, dann nicht, um eine unbestimmte Ähnlichkeit hervorzuheben, sondern um eine spezifisch strukturelle Ähnlichkeit des Bildes mit dem Gegenstand, auf den es übertragen wird, heuristisch zu nutzen.[448] Kant ging es dabei nicht um ein bestimmtes materielles Verhältnis der Teile, das die Analogie aufnimmt, sondern um diejenigen Aspekte einer Struktur, die das Verständnis einer bestimmten Funktionsweise fundieren. Ein Gegenstand wird durch ein ‚intuitives Symbol' nicht bestimmt, sondern reflektiert, d. h. dem Verhältnis, in dem seine Teile zueinanderstehen und in dem er zu anderen Gegenständen steht, wird mithilfe eines Bilds eine bestimmte Struktur unterlegt. Dieses bewusst projizierte, hypothetische Modell ermöglicht dann zum Beispiel einen neuen epistemischen Zugang.[449]

Die besondere Funktion, die eine Analogie so gewinnen kann, verdeutlicht Kleingeld, indem sie auf § 59 der *KUK* rekurriert. Kant unterschied dort drei Arten, um einen Begriff „darzustellen". Mit „Arten der Darstellung" sei gemeint, dass Begriffe auf verschiedene Weise eine empirische Entsprechung haben können. So werde ein empirischer Begriff wie ‚Hund' durch einen bestimmten Hund dargestellt, Kategorien wiederum werden durch ein Schema und Ideen eben durch Symbole dargestellt (5: 351 f.).

---

[446] Kant verwendete ‚Symbol' im gleichen Sinne wie ‚Analogie', wobei letzterer Begriff insgesamt häufiger vorkommt (siehe auch 20: 280).

[447] Aufschlussreich ist, dass „analogisches Denken", allerdings nicht in dem strengen kantischen Sinne, heute von den Kognitionswissenschaften als eine „grundsätzliche Kategorie kognitiver Verarbeitungsprozesse" verstanden wird (Bailer-Jones 2002, 856 mit Verweis auf Gentner 1983, Genter/Markman 1997 und Holyoak/Thagard 1997).

[448] „Eine solche Erkenntniß ist die nach der Analogie, welche nicht etwa, wie man das Wort gemeiniglich nimmt, eine unvollkommene Ähnlichkeit zweier Dinge, sondern eine vollkommene Ähnlichkeit zweier Verhältnisse zwischen ganz unähnlichen Dingen bedeutet*1. Vermittelst dieser Analogie bleibt doch ein für uns hinlänglich bestimmter Begriff von dem höchsten Wesen übrig, ob wir gleich alles weggelassen haben, was ihn schlechthin und an sich selbst bestimmen könnte; denn wir bestimmen ihn doch respectiv auf die Welt und mithin auf uns, und mehr ist uns auch nicht nöthig." (4: 357 f.).

[449] Bailer-Jones (2002: 856 f.) spricht von einem Prozess der produzierten Bedeutungsverschiebung, der es ermöglicht, neue Bereiche zu erschließen (siehe auch Gigerenzer/Todd 1996 und Hesse 1983).

Kant führte in der *KUK* erstmals das Lehrstück eines Symbols ein, das nicht als konventioneller Ausdruck für etwas anderes verstanden werden soll. Hierbei handelt es sich dabei nicht um ein diskursives, sondern um ein ‚intuitives Symbol'. Die wichtigsten Charakteristika erörterte Kant in § 59 der *KUK* (5: 352; siehe auch 20: 280). Dort heißt es: „Alle Anschauungen, die man Begriffen a priori unterlegt, sind also entweder Schemata oder Symbole, wovon die erstern directe, die zweiten indirecte Darstellungen des Begriffs enthalten." Schemata demonstrieren einen Begriff a priori, und ein Symbol stelle einen Begriff dar, „zu welcher man sich auch empirischer Anschauungen bedient". Für diese besondere Art der Darstellung bedarf es der Urteilskraft, die „erstlich den Begriff auf den Gegenstand einer sinnlichen Anschauung und dann zweitens die bloße Regel der Reflexion über jene Anschauung auf einen ganz andern Gegenstand, von dem der erstere nur das Symbol ist", anwendet. Kant erläutert dies anhand eines monarchischen Staats, der durch einen beseelten Körper symbolisiert werden kann, „wenn er nach inneren Volksgesetzen" konstituiert ist. Wenn der Staat aber durch „einen einzelnen absoluten Willen" beherrscht wird, dann ist eine Maschine, „wie etwa eine Handmühle", das passendere Symbol. Zwischen einem absolutistisch-despotischen Staat und einer Handmühle bestehe zwar keine Ähnlichkeit, „wohl aber zwischen den Regeln, über beide und ihre Causalität zu reflectiren." Ideen wie die ‚reine Republik' sind nicht in der Anschauung gegeben – wenn der Mensch über sie reflektiere, dann behelfe er sich durch ein ‚intuitives Symbol' als Mittel zur Übertragung „der Reflexion über einen Gegenstand der Anschauung auf einen ganz andern Begriff, dem vielleicht nie eine Anschauung direct correspondiren kann" (5: 325).

Vor diesem Hintergrund arbeitet Kleingeld nun das ‚Vernunftbedürfnis' als ‚intuitives Symbol' zur Selbstthematisierung der Vernunft heraus. Sie schlägt überdies vor, das Verhältnis zwischen Vernunft und regulativen Prinzipien in Analogie zu dem zwischen dem Menschen und seinen Bedürfnissen zu verstehen – genauer sollte es wahrscheinlich zwischen der Vernunft und ihren Bedürfnissen und dem Menschen und seinen Bedürfnissen heißen, da die regulativen Prinzipien zuerst mit dem Vernunftbedürfnis gerechtfertigt werden sollen und nicht mit diesem gleichbedeutend sind.[450]

(D 4) Gemäß der vierten Deutungsmöglichkeit ist die Vernunft an der Entstehung eines Bedürfnisses ursächlich beteiligt. Kleingeld verwirft diese, da es ihr unwahrscheinlich erscheint, dass Kant an eine ursächliche Rolle der Vernunft bei dem Zustandekommen eines Gefühls gedacht habe. Ein Punkt, der von so zentraler Bedeutung für das Gefüge der kritischen Philosophie wäre, hätte explizit themati-

---

**450** Kleingeld (1995, 107).

siert werden müssen.[451] Außerdem, so Kleingeld, sei ein endliches vernünftiges Wesen vorstellbar, das über die Idee einer Totalität verfüge und sich nicht weiter darum kümmere, dass sein Wissen dieser Idee nicht entspreche.[452] Diese Einwände sind berechtigt, jedoch bleibt Vernunft im engeren Sinne eine Bedingung für das Erkennen mangelnder Kohärenz und der Unabgeschlossenheit empirischer Verstandeserkenntnisse.

Ein weiterer Grund für diese Deutung des Vernunftbedürfnisses ergibt sich aus der Betrachtung einer ähnlichen Verknüpfung zweier schwerlich vereinbarer Begriffe, nämlich dem ‚Gefühl der Achtung' für das ‚moralische Gesetz' (4: 401 Anm.; siehe auch *Unterkapitel* 3.1). In der *KpV* explizierte Kant erstmals das Bewusstsein einer „Nöthigung", das als Triebfeder einer moralisch guten Handlung gedacht werden könne (5: 75–80). Kant verteidigte sich mit diesem Theorem gegen den Vorwurf, ein Vertreter der von ihm kritisierten *Moral-Sentiment*-Theorie Hutchesons zu sein. „Man könnte mir vorwerfen, als suchte ich hinter dem Worte Achtung nur Zuflucht zu einem dunkelen Gefühle, anstatt durch einen Begriff der Vernunft in der Frage deutlich Auskunft zu geben" (4: 401 Anm.). Das Gefühl der Achtung sei jedoch nicht in gleicher Weise ursächlich für eine Handlung wie eine Neigung. Eine moralische Handlung aus Achtung vor dem Gesetz beruht nicht auf sinnlichen Faktoren, „wenn Achtung gleich ein Gefühl ist, so ist es doch kein durch Einfluß empfangenes, sondern durch einen Vernunftbegriff selbst gewirktes und daher von allen Gefühlen der ersteren Art, die sich auf Neigung oder Furcht bringen lassen, specifisch unterschieden" (4: 401 Anm.). Das Gefühl der Achtung ist deshalb auch Ausdruck der Spontaneität der reinen praktischen Vernunft. Wenn man sich den Menschen als ein über praktische Vernunft verfügendes Wesen vorstellt, dann stellt man sich ihn als ein für Gründe und Regeln wie den kategorischen Imperativ empfängliches Wesen vor. Diese Empfänglichkeit für eine normative Nötigung und das Bewusstsein der Unvollkommenheit des eigenen faktischen Wollens können allein für endliche Vernunftwesen rekonstruiert werden. Dabei ist das Gefühl der Achtung nicht als subjektive Triebfeder, sondern als objektiver Bewegungsgrund vorzustellen (4: 427). Als solcher ist es empirisch nicht rekonstruierbar, sondern kann nur postuliert werden.

Hierin liegt ein wesentlicher Unterschied zwischen dem Gefühl der Achtung und dem Vernunftbedürfnis, anhand dessen das Charakteristische von Letzterem präzisiert werden kann. Der Begriff ‚Vernunftbedürfnis' ermöglicht es, die Vernunft auf eine bestimmte Art zu reflektieren, namentlich die empirische Besonderheit des Menschen, Wissen auf eine bestimmte Weise zu ordnen, auf einen Begriff zu

---

[451] Kleingeld (1995, 100).
[452] Kleingeld (1995, 101).

bringen. Das Gefühl der Achtung hingegen referiert gerade nicht auf eine Eigenheit des sinnlich-vernünftigen Wesens Menschen, sondern ist ein Postulat der reinen praktischen Vernunft. Insofern verweist es auch nicht auf regulative Prinzipien, wie es das Vernunftbedürfnis tut, weil es auf einer anderen Theorieebene lokalisiert werden muss.

Von den angeführten Deutungen des Begriffs ‚Vernunftbedürfnis' scheint deshalb insgesamt diejenige als ‚intuitives Symbol', welches die regulativen Prinzipien systematisch fundiert, am stimmigsten und für die Anwendung in der Geschichtsphilosophie am besten geeignet.

## § 2 Regulative Prinzipien

Wenn nun das Vernunftbedürfnis in dargelegter Weise auf regulative Prinzipien verweist, gilt es zu klären, welches Verständnis von regulativen Prinzipien zugrunde gelegt werden kann, bevor der Bezug zur Geschichtsphilosophie, namentlich zum ‚Leitfaden' hergestellt wird. Das Spektrum der Interpretationsmöglichkeiten hierfür ist weit: Wartenberg betrachtet regulative Prinzipien als „necessary element of his general critical program", und McLaughlin versteht sie „in der Hauptsache als metaphysisches Recycling".[453]

Im Folgenden soll durch einen Rekurs auf die *KrV* und die *KUK* bestimmt werden, welche Funktionen regulativen Prinzipien in der kritischen Philosophie zukommen.[454] Die Ergebnisse sollen dann helfen, den Zusammenhang von regulativen Prinzipien und Geschichtsphilosophie besser zu fassen, und leiten zu der Frage nach dem epistemischen Status des Geschichtszeichens über (*Unterkapitel* 4.3). Dieses Vorgehen orientiert sich an Kleingelds Versuch, Kants geschichtsphilosophisches Denken durch Rekurs auf Elemente aus der *KrV* wissenschaftstheoretisch zu fundieren. In *Vernunft und Fortschritt. Zur Geschichtsphilosophie Kants* (1995) konstatiert sie: „Wenn Geschichtsphilosophie überhaupt noch möglich sein soll, so bilden Kants Gedanken regulativer Ideen in der Geschichtsschreibung wohl einen Ansatz zu ihrer heutigen, nicht dogmatischen Form."[455] Sie gelangt ebenfalls zu dem Ergebnis, dass der aufklärerische Entwurf eines Fortschrittsgedankens als

---

[453] Wartenberg (1992, 233) und McLaughlin (1992, 23), wobei Letzterer sich auf die regulativen Prinzipien der *KrV* bezieht, genauer den ersten Teil des *Anhangs zur Dialektik* (McLaughlin 2014).
[454] Der Ausdruck ‚regulatives Prinzip' findet sich auch im Zusammenhang mit Kants Theorie des Organismus (5: 197 und 5: 375; s. hierzu McLaughlin 1992) und – religionsphilosophisch gewandt – mit der Frage nach dem Begriff des höchsten Wesens (*KrV*, B599–611; s. hierzu May 2012, 336 f. und 366 ff.).
[455] Kleingeld (1995, 132).

falsifizierbares heuristisches Mittel aktualisiert werden könne.[456] Bevor diese Leseweise geprüft wird, muss zunächst eine begriffliche Basis formuliert werden.

Die Begriffe ‚regulatives' bzw. ‚konstitutives' Prinzip sind der Rechtssprache entlehnt.[457] Das lateinische *constitutio* bezieht sich auf diejenigen Regeln, die sich auf den Willen des Herrschers gründen – im Gegensatz zu den Regeln, die der Senat diskutiert, abwägt und beschließt. Die juristische Bedeutung des Begriffs ‚regulativ' leitet sich aus dem Ausdruck *Regula generis* ab; dies sind Regeln für die praktische Durchführung von Gerichtsverhandlungen und für das Einbringen von Gesetzesentwürfen.[458] Im *Zedler* wird im Eintrag „regulare" auf den Begriff ‚ordentlich' verwiesen und „regulare" definiert als dasjenige „in den Rechten [...], was entweder in denen, und zwar hauptsächlich den alten Römischen Rechten, sonst nur insbesondere sogenannten Gesetzen (Legibus), des Volks Vereinigungen (Plebiscitis), Raths-Schlüssen (Senatsconsultis)" ist. Der Artikel fährt fort:

> [...] und insofern verordnet und befohlen worden, daß solches zu allen Zeiten und bei allen vorfallenden Gelegenheiten als einer gewissen und allgemeinen Regel oder Richtschnur aller und jeder dahin einschlagenden menschlichen Handlungen ohne Absicht auf diese oder jene Person insbesondere, gelten unverbrüchlich beobachtet werden [...]. (1738; Bd. 25: 1777)

Kant betont demgegenüber, dass weniger der Inhalt einer Regel, sondern ihre Funktion in Bezug auf ihren Anwendungsbereich ‚regulativ' sei:

> [...] wo ich aus drei gegebenen Gliedern nur das Verhältniß zu einem vierten, nicht aber dieses vierte Glied selbst erkennen und *a priori* geben kann, wohl aber eine Regel habe, es in der Erfahrung zu suchen, und ein Merkmal, es in derselben aufzufinden. Eine Analogie der Erfahrung wird also nur eine Regel sein, nach welcher aus Wahrnehmungen Einheit der Erfahrung (nicht wie Wahrnehmung selbst als empirische Anschauung überhaupt) entspringen soll, und als Grundsatz von den Gegenständen (den Erscheinungen) nicht constitutiv, sondern bloß regulativ gelten. (*KrV*, B222 f.)

Der Gedanke, dass es Regeln geben müsse, die regulativ gelten, findet sich bereits in Kants Inaugural-Dissertation *De mundi* am Ende der vorkritischen Periode 1770.[459]

---

[456] Kleingeld nennt Christian (2004), McNeill (2003) und Wright (2000).
[457] In der Einleitung der *MdS* wird ebenfalls der Unterschied zwischen ‚regulativen' und ‚konstitutiven Prinzip' im Kontext der Analyse des Begriffs ‚Freiheit' thematisiert. ‚Freiheit' als reiner Vernunftbegriff sei für die theoretische Philosophie ein „lediglich [...] regulatives und zwar bloß negatives Prinzip der spekulativen Vernunft" (6: 221), das seine Realität aber im empirischen Gebrauch durch praktische Grundsätze beweise.
[458] Tabert (1968, 269).
[459] Kant hat ‚regulativ' als einen philosophischen Ausdruck geprägt; er war der Erste, der ihn auf diesen Bereich übertrug (Birken-Bertsch 2015, 1264).

Kant differenziert darin die „erschlichenen Grundsätze", die einem Verstandesbegriff „den Makel sinnlicher Erkenntnis mitteilen", von Grundsätzen, die dem Verstand vorgaukelten, dass sie vom Gegenstand entlehnt seien, obwohl sie nur aus der Zusammenstimmung mit dem „uneingeschränkten und ausgedehnten Gebrauch des Verstandes, nach dessen eigentümlicher Natur" seien (WW 5: 103; 2: 418). *Principia convenientiae* beruhen auf subjektiven Gründen des Verstands, „auf den Bedingungen, durch die es ihm leicht und bequem erscheint, seine Scharfsichtigkeit zu gebrauchen" (WW 5: 103; 2: 418). Kant bezeichnete sie 1770 auch als „Grundsätze der Zusammenstimmung" und unterstrich deren Bedeutung für den Menschen als epistemisches Subjekt: Gingen wir von ihnen ab, dann wäre „fast kein Urteil über einen gegebenen Gegenstand verstattet." Im Einzelnen formulierte Kant in *De mundi* drei Grundsätze: (1) Alles geschieht nach der Ordnung der Natur, (2) die Anzahl der Erklärungen soll nicht unnötig erweitert werden und (3) es ist von der Konstanz der Materie beim Wandel der Form auszugehen. Diese Grundsätze bestächen durch ihre weite Verbreiterung und Tauglichkeit im praktischen Wissenserwerb, seien aber nicht a priori bewiesen (WW 5: 105; 2: 418). Elf Jahre später in der *KrV* wird Kant an diese Gedanken anknüpfen.

### § 3 Regulative Prinzipien in der *KrV*

Der in der Philosophie des 18. Jahrhunderts nicht gebräuchliche Ausdruck ‚regulatives Prinzip' wird in der *KrV* zum ersten Mal verwendet.[460] Nach den konstruktiven Hauptteilen der *Ästhetik* und *Analytik* führte Kant in der *Transzendentalen Dialektik* das Konzept der ‚regulativen Prinzipien' ein.[461] Der verwandte Begriff ‚konstitutiv' findet schon vor der ersten Kritik Verwendung. Kant bezog sich dort auf die notwendigen Merkmale eines Gegenstandes, sein logisches im Unterschied zu seinem realen Wesen. Notwendige Merkmale zur Begriffsbildung sind ‚constitutiva', Teile, die einen Begriff erst ermöglichen (16: 312). Der Gegenbegriff zu ‚konstitutiv' ist hier allerdings ‚attributum' und nicht wie später ‚regulativ'. Ein ‚attributum' ist

---

[460] Ergebnis der Wortsuche mit *Kant im Kontext 2003:* „regulative" 45 Treffer, davon 38 in Verbindung mit „Prinzipien", und 14 weitere Treffer unter „regulatives", alle in Verbindung mit „Prinzip". Keine Treffer in einer Schrift vor 1781. In Eißlers Kantlexikon, dem Kant-Lexikon (2015) hg.v. Willaschek und in den dem Autor vorliegenden Arbeiten (Kövker 1996, Friedman 1992, French 1969) zu diesem Thema findet sich ebenfalls kein Hinweis auf eine vorkritische Verwendung des Begriffs.
[461] Kant spricht auch in der *Dritten Analogie* von regulativen Prinzipien (*KrV*, B222 f.) und meint damit die *dynamischen Grundsätze* im Gegensatz zu den konstitutiven *mathematischen Grundsätzen* (hierzu Friedman 1992, 78–83 und Kant selbst im *Anhang zur Dialektik*, B692). Deutlich wird auch bei dieser Verwendung der wesentliche Bezug von regulativen zu konstitutiven Grundsätzen.

alles, was nicht zum Wesen des Begriffs gehört. In der *KrV* ist nun zwar schon in der *Analytik der Grundsätze* von ‚regulativen Prinzipien' zu lesen, allerdings stehen diese hier als dynamische Grundsätze den konstitutiven oder mathematischen Grundsätzen gegenüber und gewinnen in diesem Kontext eine spezielle, technische Bedeutung. Kant begann jedoch erst im *Anhang* die Paarung konstitutiv-regulativ in systematisch aufschlussreicher Hinsicht zu behandeln, indem er die zuvor feste Begriffskopplung transzendental-objektiv-konstitutiv löste.[462] In diesem Teil der *KrV* können zwei Abschnitte unterschieden werden, in denen sich Kant auf unterschiedliche Weisen mit dem Problem der regulativen Prinzipien beschäftigte: *Von dem regulativen Gebrauch der Ideen der reinen Vernunft* (B670–696) und *Von der Endabsicht der natürlichen Dialektik der menschlichen Vernunft* (B697–732). McLaughlin arbeitet heraus, dass vor allem der zweite Abschnitt eine systematische Orientierung geben kann. Dieser Leseweise wird hier gefolgt, wenngleich auch davon ausgegangen wird, dass *Von dem regulativen Gebrauch der Ideen der reinen Vernunft* in den durch *Von der Endabsicht der natürlichen Dialektik der menschlichen Vernunft* vorgegebenen Rahmen passt, sodass die Abschnitte nicht strikt getrennt voneinander betrachtet werden sollten. Es scheint legitim, im Folgenden bei der Analyse der regulativen Prinzipien und ihrer Begründung in der *KUK* durch ein transzendentales Prinzip auch den Inhalt des ersten Abschnitts des *Anhangs* zu adressieren. Zunächst sollen aber beide Abschnitte kurz dargestellt werden.

*Von dem regulativen Gebrauch der Ideen der reinen Vernunft* expliziert drei logische Prinzipien der Vernunft:[463] „Homogenität", „Spezifikation" und „Affinität". Alle drei dienen dem Aufbau einer hierarchisch-systematischen Ordnung von Begriffen,[464] wie sie zum Beispiel in der biologischen Klassifikation nach Linné zum Ausdruck kommt, die hinter der Naturbeschreibungs-Naturgeschichte-Kontroverse steht (*Unterkapitel* 2.1 § 1).[465] Das Prinzip der Homogenität leitet dazu an, zu einem gegebenen Begriff (oder Gesetz) einen noch allgemeineren Begriff zu finden, unter den sowohl dieser selbst wie noch weitere Begriffe fallen. Das Prinzip der Spezifikation ergibt sich aus der Umkehrung des Prinzips der Homogenität: Zu einem gegebenen Begriff (oder Gesetz) soll ein Begriff gesucht werden, der unter diesen

---

[462] McLaughlin (2014, 557 ff.), dem die folgende Gliederung des *Anhangs* folgt.
[463] „Kant says neither that there are only three, nor that there could be more than three [...]." (McLaughlin 2014, 561).
[464] McLaughlin bewertet diese Stelle ebenfalls als Sonderfall, der in systematischer Hinsicht vom *Anhang* getrennt betrachtet werden müsse: „Here Kant seems to be contrasting concepts needed for experience as such with specifically empirical concepts. In this part of the Appendix Kant is dealing not with the unity of nature or of the objects of experience but with the unity in our (system of) concepts [...]." (2014, 566).
[465] McLaughlin (2014, 570 f.).

fällt. Das logische Prinzip der Kontinuität vereint die Prinzipien der Homogenität und der Spezifikation, indem zwischen den Ober- und Unterbegriffen keine Lücke sein darf.[466]

Die Projektion von begrifflicher Ordnung auf die Erscheinungswelt impliziert, dass die Natur als systematische Einheit gefasst werden kann – eine transzendentale Voraussetzung, wie Kant betont (*KrV*, B678–679), denn „in der Tat ist nicht abzusehen, wie ein logisches Prinzip der Vernunfteinheit […] stattfinden könne, wenn nicht ein transzendentales vorausgesetzt würde, durch welches eine solche systematische Einheit, als den Objecten selbst anhängend, a priori als nothwendig angenommen wird".

Dieses transzendentale Prinzip der systematischen Einheit expliziert Kant im folgenden zweiten Teil des *Anhangs Von der Endabsicht der natürlichen Dialektik der menschlichen Vernunft* (B697–732) und nutzt hierfür die drei aus der Dialektik bekannten Ideen ‚Seele', ‚Welt' und ‚Gott' – vor allem Letztere. Bei den Ideen handelt es sich um Vernunftbegriffe, denen „kein congruirender Gegenstand in den Sinnen gegeben werden kann" (*KrV*, B383) und die Anlass zu dialektischen Fehlschüssen geben können. Im *Anhang* expliziert Kant ihre produktive Verwendung als regulative Prinzipien und bezieht sich mit den Begriffen ‚regulative Idee' (B712) und ‚regulatives Prinzip' (B710) auf den gleichen Gegenstand. Daran zeigt sich die Nähe beider Begriffe: Aus einer Idee ergibt sich ein Prinzip, das sich seinerseits immer auf eine Idee bezieht.

McLaughlin legt offen, dass hinter diesen regulativen Ideen ein systematisch Anspruch stehe, der im ersten Teil des *Anhang*s noch vage geblieben sei: „The objective reality of the ideas consists in being schemata useful unifying the empirical

---

[466] Kant erläutert diesen Zusammenhang etwas später mit einem Bild: „Man kann sich die systematische Einheit […] auf folgende Art sinnlich machen. Man kann einen jeden Begriff als einen Punkt ansehen, der, als der Standpunkt eines Zuschauers, seinen Horizont hat, d. i. eine Menge von Dingen, die aus demselben können vorgestellet […] werden. Innerhalb diesem Horizonte muss eine Menge von Punkten ins Unendliche angegeben werden können, deren jeder wiederum seinen engeren Gesichtskreis hat; d. i. jede Art enthält Unterarten […]. Aber zu verschiedenen Horizonten, […] lässt sich ein gemeinschaftlicher Horizont […] gezogen denken, welcher die höhere Gattung ist, bis endlich die höchste Gattung der allgemeine […] Horizont ist, der […] alle […] Gattungen, Arten und Unterarten, unter sich befasst." (*KrV*, B 686 f.). Diese Textstelle veranschaulicht dreierlei: Erstens sind es nach Kant empirische Begriffe, die von der Vernunft in einen systematischen Zusammenhang gesetzt werden sollen. Zweitens besteht dieser herzustellende systematische Zusammenhang aus kantischer Sicht in einer hierarchischen Gliederung von Begriffen in Ober- und Unterbegriffe. Eine solche Gliederung weist im Idealfall einen obersten Begriff auf, der alle weiteren unter sich fasst, aber keine untere Grenze vorgibt: Es ist ein oberster, aber kein unterster Endpunkt denkbar. Drittens ging Kant davon aus, dass wir durch diese Gliederung unserer Begriffe auch die Dinge selbst, auf die sie sich beziehen, in Arten und Unterarten ordnen.

use of reason."[467] Kant sah deshalb die Notwendigkeit einer Deduktion dieser Begriffe:

> Wenn man nun zeigen kann, daß, obgleich die dreierlei transscendentalen Ideen (psychologische, kosmologische und theologische) direkt auf keinen ihnen correspondirenden Gegenstand und dessen Bestimmung bezogen werden, dennoch alle Regeln des empirischen Gebrauchs der Vernunft unter Voraussetzung eines solchen Gegenstandes in der Idee auf systematische Einheit führen und die Erfahrungserkenntniß jederzeit erweitern, niemals aber derselben zuwider sein können: so ist es eine nothwendige Maxime der Vernunft, nach dergleichen Ideen zu Verfahren. Und dieses ist die transscendentale Deduction aller Ideen der speculativen Vernunft, nicht als constitutiver Principien der Erweiterung unserer Erkenntniß über mehr Gegenstände, als Erfahrung geben kann, sondern als regulativer Principien der systematischen Einheit des Mannigfaltigen der empirischen Erkenntniß überhaupt, welche dadurch in ihren eigenen Grenzen mehr angebaut und berichtigt wird, als es ohne solche Ideen, durch den bloßen Gebrauch der Verstandesgrundsätze, geschehen könnte. (*KrV*, B699)

Zwei Jahre später schon wird Kant in den *Prolegomena* seine Unzufriedenheit mit diesen Ausführungen darlegen und eingestehen, dass sich die „beiden Scholien [*Anhang zur transzendentalen Dialektik*, C. R.], welche sich durch ihre Trockenheit Liebhabern wohl schwerlich empfehlen dürften", eine unfertige Teilpassage darstellen, die er „in der Schrift selbst [*KrV*, C. R.] zwar als wichtig vorgestellt, aber ihre Auflösung gar nicht versucht" habe. Eine mögliche Auflösung findet sich sieben Jahre später in der *KUK*.

### § 4 Regulative Prinzipien und die *KUK*

Ein Grund, der Kant 1790 zum Abfassen einer dritten Kritik veranlasst hat, war die Entdeckung des apriorischen Prinzips der Urteilskraft: der Annahme der systematischen Einheit der Erfahrung. Kant hatte bis zu diesem Zeitpunkt nicht daran geglaubt, dass sich neben Kategorien und den synthetischen Sätzen a priori im Bereich der theoretischen Philosophie ein weiteres Prinzip mit transzendentalem Status finden lässt.

In der veröffentlichten[468] Einleitung der *KUK* (5: 168 ff.) nimmt Kant die Frage nach einem solchen Prinzip auf – einem Prinzip, welches zwar in Form des hypo-

---

467 McLaughlin (2014, 567).
468 In der unveröffentlichten ersten Einleitung der *KUK* ist noch der Deduktion eines ‚objektiven Prinzips' der Zweckmäßigkeit der Natur die Rede – Kant haderte bis kurz vor Drucklegung mit diesem Projekt und gab es dann zugunsten eines (bescheideneren) ‚subjektiven Prinzips' auf.

thetischen Vernunftgebrauchs schon in der *Dialektik* der *KrV* angeklungen war, dessen transzendentaler Status jedoch noch nicht geklärt wurde.[469]

Jochen Bojanowski (2008) stellt die These auf, dass die *KUK* die regulativen Prinzipien der *KrV* durch ein transzendentales Prinzip der systematischen Einheit fundiert.[470] Dieses Prinzip hat seinen Ursprung in der reflektierenden Urteilskraft, die so gewissermaßen an die Stelle des Vernunftbedürfnisses aus der *KrV* tritt. Bojanowski buchstabiert dies folgendermaßen aus: Die in der *KrV* angeführten regulativen Prinzipien ‚Homogenität', ‚Spezifikation' und ‚Kontinuität' (*KrV*, B686) könnten als Obersatz in einem Syllogismus gebraucht werden, der mit einem besonderen Fall als Untersatz in Beziehung stehe. Falls der Untersatz aus dem Obersatz folge, könne eine empirische Regel als Schlussfolgerung formuliert werden (*KrV*, B674). OS: Die Natur macht keine Sprünge (regulatives Prinzip) – US: Das Wachstum eines Baums ist als ein natürlicher Prozess zu verstehen (besonderer Fall) – Empirische Regel: Das Wachstum eines Baums verläuft in einem regelmäßig geordneten Prozess (Samen, Sprössling, Baum; empirisches Gesetz).

Damit dieser Syllogismus gerechtfertigt ist, muss ein transzendentales Prinzip der systematischen Einheit der Erfahrung angenommen werden, da sonst kein regulatives Prinzip als Obersatz gesetzt werden dürfte. Kant erkannte diese Voraussetzung systematisch-wissenschaftlichen Arbeitens schon 1781 in der ersten *Kritik* (*KrV*, B727), begründete sie aber erst 1790 in der *KUK*.

Einer der Hauptgründe hierfür ist das neue Bewusstsein Kants für den transzendentalen Status der Annahme der Natur als systematischer Einheit. Diese Annahme könne nur die reflektierende, nicht die bestimmende Urteilskraft begründen, da nur sie über ein Prinzip a priori verfüge. Die Rolle der bestimmenden Urteilskraft in der *KrV* bestand ausschließlich im Subsumieren, weshalb sie systematisch hierfür nicht geeignet ist. Die apriorischen Prinzipien, unter welche wiederum die bestimmende Urteilskraft subsumiert wird, kommen vom Verstand (5: 179). Da diese Regeln aber lediglich den Rahmen möglicher Naturerfahrung beschreiben, bedürfe es der reflektierenden Urteilskraft, die konkrete empirische Gesetze formuliert, die eine einzelne Erfahrung in ein „System der Erfahrung nach besonderen Gesetzen" einordnet (5:18). Bojanowski hebt hervor, dass es in der *KUK* nicht um das Verhältnis zwischen transzendentalen Naturgesetzen, welche die Bedingungen der Möglichkeit von Erfahrung überhaupt formulieren, und empiri-

---

[469] Bojanowski (2008), Mertens (1975), Bartuschat (1972), Brandt (1989), Horstman (1989), Düsing (1968, 51–65), Förster (200, 8–11) und Frank/Zanetti (2001, 1173–1183).

[470] McLaughlin (2014) betont demgegenüber die Problematik, den Zusammenhang zwischen dem *Anhang* der *KrV* und der *KUK* zu bestimmen, wendet sich aber gegen Interpretationen, welche die *KUK* als einen zweiten Versuch einer transzendentalen Deduktion des Prinzips der systematischen Einheit der Erfahrung nach einem ersten Scheitern in der *KrV* verstehen (Grier 2001).

schen Gesetzen geht, sondern um das Verhältnis spezieller empirischer Gesetze zu allgemeineren wissenschaftlichen Arbeitsregeln bzw. regulativen Prinzipien. Letztere ließen sich auf ein apriorisches Prinzip der reflektierenden Urteilskraft zurückführen:

> Allein es sind so mannigfaltige Formen der Natur, gleichsam so viele Modificationen der allgemeinen transscendentalen Naturbegriffe, die durch jene Gesetze, welche der reine Verstand *a priori* giebt, weil dieselben nur auf die Möglichkeit einer Natur (als Gegenstandes der Sinne) überhaupt gehen, unbestimmt gelassen werden, daß dafür doch auch Gesetze sein müssen, die zwar als empirische nach unserer Verstandeseinsicht zufällig sein mögen, die aber doch, wenn sie Gesetze heißen sollen (wie es auch der Begriff einer Natur erfordert), aus einem, wenn gleich uns unbekannten, Princip der Einheit des Mannigfaltigen als nothwendig angesehen werden müssen. (5: 179 f.)

Dieses Prinzip klang schon im *Anhang zur transzendentalen Dialektik* der *KrV* an und wird nun in der *KUK* mittels der Urteilskraft konkretisiert:

> Die reflectirende Urtheilskraft, die von dem Besondern in der Natur zum Allgemeinen aufzusteigen die Obliegenheit hat, bedarf also eines Princips, welches sie nicht von der Erfahrung entlehnen kann, weil es eben die Einheit aller empirischen Principien unter gleichfalls empirischen, aber höheren Principien und also die Möglichkeit der systematischen Unterordnung derselben unter einander begründen soll. Ein solches transscendentales Princip kann also die reflectirende Urtheilskraft sich nur selbst als Gesetz geben, nicht anderwärts hernehmen (weil sie sonst bestimmende Urtheilskraft sein würde), noch der Natur vorschreiben: weil die Reflexion über die Gesetze der Natur sich nach der Natur und diese sich nicht nach den Bedingungen richtet, nach welchen wir einen in Ansehung dieser ganz zufälligen Begriff von ihr zu erwerben trachten. (5: 180)

Als Konsequenz formuliert Kant das Prinzip, aus dem die regulativen Prinzipien und mit ihnen die besonderen Gesetze der einzelnen Fachwissenschaften abgeleitet werden können:

> Nun kann dieses Princip kein anderes sein als: daß, da allgemeine Naturgesetze ihren Grund in unserem Verstande haben, der sie der Natur (obzwar nur nach dem allgemeinen Begriffe von ihr als Natur) vorschreibt, die besondern empirischen Gesetze in Ansehung dessen, was in ihnen durch jene unbestimmt gelassen ist, nach einer solchen Einheit betrachtet werden müssen, als ob gleichfalls ein Verstand (wenn gleich nicht der unsrige) sie zum Behuf unserer Erkenntnißvermögen, um ein System der Erfahrung nach besonderen Naturgesetzen möglich zu machen, gegeben hätte. (5: 180)

Die systematische Einheit der empirischen Gesetze ist geltungstheoretisch nur regulativ: Sie schreibt der Natur nicht vor, wie sie erscheinen muss, sondern reflektiert nur über Erscheinungen. Anderseits kann sie aufgrund der Architektur der Erkenntnisvermögen, aber auch vor aller Erfahrung vorausgesetzt werden. Die

Prinzipien der reflektierenden Urteilskraft müssen also in erster Linie in Abgrenzung zur bestimmenden Urteilskraft als regulativ verstanden werden – nicht jede Erscheinung ist qua Erscheinung durch die reflektierende Urteilskraft bestimmt, allerdings kommt ihr eine unentbehrliche Rolle bei der Formulierung empirischer Gesetze zu. Sie systematisiert das kategorisch bestimmte Phänomen in einer konkreten Situation und bleibt dabei stets falsifizierbar.

Im vierten Abschnitt der *Einleitung* der *KUK* führt Kant die regulativen Prinzipien ‚Sparsamkeit', ‚Kontinuität' und ‚Einheit' ein und bemerkt, dass aus diesen Prinzipien der Naturforschung das transzendentale Prinzip der Zweckmäßigkeit hervorleuchte, da sie dem diskursiven Aufbau des menschlichen Verstands entsprächen (4: 333 f. und *KrV*, B93). Kant ging demnach von einer unauflösbaren Verbindung zwischen der diskursiven Struktur des menschlichen Verstands mit allgemeinen und besonderen Begriffen und den Prinzipien der praktischen Naturforschung aus (vgl. *Unterkapitel* 3.1 § 4). Ein solches Prinzip lässt sich jedoch weder analytisch aus dem Begriff der Natur noch induktiv aus der Erfahrung ableiten und muss deshalb als synthetischer Satz a priori begriffen werden – es bedarf einer transzendentalen Deduktion.

> Was aber noch mehr ist, so kann uns selbst die Erfahrung die Wirklichkeit derselben nicht beweisen; es müsste denn eine Vernünftelei vorhergegangen sein, die nur den Begriff des Zwecks in die Natur der Dinge hineinspielt, aber ihn nicht von den Objekten und ihrer Erfahrungserkenntniß hernimmt, denselben also mehr braucht, die Natur nach der Analogie mit einem subjectiven Grunde der Verknüpfung der Vorstellungen in uns begreiflich zu machen, als sie aus objectiven Gründen zu erkennen. (5: 359 f.)

Regulative Prinzipien sind insofern nicht durch ökonomische (*KrV*, B678 und B682), ontologische (*KrV*, B681) oder psychologische (5: 182, *KrV*, B681) Verweise gerechtfertigt, sondern durch die transzendentale Voraussetzung der systematischen Einheit der Erfahrung.[471] Eine Rechtfertigung erhalten die regulativen Prinzipien darin, dass sie innerhalb der Architektonik des menschlichen Erkenntnisvermögens die Integration des Mannigfaltigen in eine systematische Einheit leisten.[472]

Wenn Kant nun 1784 in der *Idee* schrieb: „Wir wollen sehen, ob es uns gelingen werde, einen Leitfaden zu einer solchen Geschichte zu finden, und wollen es dann der Natur überlassen, den Mann hervorzubringen, der im Stande ist, sie darnach

---

[471] „Some things are taken to be inevitably necessary, though merely regulative; these are not just subjective proclivities: they are epistemically, not psychologically necessary" und „While these principles are sometimes called 'heuristic' by Kant, they are not methodological suggestions justified by utility or success in practice. They are normatively constitutive of the rationality of scientific practice itself." (McLaughlin 2014, 557 und 561).

[472] McLaughlin (2014, 567).

abzufassen" (8:18), dann gilt es zu prüfen, ob dieser Leitfaden als regulatives Prinzip im Sinne der *KrV* und der *KUK* gelesen werden kann. Die Geschichte, zu der ein Leitfaden gefunden werden soll, ist die Entstehung eines weltweiten Bunds republikanisch verfasster Staaten (8: 24, *Unterkapitel* 6.1 § 3). Konstitutiv für sie sind politische Ereignisse, die mittels der Orientierung an einer idealen Republik in eine systematische Ordnung gebracht werden.[473]

Der Leitfaden für eine Geschichte in weltbürgerlicher Absicht ist deshalb weder rein psychologisch, ontologisch oder ökonomisch gerechtfertigt, sondern bezieht sich wesentlich auf Grundannahmen der Transzendentalphilosophie, zumal Kant im anschließenden Satz eine Brücke zu den *Metaphysischen Anfangsgründen der Naturwissenschaft* schlägt. Der Verfasser einer Geschichte in weltbürgerlicher Absicht wird neben die Wegbereiter der neuzeitlichen Physik gestellt: „So brachte sie einen Kepler hervor, der die eccentrischen Bahnen der Planeten auf eine unerwartete Weise bestimmten Gesetzen unterwarf, und einen Newton, der diese Gesetze aus einer allgemeinen Naturursache erklärte" (8:18). Hier liegt auch einer der Gründe, warum Kant Herder und dessen geschichtsphilosophischem Ansatz so vehement widersprach. Der Leitfaden zu einer Geschichte in weltbürgerlicher Absicht ist weder ein metaphysisch begründeter Satz – dann würde es sich um ein konstitutives Prinzip handeln, noch eine bloße empirische Annahme, um historisches Wissen systematisch zu ordnen. Deshalb trifft ihn auch nicht die Kritik des Historismus an der Geschichtsphilosophie der Aufklärung. Kant war sich der Rolle des Historikers bewusst, der durch die Bearbeitung des empirischen Materials zwangsläufig Elemente der Sinnhaftigkeit, der Wertung und der Richtung in die Geschichte hineinträgt, da der Leitfaden systematisch als eine Art regulatives Prinzip zu verstehen ist.[474]

---

[473] Dies bestärkt die Leseweise Laberges: „Schon seit 1784 (also noch ehe der Begriff der reflektierenden Urteilskraft geprägt wurde) ist es möglich, mit den beiden ersten Sätzen der Idee das regulative Prinzip der reflektierenden Urteilskraft in Bezug auf die ‚innere Zweckmäßigkeit in organisierten Wesen' auf den Menschen anzuwenden: Im organisierten Wesen ‚ist [nichts] umsonst, zwecklos' (5: 376). So darf man annehmen, daß die Naturanlagen des Menschen, ‚"die auf den Gebrauch seiner Vernunft abgezielt sind,"', sich ‚nur in der Gattung, nicht aber im Individuum vollständig entwickeln' (8:18). Insofern sich eine ‚vollkommene bürgeriche Verfassung' (VIII 24) und der damit verbundene ewige Frieden als Bedingung dieser Gesamtentwicklung erweisen, darf auch die Geschichte als die Verwirklichung eines Planes der Natur hinsichtlich dieser Verfassung und dieses Friedens gedeutet werden (8: 27)." (2011, 108).

[474] Unter dem Titel „Von dem Leitfaden der Entdeckung aller reinen Verstandesbegriffe" stellt Kant in der *Analytik* ein heuristisches Verfahren zur Auffindung der Kategorien vor (*KrV*, B91). Die transzendentale Rechtfertigung (die ‚Metaphysische Deduktion'), die er hier vorlegt, wird im Fall des geschichtsphilosophischen Leitfadens nicht versucht.

Sein epistemischer Status erscheint ambivalent. Einerseits bemerkt Kant bescheiden, dass es eine „Mißdeutung [s]einer Absicht" sei, „mit dieser Idee einer Weltgeschichte, die gewissermaßen einen Leitfaden *a priori* hat, die Bearbeitung der eigentlichen bloß *empirisch* abgefaßten Historie verdrängen" zu wollen (8: 30). Anderseits heißt es im *Streit der Fakultäten:*

> Es ist also ein nicht bloß gutgemeinter und in praktischer Absicht empfehlungswürdiger, sondern allen Ungläubigen zum Trotz auch für die strengste Theorie haltbarer Satz: daß das menschliche Geschlecht im Fortschreiten zum Besseren immer gewesen sei und so fernerhin fortgehen werde. (7: 88)

Kant hebt die Fortschrittshypothese einer Geschichte in weltbürgerlicher Absicht oder die Geschichte am Leitfaden der ‚reinen Republik' einerseits von einer bloß pragmatischen Geschichte (*Unterkapitel* 2.3 § 2) und andererseits von einer letztlich metaphysisch fundierten Geschichte wie derjenigen Herders (*Unterkapitel* 2.2) ab. Welches ist aber die „strenge Theorie", von der er hier schreibt? Nach Friedrich Kaulbach entdeckte Kant sie in der aufkommenden Statistik seiner Zeit.[475] Sein daran anknüpfender Vorschlag, Kant so zu verstehen, als wolle dieser „aus der Geschichte eine modifizierte Naturwissenschaft"[476] machen, geht jedoch fehl, da diesem Gegenstandsbereich die Kriterien der apodiktischen Sicherheit und der objektiven Fundierung abgehen.[477] Vielmehr scheint es sinnvoll, die strenge Theorie im Hinblick auf ihren transzendentalphilosophischen Bezug zu lesen. Die Annahme des Leitfadens und einer Geschichte in weltbürgerlicher Absicht ist in der Rechtsphilosophie sowie der Erkenntnistheorie Kants verortet, jedoch nicht begründet – und hat daher einen theoretischen Unterbau, dem es an geschichtsphilosophischen Entwürfen wie demjenigen Herders mangelt.

Diese Theorie gibt dem Geschichtsphilosophen den ‚Leitfaden' an die Hand, eine Geschichte in weltbürgerlicher Absicht zu schreiben. Dabei bleibt er zwar auf die Arbeit des empirisch arbeitenden Historikers angewiesen (8: 30), eröffnet er diesem jedoch seinerseits eine Perspektive, von der aus sich ein geschichtsphilosophischer Zusammenhang erschließt, und beeinflusst so wiederum indirekt dessen Arbeit.

---

475 Kaulbach (1975, 66–69 und 80).
476 Kaulbach (1975, 66).
477 Hein van den Berg (2009 und 2011) hat die Systematizität (*systematicity*) neben der objektiven Begründung (*objective grounding*) und der apodiktischen Sicherheit (*apodictic certainty*) als eines der drei Merkmale einer eigentlichen Wissenschaft (*proper science*) bei Kant herausgearbeitet. Diese Bedingungen entsprächen dem klassischen Modell der Wissenschaft (*Classical Model of Science*), das de Jong und Betti in ihrem Aufsatz *The classical model of science: A millenia-old model of scientific rationality* 2008 beschrieben haben.

Mittels dieses Leitfadens kann die unumgängliche Auswahl unter den sonst zusammenhangslosen Ereignissen getroffen (epistemische Funktion) und eine Einheit in Form einer Geschichte hergestellt werden. Handelt es sich hierbei um eine Geschichte in weltbürgerlicher Absicht, so ist diese Auswahl rechtsphilosophisch begründet, und man darf darüber hinaus eine handlungsmotivierend-pragmatisch Perspektive annehmen. All diese Elemente konkretisieren sich im Begriff ‚Geschichtszeichen'.

## 4.3 Das Geschichtszeichen

Eines der „folgenreichsten"[478] Elemente der kantischen Geschichtsphilosophie, das ‚Geschichtszeichen', trat erstmals im Streit der philosophischen mit der juristischen Fakultät über die Befugnis bei der staatlichen Gesetzgebung in Erscheinung.

Im Folgenden sollen der Begriff ‚Geschichtszeichen' und sein Zusammenhang mit der Französischen Revolution aus rechtsphilosophischer Perspektive gelesen werden. Der Ausdruck ‚Geschichtszeichen' findet sich erst spät und in nur einer Veröffentlichung Kants (7: 84):[479] Im zweiten Teil des *Streits der Fakultäten* mit dem Titel *Erneute Frage: Ob das menschliche Geschlecht im beständigen Fortschreiten zum Besseren sei* aus dem Jahr 1798. In Hinblick auf die Frage, ob dem Menschen ein angeborener guter Wille zugeschrieben werden dürfe, bemerkt Kant:

> Also muß eine Begebenheit nachgesucht werden, welche auf das Dasein einer solchen Ursache und auch auf den Act ihrer Causalität im Menschengeschlechte unbestimmt in Ansehung der Zeit hinweise, und die auf das Fortschreiten zum Besseren als unausbleibliche Folge schließen ließe, welcher Schluß dann auch auf die Geschichte der vergangenen Zeit (daß es immer im Fortschritt gewesen sei) ausgedehnt werden könnte, doch so, daß jene Begebenheit nicht selbst als Ursache des letzteren, sondern nur als hindeutend, als Geschichtszeichen (*signum rememorativum, demonstrativum, prognostikon*), angesehen werden müsse und so die Tendenz des menschlichen Geschlechts im Ganzen, d. i. nicht nach den Individuen betrachtet (denn das würde eine nicht zu beendigende Aufzählung und Berechnung abgeben), sondern wie es in Völkerschaften und Staaten geteilt auf Erden angetroffen wird, beweisen könnte. (7: 84)

In den anderen geschichtsphilosophischen Schriften nach 1789 wie *Zum ewigen Frieden* und auch in dem thematisch und formal ähnlich angelegten dritten Teil von *Über den Gemeinspruch*, auf den sich wahrscheinlich auch das „erneut" im Untertitel des zweiten Teils des *Streits der Fakultäten* bezieht, taucht der Begriff ‚Geschichtszeichen' nicht auf, wenn auch dessen Auslöser – die Französische Revolu-

---

[478] Kittsteiner (1999, 81).
[479] Auch in den Vorarbeiten zum *Streit der Fakultäten* (22: 619 ff.).

tion bzw. die republikanische Verfassung – dort tragende Rolle spielen. Andererseits findet sich im *Streit der Fakultäten* das Interesse an einer systematischen Einheit der Natur nicht mehr. Größere thematische Nähe besteht zum dritten Abschnitt der Schrift *Über den Gemeinspruch*, in der Kant gegen Mendelsohn für das Potenzial der Menschheit zur moralischen Weiterentwicklung argumentierte (8: 307–313). Die politische Dimension der geschichtsphilosophischen Fragen und ihre Aktualität werden an der Veröffentlichungsgeschichte sichtbar. Die Druckfassung des zweiten Teils[480] des *Streits der Fakultäten* aus dem Frühjahr 1798 war Kants zweiter Anlauf, kurz nach dem Tod Wilhelms II. und nach einem ersten Versuch, der im Oktober 1797 von der Zensur zurückgewiesen worden war.

Um Kants Geschichtsphilosophie systematisch besser einzuordnen, soll im Folgenden (a) der Begriff des ‚Geschichtszeichens' genauer bestimmt werden, indem der Unterschied zwischen dem Anlass, den Nachrichten über die Französische Revolution, und dem eigentlichen Geschichtszeichen, dem Enthusiasmus der europäischen Öffentlichkeit in Anbetracht dieser Nachrichten, herausgearbeitet wird. (b) Darüber hinaus soll geklärt werden, ob unter ‚Enthusiasmus' eine Art geteilte kognitiv-emotionale Disposition einer bestimmten Gruppe von Menschen oder besser eine Art Diagnose des Geschichtsphilosophen verstanden werden sollte. (c) Abschließend wird sich der Frage zugewandt, wie der Zeichencharakter der enthusiastischen Anteilnahme epistemisch zu verstehen ist: als Be- oder eher als Verweis.

(a) Die Deutung der Reaktion auf die Nachrichten über die Französische Revolution als Zeichen für eine universelle ‚Anlage' findet sich im sechsten der insgesamt zehn Paragrafen zur *Erneuten Frage: Ob das menschliche Geschlecht im beständigen Fortschreiten zum Besseren sei*, dem zweiten Abschnitt des *Streits der Fakultäten* (siehe auch *Unterkapitel* 2.1 § 4). Die vorangegangenen ersten vier Kapitel hatten einleitenden Charakter, woraufhin im fünften Kapitel das methodische Vorgehen vorgestellt und bis zum siebten Kapitel entwickelt wird. Kapitel acht stellt einen Rückbezug auf den rechtsphilosophischen Themenkreis her. Das anschließende neunte Kapitel konkretisiert den Fortschritt als nicht „immer wachsendes Quantum der Moralität in der Gesinnung, sondern Vermehrung der Producte ihrer Legalität in pflichtmäßigen Handlungen durch welche Triebfeder sie auch veranlaßt sein mögen" (7: 91). Abschließend stellt Kant heraus, dass „nicht durch den Gang der Dinge von unten hinauf, sondern den von oben herab" der Fortschritt zum Besseren zu erwarten sei (7: 92). Für die Bestimmung des Begriffs ‚Geschichtszeichen' wird sich im Folgenden vor allem auf die Paragrafen fünf bis sieben bezogen. Im fünften

---

[480] Der verhandelte Streit besteht zwischen den drei oberen Fakultäten (Theologische, Juristische und Medizinische) und der unteren Philosophischen Fakultät.

Paragrafen erklärt Kant, dass nur eine Begebenheit, die auf die „Beschaffenheit und ein Vermögen" des gesamten Menschengeschlechts hinweist, den Versuch, eine „wahrsagende Geschichte" zu schreiben, rechtfertigen könne. Falls sich nämlich eine Anlage für ein solches Vermögen ausmachen ließe, könne „wie beim Calcul der Wahrscheinlichkeit im Spiel wohl im Allgemeinen vorhergesagt, aber nicht bestimmt werden", welche Entwicklungsprinzipien und welche Richtung der Geschichte der Menschheit zugrunde gelegt werden dürften (7: 84). Diese Begebenheit müsse als ein Zeichen für eine Anlage in der Menschheit und nicht als die Ursache für das „Fortschreiten zum Besseren" verstanden werden. Im sechsten Kapitel explizierte Kant das Geschichtszeichen weiter, indem er betont, dass es sich nicht um die Handlung eines Revolutionärs oder einer Gruppe von Menschen handeln kann, sondern um „die Denkungsart der Zuschauer, welche sich bei diesem Spiele großer Umwandlungen öffentlich verräth" (7: 85).[481] Die ‚Denkungsart' alleine reicht jedoch ohne den Wunsch der enthusiastischen Anteilnahme nicht aus, um ein Zeichen für eine Geschichte a priori abzugeben.

Den Ausdruck ‚Denkungsart' verwendete Kant in diversen Kontexten (*KrV*, B683; 5: 100, 5: 294–295 und 6: 47–48), ohne eine genauere terminologische Bestimmung vorzunehmen. Allen Verwendungen gemein ist, dass der Begriff ‚Denkungsart' eine subjektiv-kognitive Einstellung beschreibt. Aufschlussreich für die vorliegende Stelle aus dem *Streit der Fakultäten* ist eine Bemerkung aus der *KpV*:

> Man kann also einräumen, daß, wenn es für uns möglich wäre, in eines Menschen Denkungsart, so wie sie sich durch innere sowohl als äußere Handlungen zeigt, so tiefe Einsicht zu haben, daß jede, auch die mindeste Triebfeder dazu uns bekannt würde, imgleichen alle auf diese wirkende äußere Veranlassungen, man eines Menschen Verhalten auf die Zukunft mit Gewißheit, so wie eine Mond- oder Sonnenfinsterniß ausrechnen könnte und dennoch dabei behaupten, daß der Mensch frei sei. (5: 99)

Dafür, dass die ‚Denkungsart' als empirisches Merkmal einem einzelnen Menschen nicht als Geschichtszeichen genügt, spricht außerdem, dass man die

> geborne[n] Bösewichter [...] was die Denkungsart betrifft, für unverbesserlich hält, gleichwohl aber sie wegen ihres Thuns und Lassens eben so richtet [...] als ob sie ungeachtet der ihnen beigemessenen hoffnungslosen Naturbeschaffenheit ihres Gemüths eben so verantwortlich blieben, als jeder andere Mensch (5: 99 f.).

---

**481** Recki (2005, 241) diagnostiziert hier eine kopernikanische Wende und sieht sich einer „gewissermaßen rezeptionsästhetisch[e] Auswertung der Französischen Revolution" gegenüber. Sie schreibt: „Sieht man sich nämlich die Begründung für den brauchbaren Zeichencharakter jener bestimmten historischen „Begebenheit" an, so fällt auf, wie Kant hier die methodische Einsicht am Grunde seiner Neubegründung der Metaphysik in der *Kritik der reinen Vernunft* fruchtbar macht".

Die ‚Denkungsart' der Zuschauer allein erlaubt keinen direkten Rückschluss auf deren moralischen Charakter. Erst zusammengenommen mit der „Theilnehmung dem Wunsche nach, die nahe an Enthusiasm grenzt", wird ein Bezug zu einer „moralische[n] Anlage im Menschengeschlecht" (7: 85) möglich. Eine sozialpsychologische Untersuchung der ‚Denkungsart' der europäischen Öffentlichkeit am Ende des 18. Jahrhunderts könnte diesen Bezug nicht herstellen. Um nämlich aus der uneigennützigen und riskanten Anteilnahme[482] der nicht unmittelbar an den Ergebnissen Teilhabenden auf den moralischen Charakter, nicht nur der Zuschauer, sondern des ganzen Menschengeschlechts, „wenigstens in der Anlage" (7: 85) zu schließen, bedarf es der Perspektive des Geschichtsphilosophen. Dieser besitzt einen Maßstab – Kants Rechtsphilosophie –, durch den der Enthusiasmus zum Zeichen werden kann.

Im theoretischen Rahmen der kritischen Philosophie kann der Geschichtsphilosoph über das „menschliche Geschlecht im Ganzen seiner Vereinigung (*non singulorum, sed universorum*)" (7: 87) urteilen, was ihm in realpolitischen, sozialpsychologischen oder naturgeschichtlichen Kategorien nicht legitim wäre. Hierin liegt auch die Freiheit der unteren philosophischen im Streit mit der oberen juristischen Fakultät, aus dem diese Zeilen stammen. Dementsprechend schloss Kant seine Konzeption „einer Weltgeschichte, die gewissermaßen einen Leitfaden *a priori* hat", mit der ausdrücklichen Betonung, dass er „die Bearbeitung der eigentlichen bloß empirisch abgefaßten Historie" keineswegs verdrängen wolle, sondern „nur ein[en] Gedanke[n] von dem, was ein philosophischer Kopf (der übrigens sehr geschichtskundig sein müßte) noch aus einem anderen Standpunkte versuchen könnte" (8: 30), vorschlage.

Wenn man den *Streit der Fakultäten* als eine Reflexion über die geschichtsphilosophische Interpretationsleistung hinter der Fortschrittshypothese, als den Gedanken des historisch gebildeten philosophischen Kopfs, liest, werden manche realpolitisch und systematisch problematischen Äußerungen Kants entschärft.

Der begeisterte Zeitungsleser in Berlin, London oder Wien muss sich selbst seiner historischen Bedeutung als Zeichen nicht bewusst sein und mag auch von nicht moralischen Motiven wie Schadenfreude oder Profitsucht geleitet sein. Die Revolution der Denkungsart, das Geschichtszeichen der enthusiastischen Anteilnahme, diagnostiziert der Geschichtsphilosoph. Dank der rechtsphilosophischen Perspektive erkennt er, dass sich die Ereignisse in Frankreich am Ende des 18. Jahrhunderts dazu qualifizieren, Auslöser eines historisch bedeutsamen ‚En-

---

[482] Kant betonte die Kombination aus fehlendem Eigennutz bei gleichzeitigem Risiko, die eine Erklärung dieses Gefühlsausdrucks mit technischer Rationalität oder spontaner Neigung erschweren würde (7: 87).

thusiasmus' zu sein. Dieses Wissen, dass der Wandel zu einem republikanischen Verfassungssystem einen Schritt hin zu einer vernunftbegründeten Form des Zusammenlebens bedeutet und die Französische Revolution eine Etappe auf diesem Weg darstellt, die Teil der „Evolution einer naturrechtlichen Verfassung [...] zu einer Verfassung [...], welche nicht kriegssüchtig sein kann, nämlich der republicanischen" (7: 87 f.) ist, dieses Wissen erschließt sich erst vor dem Hintergrund der Rechtsphilosophie Kants. Aber nicht nur das Ziel am Horizont der Revolution, die ‚reine Republik', sondern auch weitere Teile der kritischen Philosophie, wie etwa die Gemütslehre, sind vielfältig mit dem Begriff ‚Geschichtszeichen' verwoben – so auch die enthusiastische Anteilnahme, die das Geschichtszeichen ausmacht.

Dabei versteht Kant den Enthusiasmus der Öffentlichkeit weder als Ursache noch als Folge des Fortschritts, sondern „als hindeutend, als Geschichtszeichen (*signum rememorativum, demonstrativum, prognostikon*)", als einen Hinweis auf „das Dasein einer solchen Ursache und auch auf den Act ihrer Causalität im Menschengeschlechte [...], die auf das Fortschreiten zum Besseren als unausbleibliche Folge schließen ließe [...] und so die Tendenz des menschlichen Geschlechts im Ganzen [...] beweisen könnte" (7: 84).

Bien deutet diesen Ausdruck als Reaktion Kants auf die Rezension Friedrich Schlegels von *Zum ewigen Frieden*.[483] Schlegel kritisierte dort den despotischen Charakter, den Kant der Demokratie zuschrieb,[484] und dessen Gedanken der Naturabsicht, die hinter dem politischen Fortschritt in der Geschichte stünde.[485] Das Geschichtszeichen sei Kants Konzession an diesen Einwand, da, wie er im folgenden sechsten Paragrafen expliziert, die Ursache des Fortschreitens, für die der Enthusiasmus ein ‚Zeichen' ist, als eine ‚Anlage' im Menschengeschlecht bestimmt werden könne – die Wendung lässt zumindest hoffen, dass der politische Fortschritt nicht nur hinter dem Rücken der Menschen allein von der Natur gesteuert geschieht. Kant bestärkt den Gedanken der Verantwortlichkeit mit Äußerungen, in denen er die Pflicht, auf das Ziel des weltbürgerlichen Zustands hinzuarbeiten, betont (in *Idee:* 8: 19, 22 sowie in *ZeF:* 8: 368 und 354 f.). Insgesamt reicht dies aber kaum aus, um Kant die These, dass Fortschritt mittels planvoller politischen Einflussnahme des einzelnen Menschen oder einer politischen Fraktion bewirkt wird, zuzuschreiben (8:

---

[483] Bien (2017).
[484] Schlegel (und andere) liest Kant hier gewissermaßen gegen den Strich. Kant wendet sich nicht per se gegen eine repräsentative Demokratie, sondern eine Versammlungsdemokratie, bei der über konkrete Regelungen abgestimmt wird und nicht über allgemeine Gesetze, zu denen alle in Äquidistanz stünden.
[485] Schlegel (1966, 23).

21 f. und 8: 360).⁴⁸⁶ Kants Reaktion auf Schlegels Einwand blieb eine wohlmeinende Konzession und kein struktureller Neuentwurf seines geschichtsphilosophischen Denkens.

Darüber, was es mit dem Zeichencharakter des Enthusiasmus auf sich hat, gibt Kant in seiner Anthropologievorlesung (7: 192 f.) und im *Opus posthumum* (22: 619– 624) Aufschluss. Die Vorlesung schließt an Baumgartens *Metaphysica* (§ 348) an und verwies auf die rememorative, demonstrative und prognostische Funktion von Zeichen. Stellt man den Eintrag im *Zedler* daneben,⁴⁸⁷ in dem Begriff ‚Zeichen' als Verweis auf etwas schon Vergangenes (die Fußstapfen auf den Wanderer), auf etwas noch Gegenwärtiges441 (der Rauch auf das Feuer) oder auf etwas Zukünftiges (die Abendröte auf das kommende gute Wetter) bestimmt wird, dann gewinnt der Begriff ‚Geschichtszeichen' (*signum rememorativum, demonstrativum, prognostikon*) (7: 84) weiter an Kontur: Der Enthusiasmus für die Französische Revolution kann insofern als Zeichen für eine ‚Anlage' der Menschheit gedeutet werden, als er verdeutlicht, wie sich ein Potenzial in den aktuellen Ereignissen widerspiegelt (*demonstrativ*), wie sich der wahre Enthusiasmus (7: 86) immer auf einen idealen Zielpunkt bezieht (*prognostikon*) und wie die Begeisterung für die Französische Revolution im ausgehenden 18. Jahrhundert in Kontinuität mit einem schon immer dagewesenen Wesensmerkmal der Menschheit steht (*rememorativ*). Um diese Zeichenfunktion zu entfalten, ist der Enthusiasmus an den rechtsphilosophischen Theorierahmen gebunden, wie er in *Unterkapitel* 3.2 bei der Herleitung der ‚reinen Republik' dargestellt wurde.⁴⁸⁸

> Dies also und die Theilnehmung am Guten mit Affect, der Enthusiasm, ob er zwar, weil aller Affect als ein solcher Tadel verdient, nicht ganz zu billigen ist, giebt doch vermittelst dieser Geschichte zu der für die Anthropologie wichtigen Bemerkung Anlaß: daß wahrer Enthusiasm nur immer aufs Idealische und zwar rein Moralische geht, dergleichen der Rechtsbegriff ist, und nicht auf den Eigennutz gepfropft werden kann [...]. (7: 86)

Die hier anklingende Verschiebung des Fokus vom Verhalten der europäischen Öffentlichkeit Ende des 18. Jahrhunderts hin zum theoretisch-rechtsphilosophischen Kontext des Geschichtszeichens wird außerdem vom Gefühlscharakter des Zeichens veranlasst. Konnte Kant mit ‚Enthusiasmus' eine Art kollektives Gefühl

---

**486** An letztgenannter Textstelle aus *Zum ewigen Frieden* schrieb Kant von der großen Künstlerin Natur (*natura daedala rerum*), „aus deren mechanischem Laufe sichtbarlich Zweckmäßigkeit hervorleuchtet, durch die Zwietracht der Menschen Eintracht selbst wider ihren Willen emporkommen zu lassen". Horn (2014, 261) deutet diese und andere Stellen im Sinne eines „intelligiblen Geschichtsmechanismus".
**487** *Zedler* (1749, Bd. 61, 545–573).
**488** Kittsteiner (1999, 100).

einer bestimmten Anzahl von Menschen an einem bestimmten Ort zu einer bestimmten Zeit meinen? Stellenweise klingt es so, nichtsdestotrotz finden sich, wie gesehen, auch gegensätzliche Passagen, und es scheint ebenfalls systematisch plausibel, den Enthusiasmus als eine Zuschreibung des Philosophen zu lesen, der damit keinen sozialpsychologischen Anspruch erhebt, sondern innerhalb seines theoretisch-normativen Rahmens operierend eine Diagnose anstellt – ähnlich wie das Gefühl der Achtung nicht der Gegenstandsbereich des empirisch arbeitenden Psychologen ist, sondern des Philosophen (*Unterkapitel* 4.2 § 1).

Letztere Option hat den weiteren Vorteil, eine Unstimmigkeit zwischen Kants Geschichts- und Moralphilosophie zu vermeiden. Wenn ‚Enthusiasmus' nicht als ein sozialpsychologisches Phänomen, sondern als theoretische Zuschreibung des Philosophen gelesen wird, ergeben sich keine offenkundigen, schwerlich aufzulösenden Unstimmigkeiten zwischen Moral- und Geschichtsphilosophie.

Kant entwickelte seine Moralphilosophie in Abgrenzung zur Theorie des moralischen Gefühls von Hutcheson und Shaftesbury, die ihn in der vorkritischen Phase beschäftigt hatten. Die kritische Philosophie beansprucht diesen Ansätzen gegenüber, Moral auf der universellen Form des Gesetzes zu begründen und nicht von materiellen Gefühlen abzuhängen – zumal dann, wenn es sich um ein schwierig greifbares, kollektives Gefühl handeln sollte. Diese Perspektive erlaubt Kants Vorbehalte gegenüber Gefühlsausbrüchen wie Überschwänglichkeit und Schwärmerei mit der geschichtsphilosophischen Deutung, die er der Reaktion der Öffentlichkeit auf die Französische Revolution zuschreibt.

Warum liefert es aber gerade ein sogar gewaltsamer politischer Umsturz den geeigneten Anlass für einen solchen Enthusiasmus – eingedenk Kants skeptischer Haltung gegenüber jedweder politischen Revolution? Die Antwort hierauf findet sich im siebten Abschnitt von *SdF* zur *Wahrsagende[n] Geschichte der Menschheit*:

> Diese Begebenheit ist das Phänomen nicht einer Revolution, sondern (wie es Hr. Erhard ausdrückt) der Evolution einer naturrechtlichen Verfassung. (7: 87)

Als Zuschreibung des Geschichtsphilosophen trägt das Geschichtszeichen des ‚Enthusiasmus' ferner keine normative Begründungslast, sondern kann als eine innerhalb der Moralphilosophie mehr oder weniger passende empirische Illustration verstanden werden. Der Wandel von Begeisterung zu Ernüchterung und schließlich zu Erschrecken über die Ereignisse in Frankreich ändert als solcher nichts an der Herleitung der ‚reinen Republik' in der *Metaphysik der Sitten*. Was heißt dies aber für den epistemischen Status des ‚Geschichtszeichens' und der Fortschrittsannahme?

Wenn man das Geschichtszeichen als sozialpsychologische Diagnose deutet, dann ließe sich kaum erklären, wie Kant 1798 zu einem solchen Schluss gelangte.

Kant konnte diesen Satz jedoch auch nach der jakobinischen Terrorherrschaft (1793–1794) äußern, da er das Geschichtszeichen auf Grundannahmen seiner politischen Philosophie bezog. Versteht man die „strenge Theorie" als ein geschichtsphilosophisches Aussagengeflecht über das „menschliche Geschlecht" im Ganzen und nicht über die physische Gattung,[489] dann lässt sich der Enthusiasmus für die Französische Revolution begründeterweise als ein Zeichen für eine Anlage in der Menschheit lesen.[490]

Diese Leseweise lässt zu, dass Zeichen mehr oder weniger deutlich sind und dass sich der Philosoph hinsichtlich der bereits absolvierten Wegstrecke irren mag. Sein normativer Maßstab bleibt davon unangefochten und die Grundannahmen der strengen Theorie haltbar – jedoch machte Kant bei aller Begeisterung auch weitreichende Konzessionen bezüglich des konkreten Anwendungsfalls:

> aus dem kleinen Theil, den die Menschheit in dieser Absicht zurückgelegt hat, nur eben so unsicher die Gestalt ihrer Bahn und das Verhältniß der Theile zum Ganzen bestimmt werden kann, als aus allen bisherigen Himmelsbeobachtungen de[r] Lauf, den unsere Sonne samt dem ganzen Heere ihrer Trabanten im großen Fixsternensystem nimmt (8: 26).

Prinzipiell bleibt das Projekt einer Geschichte a priori davon unangefochten, nach und vor der Revolution und unabhängig von ihrem Ausgang.

Kant durfte deshalb behaupten, so seltsam dies vom Autor der *KrV* und der Rezension zu Herders *Ideen zur Philosophie der Geschichte der Menschheit* (*Unterkapitel* 2.2) anmuten mag, dass das „Menschengeschlechte nach den Aspecten und Vorzeichen unserer Tage die Erreichung dieses Zwecks und hiermit zugleich das von da an nicht mehr gänzlich rückgängig werdende Fortschreiten desselben zum Besseren auch ohne Sehergeist vorhersagen zu können" (7: 88). Rechtsphilosophisch-historische Deutungsansätze sollten nicht als realpolitische oder sozialpsychologische Theorien modernen Typs missverstanden werden, Kant ordnete diese bewusst der unteren, philosophischen Fakultät zu. Der Geschichtsphilosoph ist, so ein Resümee des *Streits der Fakultäten*, zu Aussagen darüber berechtigt, welche was „die Zeit betrifft, nur als unbestimmt und Begebenheit aus Zufall" bewertet werden können (7: 87 f.). Er darf dies, da seine Deutungen auf einer normativ begründeten Theorie über Anlagen der menschlichen Natur beruhen, die „allein

---

[489] Der Unterschied der beiden Begriffe ‚Menschengeschlecht' und ‚Gattung' wird in *Unterkapitel* 6.1 herausgearbeitet.
[490] Kleingeld spricht von „einem lockeren Sinne", den Kants Rede von „Beweisen" für eine moralische Besserung habe: „etwa als ‚Anzeichen' im Sinne der ‚Spuren der Annäherung' an eine bessere Zukunft" (1995, 56 und 61).

Natur und Freiheit, nach inneren Rechtsprincipien im Menschengeschlechte vereinigt" (7: 88).

Eine Geschichte in weltbürgerlicher Absicht rekurriert auf Kants Rechtsphilosophie, stellt empirische Hypothesen auf, konstruiert, deutet und arrangiert Ereignisse mittels regulativer Prinzipien zu einer zusammenhängenden Einheit. Sie beansprucht dabei mehr als subjektive Gültigkeit und hat durch ihren Rückbezug auf Elemente der Philosophie Kants teil an deren transzendentalem Anspruch. Dies wird auch daran deutlich, dass sie sich nicht in methodischen Vorschlägen erschöpft und durch ihre Tauglichkeit in der Forschungspraxis rechtfertigen will.

Nachdem die epistemische Ebene der Geschichtsphilosophie Kants behandelt worden ist, soll abschließend ihr Verhältnis zur Religionsphilosophie und zu der Frage „Was darf ich hoffen?" geklärt werden.

# 5 Geschichte – Was darf ich hoffen?

„Eine starke Wurzel des säkularisierten Entwicklungs- und Fortschrittsglaubens [stammt] gerade nicht aus der Aufklärung, sondern aus dem alten christlichen Geschichtsbild."[491] Kaegi steht mit dieser Diagnose nicht allein. Die fortschrittsorientierten geschichtsphilosophischen Entwürfe der Aufklärung wurden oft als säkularisierte Heilsgeschichte gedeutet, in der das Konzept der ‚Naturabsicht' (*Unterkapitel* 4.2 § 2) an die Stelle des göttlichen Heilsplans[492] trat. Auch bei der Lektüre von Kants Geschichtsphilosophie liegt dieser Schluss nahe. „Vernunftglaube" (6:153) und Geschichtsphilosophie scheinen bestimmte Konstruktionselemente zu teilen, weshalb Höffe Religionsphilosophie und Geschichtsphilosophie wohl gemeinsam unter dem Titel „Was darf ich hoffen?" abhandelt.[493] Diese systematische Verortung soll vor dem Hintergrund der bisher erarbeiteten Bezüge von Kants Geschichtsphilosophie ergänzt, kontextualisiert und modifiziert werden.

Hierzu werden zunächst (5.1) die Grundbegriffe von Kants Religionsphilosophie vorgestellt, sofern sie für die Geschichtsphilosophie von Bedeutung sind. Anschließend soll herausgearbeitet werden (5.2), worin der Bezug zwischen Kants Geschichtsphilosophie und der Frage „Was darf ich hoffen?" besteht und warum Geschichtsphilosophie nicht als Teil oder Fortführung der Religionsphilosophie verstanden werden sollte.

## 5.1 Kants Religionsphilosophie

„Was darf ich hoffen?" – die dritte der systematischen Fragen aus der *KrV* (B833) formuliert den Leitgedanken von Kants Religionsphilosophie, die in der Hauptsache in *Religion innerhalb der Grenzen der bloßen Vernunft* und als Randaspekt auch in der *KrV* und der *KpV* behandelt wird. Ihre zentralen Begriffe sind ‚Hoffnung', der ‚Hang zum Bösen' sowie das ‚höchste Gute', deren notwendige Voraussetzungen das Dasein Gottes und die Unsterblichkeit der Seele.

Die Interpretationslage hinsichtlich Kants Religionsphilosophie stellt sich in der Literatur[494] uneinheitlich dar. Vertritt Kant die Auffassung, dass der Kirchenglaube

---

[491] Kaegi (1942, 231).
[492] Im *Streit der Fakultäten* warnte Kant vor Heilsversprechen und dem Verweis auf einen Heilsplan, um die gegebenen Verhältnisse zu rechtfertigen (7: 29). Er unterstrich dabei die Aufgabe der philosophischen Fakultät, demgegenüber eine kritische und eigenverantwortliche Haltung zu kultivieren (7: 30).
[493] Höffe (2000, 241–258).
[494] Allison (2001), Baumgartner (1996), Klemme (1999), Wood (1970) und Troeltsch (1904).

könne durch Aufklärung abgelöst werden könne? Oder hat diese eine unverzichtbare „Vehikelfunktion" für sinnlich-vernünftige Wesen wie den Menschen? Für die systematische Verortung der Geschichtsphilosophie müssen diese Fragen nicht notwendigerweise beantwortet werden. Jedoch gilt es zu klären, ob und wenn ja, inwiefern ‚hoffen' einen gemeinsamen Bezugspunkt von Geschichtsphilosophie und Religionsphilosophie darstellt.

Will man den Begriff ‚Hoffnung' innerhalb der Trias ‚Wissen'[495], ‚Meinen' und ‚Glauben' aus dem *Kanon*-Kapitel der *KrV* einordnen, besteht der stärkste Bezug zu Letzterem: Meinen ist „ein mit Bewußtsein sowohl subjectiv, als objectiv unzureichendes Fürwahrhalten [...] ist das letztere nur subjectiv zureichend und wird zugleich für objectiv unzureichend gehalten, so heißt es Glauben" (*KrV*, B850). Glauben wird hier als eine Form des Fürwahrhaltens von Sätzen eingeführt, die neben Meinen und Wissen steht; eine kognitiv-propositionale Einstellung, die habituellen oder auch episodischen Charakter haben kann.[496] Eine Verbindung zu dem in der Religions- und Geschichtsphilosophie zentralen Begriff ‚Hoffnung' lässt sich über den zweiten Abschnitt des *Kanon*-Kapitels herstellen: Hier werden die drei systematischen Fragen gestellt: „1. Was kann ich wissen? 2.Was soll ich tun? 3.Was darf ich hoffen?" (*KrV*, B833).

In der Gegenüberstellung von ‚Wissen' und ‚Hoffen' wird wiederum ein Berührungspunkt von Religions- mit Geschichtsphilosophie erkennbar: Beiden geht es in erster Linie nicht um die Begründung von Wissen, sondern um die Realisierung eines Ideals – um Hoffnung.[497]

Kant erörtert im *Ersten Stück* von *Religion* die Gnadenwirkung und behandelt in diesem Zusammenhang erstmals ausführlich den Begriff ‚Hoffnung'. Dort

---

[495] Die Bezüge zwischen der Frage „Was kann ich wissen?" und der Geschichtsphilosophie wurden in *Kapitel 4* geklärt. Hier zur Orientierung die entsprechende Passage zum Begriff ‚Wissen': „Das Fürwahrhalten [...] hat folgende drei Stufen: Meinen, Glauben und Wissen. Meinen ist ein mit Bewußtsein sowohl subjectiv, als objectiv unzureichendes Fürwahrhalten. Ist das letztere nur subjectiv zureichend und wird zugleich für objectiv unzureichend gehalten, so heißt es Glauben. Endlich heißt das sowohl subjectiv als objectiv zureichende Fürwahrhalten das Wissen" (*KrV* B850).
[496] Forschner (2015, 858).
[497] Laberge expliziert diesen Zusammenhang: „Aber interpretieren dürfen heißt noch nicht hoffen dürfen [...] Vom Standpunkt der reflektierenden Urteilskraft aus erscheint die Erwirkung des ewigen Friedens gewiß als notwendige Bedingung der vollständigen Entwicklung der Naturanlagen des Menschen, einer besonderen Instanz bei der Entwicklung der Naturanlagen aller organisierten Wesen (Düsing 1968, 220). Aber sie wird uns deswegen nicht als ein „Pflichtbegriff" vorgestellt. Nun darf man hoffen, wenn – und nur wenn – es Pflicht gibt. Es ist also wichtig hinzuzufügen, daß der „Erste Zusatz" den ewigen Frieden als eine Pflicht (8: 362) und nicht nur als eine von der theoretisch reflektierenden Urteilskraft erhobene Forderung darstellt." (2011, 108 f.).

schreibt er von einer „Revolution der Denkungsart"[498], die notwendig sei, um den ‚Hang zum Bösen' zu überwinden. Obwohl dies nicht in der Verfügungsgewalt des einzelnen Menschen stünde, müsse der Mensch „hoffen können durch eigene Kraftanwendung" diese Revolution zu erreichen (6: 51). Hierzu bedarf es des Konzepts des ‚höchsten Guts', der Vereinigung von Glückswürdigkeit und Glückseligkeit,[499] die einen Übergang von Kants Moralphilosophie zu seiner Religionsphilosophie markiert. Bei der Lehre vom ‚höchsten Gut' gehe es nicht um die Begründung von Freiheit, sondern um die Möglichkeit ihrer Realisierung im Fall eines endlichen Vernunftwesens. Dies markiert den Grenzbereich der Moral zur Religion: „Nur dann, wenn Religion dazu kommt, tritt auch die Hoffnung ein, der Glückseligkeit dereinst in dem Maße theilhaftig zu werden, als darauf bedacht gewesen, ihrer nicht unwürdig zu sein" (5: 130).

Religion knüpft gewissermaßen an Moral an, weshalb Kant in der *KrV* die Frage „Was darf ich hoffen?" auch auf die Frage „Was soll ich tun?" bezog: „Wenn ich nun thue, was ich soll, was darf ich alsdann hoffen?" (*KrV*, B833). Ein paar Seiten weiter bemerkt er ausführlicher, „wie, wenn ich mich nun so verhalte, daß ich der Glückseligkeit nicht unwürdig sei, darf ich auch hoffen, ihrer dadurch theilhaftig werden zu können?" (*KrV*, B837).

Beantwortet wird diese Frage mittels der transzendentalen Idee eines höchsten Wesens. Allein Gott könne die menschliche Glückseligkeit in Proportion zu Moralität garantieren (5: 115, 125 und *KrV*, B843). Dies ist gleichzeitig die einzige Möglichkeit, seine Existenz zu beweisen, zwar nicht in theoretischer Hinsicht, aber in praktischer – Kant nannte dies „Vernunftglauben" und sah diesen am ehesten in der historischen Religion des Christentums umgesetzt (5: 128). Insofern also „führt das moralische Gesetz durch den Begriff des höchsten Gutes als das Object und den Endzweck der reinen praktischen Vernunft zur Religion, d. i. zur Erkenntniß aller Pflichten als göttlicher Gebote" (5: 129). Theologie ist in diesem Zusammenhang die „Erkenntniß des Urwesens" (*KrV*, B659), das in der *KrV* als das „Ding, welches die oberste Bedingung der Möglichkeit von allem, was gedacht werden kann, enthält" (*KrV*, B391), charakterisiert wird. Grundlegend für Kants Religionsphilosophie ist neben der Idee eines höchsten Wesens auch die Idee einer unsterblichen Seele. Da die Heiligkeit des Willens, die vollkommene Glückswürdigkeit, im Fall des endlichen Vernunftwesens Mensch erst durch einen unendlichen Progressus denkbar werde (5: 122), müssen die Idee ‚Gottes' und das Konzept eines ‚höchsten Guts' noch um den Begriff der ‚Unsterblichkeit' ergänzt werden.

---

[498] Zum Begriff ‚Denkungsart' s. *Unterkapitel* 4.3.
[499] „[...] alles Hoffen geht auf Glückseligkeit" (*KrV*, B833).

Kant ergänzte diese vernunfttheoretische Basis der Theologie noch um die viel kritisierte[500] Lehre des ‚radikal Bösen', wodurch sich der Bezug zu geschichtlichen Religionen, insbesondere dem Christentum, verstärkt. Im *Streit der Fakultäten* schreibt er: „Dieses Böse ist radical, weil es den Grund aller Maximen verdirbt" (7: 37). Am Menschen zeige sich ein „Hang der Willkür zu Maximen, die Triebfeder aus dem moralischen Gesetz andern (nicht moralischen) nachzusetzen," und „die sittliche Ordnung in Ansehung der Triebfedern einer freien Willkür" umzukehren (6: 30). Dieser Hang gehe der Neigung voraus, ist aber auch kein Instinkt: „Hang ist eigentlich nur die Prädisposition zum Begehren eines Genusses, der, wenn das Subject die Erfahrung davon gemacht haben wird, Neigung dazu hervorbringt" (6: 28). Er müsse ferner „als von dem Menschen selbst sich zugezogen gedacht werden" (6: 29), sei also nicht angeboren, gehöre aber trotzdem „allgemein zum Menschen (also als zum Charakter seiner Gattung)" (6: 29, siehe auch *Unterkapitel* 2.1 und 2.3).

Kant findet hierfür den Ausdruck „peccatum originarium" (6: 31), die ‚Ursünde' im Unterschied zur ‚Erbsünde' (6: 40) und der Geschichte des Sündenfalls (6: 41–44). Vielmehr gelte:

> Dieser Hang aber bedeutet nichts weiter, als daß, wenn wir uns auf die Erklärung des Bösen seinem Zeitanfange nach einlassen wollen, wir bei jeder vorsetzlichen Übertretung die Ursachen in einer vorigen Zeit unsers Lebens bis zurück in diejenige, wo der Vernunftgebrauch noch nicht entwickelt war, mithin bis zu einem Hange (als natürliche Grundlage) zum Bösen, welcher darum angeboren heißt, die Quelle des Bösen verfolgen müßten (6: 42 f.; 6: 72, 6: 93).

Schwierig erscheint dabei, dass der Hang „aus der Freiheit entspringen" (6: 31) soll und insofern die Wahl der obersten Maxime und nicht die einzelne Handlung betrifft – der Hang zum Bösen beruht demnach auf einer „intelligibele[n] That, bloß durch Vernunft ohne alle Zeitbedingung erkennbar" (6: 31). Trotz dieses Status nimmt Kant an, dass „das Dasein dieses Hanges zum Bösen in der menschlichen Natur durch Erfahrungsbeweise […] dargethan werden kann" (6: 35) und „durch menschliche Kräfte nicht zu vertilgen", aber doch zu „überwiegen" sei (6: 45). Wie diese Überwindung geschehen kann und welche Rolle die Religion dabei spielt, sind Themen des 2. und 3. Stücks der *Religionsschrift*, wobei sich das 2. Stück auf die individuelle Ebene und das 3. Stück auf die Gattungsebene konzentriert. Diese kurze Bestimmung des ‚radikal Bösen' veranschaulicht seine Differenz gegenüber ähnlichen Konzepten der Geschichtsphilosophie, wie dem der ‚ungeselligen Geselligkeit'

---

[500] Goethe in seinem Brief an Herder (07.06.1793): „Dagegen hat aber auch Kant seinen philosophischen Mantel, nachdem er ein langes Menschenleben gebraucht hat, ihn von mancherlei sudelhaften Vorurteilen zu reinigen, freventlich mit dem Schandefleck des radikalen Bösen beschlabbert, damit doch auch Christen herbeigelockt werden, den Saum zu küssen" (1924, 37; siehe auch Prauss 1983 und Schulte 1988).

(*Unterkapitel* 3.2 § 3), das keine vergleichbaren metaphysischen Vorannahmen mit sich bringt.

Die Elemente, das höchste Gut, die Ideen von Gott und der Seele und die Lehre vom radikal Bösen bilden den Hintergrund für die These aus der *Religionsschrift*: „Moral [...] führt unumgänglich zur Religion" (6: 6).[501] Religion sei dabei „(subjectiv betrachtet) [die] Erkenntniß aller unserer Pflichten als göttlicher Gebote" (6: 153). Sie sei ein reiner praktischer Vernunftbegriff" (6: 157) und nicht zu verstehen als „Inbegriff besonderer, auf Gott unmittelbar bezogener Pflichten" (6: 154 Anm.). Diesem reinen praktischen Vernunftglauben steht der Offenbarungsglaube gegenüber. Letzterer bezieht und gründet sich auf eine besondere Selbstmitteilung Gottes. Codifizierung, Überlieferung und Auslegung dieser Selbstmitteilung begründen die „sichtbare Kirche" (6: 156 und 6: 163). Bei der Bestimmung von Offenbarung als Selbstmitteilung orientiert sich Kant an Baumgartens Metaphysik, die den Zeichencharakter dieser Selbstmitteilung hervorhebt.[502] Man fühlt sich hier an das Geschichtszeichen aus dem *Streit der Fakultäten* erinnert, allerdings mit dem systematisch bedeutsamen Unterschied, dass es sich bei ihr nicht um eine Selbstmitteilung eines göttlichen Plans oder Willens, sondern um ein vor dem Hintergrund von Kants Rechtsphilosophie sichtbar werdendes Zeichen handelt (*Unterkapitel* 4.3) – der Geschichtsphilosoph ist kein Prophet im eigentlichen Sinne.

Es wird klar, dass die Lehre einer göttlichen Offenbarung für Kant nur ein „Vehikel" (6: 106) zur leichteren Vermittlung der auf reine praktische Vernunft gegründeten natürlichen Religion sein kann. Die biblische Überlieferung erhält vor diesem Hintergrund eine kompensatorische Funktion:

> Die christliche Sittenlehre ergänzt nun diesen Mangel (des zweiten unentbehrlichen Bestandstücks des höchsten Guts) durch die Darstellung der Welt, darin vernünftige Wesen sich dem sittlichen Gesetze von ganzer Seele weihen, als eines Reichs Gottes, in welchem Natur und Sitten in eine jeder von beiden für sich selbst fremde Harmonie durch einen heiligen Urheber kommen, der das abgeleitete höchste Gut möglich macht (5: 128).

Diese Explikation des Zusammenhangs von Glückswürdigkeit und Glückseligkeit erhebt keinen Wissensanspruch, sondern rechtfertigt eine Hoffnung – diese ist aber von praktischer Relevanz.

---

[501] „Auf solche Weise führt das moralische Gesetz durch den Begriff des höchsten Guts, als das Object und den Endzweck der reinen praktischen Vernunft, zur Religion." (5: 129).
[502] Baumgarten, *Metaphysica*, § 982: „ein von Gott gefertigtes und an die Geschöpfe gerichtetes Zeichen seines Geistes" („significatio mentis divinae creaturis a deo facta").

## 5.2 Religion und Geschichte

> Der denkende Mensch fühlt einen Kummer, der wohl gar Sittenverderbniß werden kann, von welchem der Gedankenlose nichts weiß: nämlich Unzufriedenheit mit der Vorsehung, die den Weltlauf im Ganzen regiert, wenn er die Übel überschlägt, die das menschliche Geschlecht so sehr und (wie es scheint) ohne Hoffnung eines Bessern drücken. Es ist aber von der größten Wichtigkeit: mit der Vorsehung zufrieden zu sein (8: 120 f.).

Kant betont in den Schlussbemerkungen zu *Mutmaßlicher Anfang der Menschengeschichte* (1786), dass der Mensch mit der Vorsehung zufrieden sein solle, um Mut zu fassen und sein Augenmerk auf „Selbstverbesserung" statt auf Fatalismus zu lenken. Obwohl der Fortschritt hin zu einem weltbürgerlichen Zustand genauso wie zu einem heiligen Willen als ‚unendlicher Progressus' konzeptualisiert werden muss, sollen beide eine handlungsleitende Funktion erfüllen. Dabei ist der Horizont der Frage „Was darf ich hoffen?" in der Religion anders gezogen als in der Geschichte. Höffe[503] schlägt vor, die Hoffnung auf ‚innere Freiheit' als Leitthema der Religion und die Hoffnung auf ‚äußere Freiheit' als Leitthema der Menschengeschichte zu verstehen. In beiden Themenfeldern gehe es um die Realisierung, nicht die Begründung von Freiheit. Da diese Realisierung ausschließlich annäherungsweise geschehen könne und letztlich der Verfügungsgewalt des Menschen entzogen bleibe, werden in der Geschichtsphilosophie die Naturabsicht und in der Religionsphilosophie das Dasein Gottes sowie die Unsterblichkeit der Seele aus einem Vernunftbedürfnis heraus eingeführt (*Unterkapitel* 4.2 § 2). Sowohl die Naturabsicht als auch die Ideen ‚Gott' und ‚Seele' seien keine Gegenstände des Wissens, gingen aber über das bloße Meinen hinaus. Sie seien nachweislich „subjectiv zureichend und […] zugleich objektiv unzureichend" Inhalte des „Fürwahrhaltens", des Glaubens (*KrV*, B850). Glauben könne dabei je nach Bedürfnis der Vernunft in einen pragmatischen, einen doktrinalen und einen moralischen Glauben unterteilt werden. Pragmatischer Glaube sei auf die Realisierung eines beliebigen Zwecks bezogen. Der doktrinale Glaube sei demgegenüber theoretischer Natur. Er deute die Welt als vernünftige Einheit und als zweckmäßiges Ganzes. Der Vernunftglaube schließlich sei moralisch und ein Fürwahrhalten metaphysischer, empirisch nicht erkennbarer Postulate, die die Bedingung der Realisierung des höchsten Guts darstellten (*KrV*, B856 und 5: 126). Recki erkennt in der Idee des Fortschritts ein solches Postulat[504] und liest den Zusammenhang folgendermaßen: „Durch das kritische Als-

---

503 Höffe (2000, 240 f.).
504 „Wir haben das Fortschrittsthema zunächst mit Blick auf den Kontext des teleologischen Denkens über Natur und Geschichte als eine Sache des praktischen Vernunftglaubens beschrieben.

## 5.2 Religion und Geschichte

ob, das die teleologische Spekulation der dritten *Kritik* wie ein roter Faden durchzieht" ordne Kant „gemäß der methodischen Unterscheidung von Wissen und Glauben" die Geschichtsphilosophie in den Bereich „dessen, was er einen praktischen (Vernunft-) Glauben nennt."[505] Ein Bezug zur *KpV* könne darüber orientieren, „daß wir das gleichermaßen handlungstheoretische wie moralphilosophische Methodenproblem, daß sich die Kantische Geschichtsphilosophie im Fortschrittsbegriff zuzieht, grundsätzlich bereits kennen", nämlich in Form eines „praktisch tragenden, aber theoretisch fragwürdigen Begriffs", wie dem des höchsten Gutes.[506]

In der Perspektive des Geglaubten unterscheiden sich Religions- und Geschichtsphilosophie allerdings: Die Religionsphilosophie findet ihren Bezugspunkt im höchsten Gut, der Vereinbarkeit von Moralität und Glückseligkeit. Der Geschichtsphilosophie geht es explizit nicht um Glückseligkeit und nur indirekt um die Moralität des autonomen Subjekts (*Unterkapitel* 3.2), sondern um die Einrichtung von Institutionen, die bestmöglich die ‚äußere Freiheit' der einzelnen Mitglieder eines Gemeinwesens garantieren. Der Blick auf die Grundelemente von Kants Religionsphilosophie wie ‚Unsterblichkeit der Seele' und ‚Gott', legt offen, dass diese in der Geschichtsphilosophie keine vergleichbare Rolle einnehmen. Geschichtsphilosophisches Hoffen hat vielmehr eine Nähe zur Naturteleologie, die ihrerseits der Religionsphilosophie abgeht.

Auch zeigt der Bezug zum Begriff ‚Menschengeschlecht' im geschichtsphilosophischen Kontext (*Unterkapitel* 6.2), dass das Hoffen auf die Realisierung des höchsten Gutes einen anderen Ansatzpunkt hat: das sinnlich-moralische Subjekt. Dieses kann sich „vernünftigerweise [...] keine Hoffnung machen" (6: 68 f.), sich zu perfektionieren, was wiederum zur Idee Gottes führt, über die es sich als vollendet verstehen kann (6: 67).[507] Kant verdeutlicht dies mit Referenz auf den Begriff der Unendlichkeit der Mathematik, wobei „die Unendlichkeit einer Reihe" daran festgemacht werde, „daß sie durch successive Synthesis niemals vollendet sein" (*KrV*, B454), aber in der intellektuellen Anschauung Gottes als vollendet gedacht werden könne. Der „Fortschritt [...] ins Unendliche" werde von Gott „in seiner reinen intellectuellen Anschauung als ein vollendetes Ganze [...] beurtheilt" (6: 67). Eine vergleichbare Konstruktion, die ein geschichtsphilosophisches Hoffen rechtfertigen würde, findet sich nicht. Die Idee der ‚reinen Republik', die hierfür vielleicht am geeignetsten erscheint (*Unterkapitel* 3.2), erfüllt systematisch eine andere Funktion

---

Mit Blick auf den methodischen Präzedenzfall in der praktischen Philosophie können wir es auch genauer sagen: Die Idee des Fortschritts ist eigentlich ein Postulat." Recki (2005, 238 f.).
**505** Recki (2005, 236).
**506** Recki (2005, 236).
**507** Ein Progress nach dem Tod, wie ihn Herder in seinem Entwurf vorgeschlagen hat (*Unterkapitel* 2.2), ist damit auch nicht gemeint.

und scheint auch nicht mit dem Konzept des ethischen Gemeinwesens austauschbar. Wir haben in *Unterkapitel* 3.2 gesehen, dass für Kant die Zwangsgewalt des Staates legitimatorisch in der äußeren Freiheit seiner Bürger wurzelt. Würde der Staat mittels der ihm übertragenen Macht versuchen, in die Sphäre der inneren Freiheit seiner Bürger einzugreifen, wäre dies nach Kant ein sträflicher Missbrauch: „Weh aber dem Gesetzgeber, der eine auf ethische Zwecke gerichtete Verfassung durch Zwang bewirken wollte!" (6: 95 ff.), darauf abzuzielen sei ein Erkennungsmerkmal einer totalitären Staatsordnung.[508] Kant geht es um das Vernünftige im Recht und nicht um das Moralische in Form von staatlichen Gesetzen.[509]

Ersteres ist ein „juridischer" Zusammenschluss von Individuen, der dazu dient, die ‚äußere Freiheit' des Einzelnen bestmöglich zu koordinieren (6: 99 und 311; siehe auch *Unterkapitel* 3.2). Im Gegensatz dazu erfülle Gott im ethischen Gemeinwesen die Funktion des „obersten Gesetzgebers" (6: 99), weshalb das ethische Gemeinwesen vermag alle Menschen in allen Staaten der Welt unter sich fassen, was ein bloß juridisches Gemeinwesens nie vermag.[510]

Eine weitere Differenz zwischen Religions- und Geschichtsphilosophie ist epistemischer Natur. Sowohl in *ZeF* wie in *Idee* finden sich mannigfache Formulierungen der folgenden Art: „Die Natur hat gewollt" (8: 19); „die Natur ... hat, zu ... ihrem Zweck zu gelangen, den Krieg gewählt" (8: 364); „der Mensch will [...]; aber die Natur weiß besser, was für seine Gattung gut ist" (8: 21). In epistemischer Hinsicht ist die Annahme einer Naturabsicht und eines ‚Leitfadens' nicht einfach mit der Idee Gottes bzw. der Vorsehung austauschbar, auch wenn eindeutig eine Verwandtschaft zu erkennen ist.[511] Die Naturabsicht kann als bewusste Hypothese des Geschichtsphilosophen, wie es wäre, wenn man ein leitendes Prinzip hinter den unkoordinierten einzelnen Absichten der Menschen annähme, gelesen werden (*Unterkapitel* 4.2 § 2).[512] ‚Gott' auf der anderen Seite wurde von Kant als transzendentale Idee eingeführt. Ebenso hat Kant die Republik nicht wie die Vorstellung eines allmächtigen Gottes als Voraussetzung für Glück oder Moral konzipiert und gerechtfertigt, sondern als Bedingung ‚äußerer Freiheit' (*Unterkapitel* 3.2).

---

[508] Dreier (2005, 140 ff.).
[509] Dreier (2005, 146).
[510] Baumgartner (1996).
[511] Legt man die geschichtsphilosophischen Arbeiten eines Bossuet daneben, zeigt sich, wie austauschbar die Begriffe ‚Natur' und ‚Vorsehung' sind.
[512] Hier zeigt sich die Nähe des Konzepts der Naturabsicht zur sogenannten ‚List' der Natur: „Dazu besitzt sie kein anderes Mittel, als dem Individuum gegenüber eine List anzuwenden. Indem jenes seine subjektiven Zwecke befördert, befördert es den Naturzweck in der Gattung. Aber wie Renaut (1986, 92) glänzend dargelegt hat, wird diese List der Natur ihrerseits ohne ihr Wissen als Instrument einer List der Freiheit – wir meinen eher: einer List der Vorsehung – gebraucht." (Laberge 2011, 110).

Allerdings nimmt die Religionsphilosophie die geschichtsphilosophische Entwicklungsperspektive der Aufsätze aus der Mitte der 1780er Jahre auf,[513] zum Beispiel in den einleitenden Worten aus dem ersten Stück der *Religionsschrift:*

> Daß die Welt im Argen liege, ist eine Klage, die so alt ist, als die Geschichte, selbst als die noch ältere Dichtkunst, ja gleich alt mit der ältesten unter allen Dichtungen, der Priesterreligion. Alle lassen gleichwohl die Welt vom Guten anfangen: vom goldenen Zeitalter, vom Leben im Paradiese, oder von einem noch glücklicheren in Gemeinschaft mit himmlischen Wesen [...]. Neuer, aber weit weniger ausgebreitet ist die entgegengesetzte heroische Meinung, die wohl allein unter Philosophen und in unsern Zeiten vornehmlich unter Pädagogen Platz gefunden hat: daß die Welt gerade in umgekehrter Richtung, nämlich vom Schlechten zum Bessern, unaufhörlich (obgleich kaum merklich) fortrücke, wenigstens die Anlage dazu in der menschlichen Natur anzutreffen sei. (6: 19 f.)

Sowohl die „ältere Dichtkunst", gemeint ist wohl Hesiod mit der Lehre der fünf Weltalter, als auch die biblische Darstellung geben Beispiele eines dekadenten Geschichtsverlaufs. Ihnen gegenüber stünde die Perfektibilitäts-These der „Moralisten von Seneca bis Rousseau", eine Auffassung, die „sicherlich nicht aus der Erfahrung geschöpft" wurde, denn „wenn vom Moralisch-Guten oder Bösen (nicht von der Civilisirung) die Rede ist [...,] spricht die Geschichte aller Zeiten gar zu mächtig gegen sie" (6: 19 f.).

Das *Erste Stück* von *Religion* wendet sich also explizit gegen ein Verständnis von der Entwicklung des Menschen als apokalyptische Verfallsgeschichte. Kant verteidigt eine ähnliche Position im *Streit der Fakultäten,* in *Mutmaßlicher Anfang der Menschengeschichte* und in *Das Ende aller Dinge.* Außerdem bezeichnet er seinen Entwurf zu einer Geschichte in weltbürgerlicher Absicht als ‚Idee', womit er einerseits auf den hypothetischen Charakter, andererseits auf den ideellen Zielpunkt, die ‚reine Republik' (*Unterkapitel* 3.2 § 2), verweist. Einen Hinweis darauf, wie der Begriff ‚Idee' in einem geschichtsphilosophischen Kontext zu lesen sei, liefert ein Blick auf die kurze Schrift *Das Ende aller Dinge.* Kant verwehrt sich in dieser 1794 unter der Herrschaft Friedrichs II. erschienenen Schrift explizit gegen ein traditionell christlich-eschatologisches Geschichtsbild. Der Aufsatz stellt sich dem durch die christliche Überlieferung aufgeworfenen Problem, einen Begriff von der ‚Ewigkeit' zu gewinnen, die laut der biblischen Offenbarung auf das Ende der Welt folgen soll:

> Also muß damit ein Ende aller Zeit bei ununterbrochener Fortdauer des Menschen, diese Dauer aber (sein Dasein als Größe betrachtet) doch auch als eine mit der Zeit ganz unver-

---

[513] 1785: Rezension Herder, 1786: *Mutmaßlicher Anfang* und 1798: *Streit der Fakultäten.*

gleichbare Größe (duratio Noumenon) gemeint sein, von der wir uns freilich keinen (als bloß negativen) Begriff machen können (8: 327).

Der Mensch habe drei Möglichkeiten, sich dieses Ende aller Dinge nach göttlicher Weisheit vorzustellen:

> 1) in das natürliche*3 Ende aller Dinge nach der Ordnung moralischer Zwecke göttlicher Weisheit, welches wir also (in praktischer Absicht) wohl verstehen können, 2) in das mystische (übernatürliche) Ende derselben in der Ordnung der wirkenden Ursachen, von welchen wir nichts verstehen, 3) in das widernatürliche (verkehrte) Ende aller Dinge, welches von uns selbst dadurch, daß wir den Endzweck mißverstehen, herbeigeführt wird, eingetheilt und in drei Abtheilungen vorgestellt werden (8: 333).

Das widernatürliche Ende lässt sich also gliedern in (1) die Überlieferung einer auf das Jüngste Gericht folgenden Apokalypse, nach der „jener Gerichtstag freilich nicht der jüngste Tag sein" würde, „sondern [...] noch verschiedene andre auf ihn folgen" (8: 328) würden. Kant stellt diesem apokalyptischen Modell seinen positiven Entwurf einer Geschichte in weltbürgerlicher Absicht entgegen:

> [...] und so sollte man selbst nach den Erfahrungsbeweisen des Vorzugs der Sittlichkeit in unserm Zeitalter in Vergleichung mit allen vorigen wohl die Hoffnung nähren können, daß der jüngste Tag eher mit einer Eliasfahrt, als mit einer der Rotte Korah ähnlichen Höllenfahrt eintreten und das Ende aller Dinge auf Erden herbeiführen dürfte. (8: 332)

(2) Außerdem sei es eine widernatürliche Vorstellung, dass die moralische Person nach dem Ende der Zeit weiter existiere. Kant deutet es als ein Vernunftbedürfnis

> sich eine ins Unendliche (in der Zeit) fortgehende Veränderung im beständigen Fortschreiten zum Endzweck zu denken, bei welchem die Gesinnung (welche nicht wie jenes ein Phänomen, sondern etwas Übersinnliches, mithin nicht in der Zeit veränderlich ist) bleibt und beharrlich dieselbe ist (8: 334).

Eine Konsequenz aus der Idee des Fortdauerns der moralischen Person nach dem Ende aller Dinge wäre demnach, dass wir „unsre Maxime so nehmen, als ob bei allen ins Unendliche gehenden Veränderungen vom Guten zum Bessern unser moralischer Zustand der Gesinnung nach (der ‚homo Noumenon', dessen Wandel im Himmel ist) gar keinem Zeitwechsel unterworfen wäre" (8: 334).

(3) Als drittes und letztes „widernatürliches Ende" führt Kant den durch den Staat vorgeschriebenen moralischen Fortschritt durch Religion an. Eine Staatsreligion würde letzten Endes die „Liebenswürdigkeit" des Christentums aushöhlen und so zu einem Widerstand gegen diese Religion führen, die in der biblischen Figur des Antichristen münden und „das verkehrte Ende aller Dinge in moralischer Rück-

sicht" (8: 339) einläuten würde. Das *Ende Aller Dinge* ist insofern auch ein Appell an die Regierenden,[514] sich nicht in religiöse Angelegenheiten einzumischen. Die biblische Offenbarung wurde hier von Kant vor einen transzendentalphilosophischen Hintergrund gestellt („theologia rationalis"; *KrV*, B659) und wie in *MAMGE* als Auftrag interpretiert (*Unterkapitel* 6.2).

Aufschlussreich ist, was Kant in *Das Ende aller Dinge* über die Funktion von Zukunftsszenarien festhielt: Sie seien Ideen, die sich die „Vernunft selbst schafft" und welche „ganz über unseren Gesichtskreis" hinausweisen, die aber „in praktischer Absicht uns von der gesetzgebenden Vernunft selbst an die Hand gegeben werden" (8: 332). Die Rolle der Vernunft in der Religion scheint sich mit derjenigen in der Geschichtsphilosophie zu überschneiden (*Unterkapitel* 4.2), jedoch bleiben folgende wesentliche Unterschiede: (U1) Im Kontrast zu *Das Ende aller Dinge* entwickelt die Geschichtsphilosophie einen, wenn auch nur perspektivisch, raumzeitlich fassbaren Zustand – das Ende der Zeit und das Fortleben der Seele sind nicht ihre Themen. (U2) Kant schlug im Gegensatz zu *Mutmaßlicher Anfang* in *Das Ende aller Dinge* einen zurückhaltenden bis skeptischen Ton bei seiner Lektüre der biblischen Texte und des darin beschriebenen jüngsten Gerichts sowie der folgenden Apokalypse an: „Die Vorstellung jener letzten Dinge, die nach dem jüngsten Tage kommen sollen, [seien] nur als eine Versinnlichung des letztern samt seinen moralischen, uns übrigens nicht theoretisch begreiflichen Folgen angesehen" (8: 328). Die Hoffnung der Geschichtsphilosophie ist hingegen an einen innerweltlichen Zustand, eine weltweite Friedensordnung,[515] geknüpft, die nicht als das Ergebnis einer endzeitlichen Apokalypse, sondern des Rechtsfortschritts gedacht wird. (U3) Schließlich hebt das *Ende aller Dinge* wie die Religionsphilosophie insgesamt primär auf die Idee der moralischen Vervollkommnung ab (6: 95 ff.) und nicht auf die Ableitung und Begründung eines politischen Systems, das einen ewigen Frieden garantieren könnte – selbst für ein Volk von Teufeln (8: 366).

---

514 Diese Schrift erschien 1794 nach Amtsantritt des neunen Königs Friedrich Wilhelm II. (1786) und im Kontext von Kants Auseinandersetzung mit der Zensur wegen der *Religionsschrift*.
515 „Ist er aber damit noch nicht zufrieden, so darf er nur den aus beiden auf wunderliche Weise zusammengesetzten, nämlich den äußern Völkerzustand in Betrachtung ziehen, da civilisirte Völkerschaften gegen einander im Verhältnisse des rohen Naturstandes (eines Standes der beständigen Kriegsverfassung) stehen und sich auch fest in den Kopf gesetzt haben, nie daraus zu gehen; und er wird dem öffentlichen Vorgeben gerade widersprechende und doch nie abzulegende Grundsätze der großen Gesellschaften, Staaten genannt,†† gewahr werden, die noch kein Philosoph mit der Moral hat in Einstimmung bringen und doch auch (welches arg ist) keine bessern, die sich mit der menschlichen Natur vereinigen ließen, vorschlagen können: so daß der philosophische Chiliasm, der auf den Zustand eines ewigen, auf einen Völkerbund als Weltrepublik gegründeten Friedens hofft, eben so wie der theologische, der auf des ganzen Menschengeschlechts vollendete moralische Besserung harrt, als Schwärmerei allgemein verlacht wird." (6: 34).

> Weh aber dem Gesetzgeber, der eine auf ethische Zwecke gerichtete Verfassung durch Zwang bewirken wollte! Denn er würde dadurch nicht allein gerade das Gegentheil der ethischen bewirken, sondern auch seine politische untergraben und unsicher machen. (6: 96)

Trotz gewisser struktureller Ähnlichkeiten von Geschichts- und Religionsphilosophie zeigen sich deutlich die Differenzen zwischen religiösem und geschichtsphilosophischem Hoffen: Der religiöse Begriff der Hoffnung nimmt seinen Ausgang von der Moralität des Einzelnen, der ‚inneren Freiheit'. Im Gegensatz dazu gewinnt das Hoffen der Geschichtsphilosophie erst innerhalb des Rahmens äußerlicher Handlungen mehrere Akteure der ‚äußeren Freiheit' an Kontur. Gleichsam sind Konstruktionselemente der Geschichtsphilosophie wie zum Beispiel die „ungesellige Geselligkeit" (8: 20f.; siehe auch 5: 275 und 6: 471ff.), der entwicklungsfördernde Antagonismus der Menschen, nicht wie der Hang zum Bösen durch eine „intelligibele That" begründet, sondern bleiben eine empirisch-anthropologische These (*Unterkapitel* 3.2 § 3). Zielpunkt der Geschichtsphilosophie ist ferner die ‚reine Republik' und nicht das ‚ethische Gemeinwesen', weshalb man sich Erstere auch als ein maximal harmonisiertes Volk von Teufeln vorstellen kann (8: 366),[516] Letzteres jedoch keineswegs. Die *Religionsschrift* unterscheidet zwischen juridischem und ethischem Gemeinwesen, wobei das juridische Gemeinwesen in Anlehnung an die ‚reine Republik' konzipiert wird, aber nur mittels der Idee Gottes gedacht werden kann (6: 99). Der Unterschied zwischen juridischem und ethischem Gemeinwesen besteht in ihrer verschiedenen Orientierung. Das juridische Gemeinwesen wird durch das Ideal der äußeren Freiheit bestimmt, das ethische Gemeinwesen durch das des höchsten Guts. In der Geschichtsphilosophie spielen die in der Religionsphilosophie elementaren Ideen wie ‚Gott' und die ‚Unsterblichkeit der Seele' keine vergleichbare Rolle. Der hier zentrale Begriff ‚Naturabsicht' lässt sich von der göttlichen Verheißung insofern unterscheiden, als Letzterer eine epistemische Komponente abgeht. Gottes Plan hat in der natürlichen Religion nicht den Status eines regulativen Prinzips zur Systematisierung von Wissen, wie er der Naturabsicht zugeschrieben werden kann (8: 361 und *Unterkapitel* 4.2). Schließlich kann die Geschichtsphilosophie unabhängig von der Religionsphilosophie bestehen, da sie ohne deren genuine Begrifflichkeit und Hintergrundannahmen Bestand hat.

Zusammenfassend lässt sich festgehalten werden, dass Geschichtsphilosophie in die Richtung der Frage „Was darf ich hoffen?" weist, wenngleich „darf ich" durch „dürfen wir" ersetzt werden muss, um ihrer politischen Orientierung gerecht zu werden.

---

[516] Dagegen: Brandt (2007, 203).

# 6 Geschichte – Sollen-Wissen-Hoffen

> Es scheinen nur kurze, schnell hingeworfene Gelegenheitsarbeiten zu sein, die wir in diesen Abhandlungen vor uns haben; und dennoch ist in ihnen das gesamte Fundament für die neue Auffassung gegeben, die Kant vom Wesen des Staates und vom Wesen der Geschichte entwickelt hat.[517]

Die Ausgangsfrage der vorliegenden Arbeit zielte auf die systematische Verortung von Kants Geschichtsphilosophie. Bevor hierzu Stellung bezogen wird, soll abschließend geklärt werden, wie die einzelnen Elemente der Geschichtsphilosophie untereinander verbunden sind und wie sich aus ihnen eine *Geschichte in weltbürgerlicher Absicht* ergibt. Zu diesem Zweck werden Kants Deutung des Geschichtsverlaufs und seine begrifflichen Ressourcen chronologisch vom *Mutmaßlichen Anfang der Menschengeschichte* bis zum *Ewigen Frieden* nachvollzogen. Zunächst soll allerdings geklärt werden, wer es eigentlich ist, der sich in dieser Geschichte in weltbürgerlicher Absicht entwickelt.

## 6.1 Die Geschichte des Menschengeschlechts

> Indessen ist dieser Gang, der für die Gattung ein Fortschritt vom Schlechteren zum Besseren ist, nicht eben das Nämliche für das Individuum. (8: 115)

Die Gattung gewinnt, das Individuum verliert? Kant selbst gesteht ein: „Befremdend bleibt es immer hierbei: daß die älteren Generationen nur scheinen um der späteren willen ihr mühseliges Geschäfte zu treiben" (8: 20), zumal wenn zu diesem „mühseligen Geschäfte" ständige Konflikte bis hin zum Krieg mit all seinen Gräueln gehören. Im vierten Satz der *Idee* bemerkt Kant dann fast schon zynisch: „Der Mensch will Eintracht; aber die Natur weiß besser, was für seine Gattung gut ist: sie will Zwietracht" (8: 21). Ein Anhaltspunkt, diese Spannung zu lösen, findet sich im weiteren Textverlauf:

> [...] so räthselhaft dieses auch ist, so nothwendig ist es doch zugleich, wenn man einmal annimmt: eine Thiergattung soll Vernunft haben und als Klasse vernünftiger Wesen, die insgesamt sterben, deren Gattung aber unsterblich ist, dennoch zu einer Vollständigkeit der Entwickelung ihrer Anlagen gelangen (8: 20).

---

517 Cassirer (1975, 237).

Dass der Mensch sich unter allen anderen Tiergattungen durch Vernunft auszeichnet, hatte Kant auch in *Anthropologie in pragmatischer Hinsicht* bemerkt und ebenfalls dort an seinen ‚Anlagen' festgemacht:

> Unter den lebenden Erdbewohnern ist der Mensch durch seine technische (mit Bewußtsein verbunden-mechanische) zu Handhabung der Sachen, durch seine pragmatische (andere Menschen zu seinen Absichten geschickt zu brauchen) und durch die moralische Anlage in seinem Wesen (nach dem Freiheitsprincip unter Gesetzen gegen sich und andere zu handeln) von allen übrigen Naturwesen kenntlich unterschieden, und eine jede dieser drei Stufen kann für sich allein schon den Menschen zum Unterschiede von anderen Erdbewohnern charakteristisch unterscheiden. (7: 322)

Die ‚Anlagen', von denen hier die Rede ist, sind nicht die in *Kapitel* 2 vorgestellten ‚Keime' der Naturgeschichte, auch wenn die Rede vom Menschen als Tiergattung dies vielleicht vermuten lässt. Sie sind nicht als Teil seiner anatomisch-physiologischen Ausstattung zu denken. Kant befasste sich zwar auch ausführlich mit biologischen Anlagen (*Unterkapitel* 4.2), zum Beispiel in Form der Keime, auf denen die Hautfarbe angelegt ist; die Anlagen zur Vernunft sind indes anderer Art. Eine ihrer Besonderheiten besteht darin, dass diese sich im Gegensatz zu den Anlagen aller anderen Tiergattungen nicht vollständig im Individuum, sondern nur in der Gattung entwickeln:

> Am Menschen (als dem einzigen vernünftigen Geschöpf auf Erden) sollten sich diejenigen Naturanlagen, die auf den Gebrauch seiner Vernunft abgezielt sind, nur in der Gattung, nicht aber im Individuum vollständig entwickeln (8: 18)

Aber meinte Kant tatsächlich, dass frühere Generationen zugunsten späterer instrumentalisiert werden, indem der Fortschritt – sei er technisch, pragmatisch oder moralisch gedacht (*Unterkapitel* 3.1) – den Spätgeborenen einen stetig anwachsenden Vorteil gegenüber den Generationen vor ihnen einbringt und so selbst der Krieg mit all seinen Leiden eine fragwürdige Rechtfertigung erhielte (8: 30)?[518]

Abgesehen von dieser Relativierung von Krieg und Leid hat der Gedanke eines moralischen Fortschritts hin zu einem ‚Besseren' aber noch weitere problematische Implikationen. Wenn eine Naturabsicht garantieren würde, dass heute mehr Handlungen aus Pflicht geschehen als gestern, würde dann der Mensch letztlich nicht zu einem engelsgleichen Wesen, das wegen der Heiligkeit seiner Natur „über alle mögliche Verleitung weggesetzt" wäre (6: 65 Anm.)?

---

[518] In den *Reflexionen zur Rechtsphilosophie:* „Aber selbst der Krieg treibt zum republicanism und muß ihn zuletzt doch hervorbringen" (19, 612).

Das Problem des Vorteils der Spätgeborenen und das der per Naturabsicht anwachsenden Moralität kann jedoch umgangen werden, wenn „besser" primär als ein Mehr an pflichtgemäßen Handlungen verstanden wird. Dies ließe sich leichter als eine Wirkung der historischen Veränderung des äußerlichen Handlungsrahmens denken, indem der Fokus auf die Entwicklung der sozialen und institutionellen Bedingungen des Handelns und nicht auf die einzelnen Handlungen selbst gerichtet wird. Hierdurch würde auch die eingangs erwähnte Spannung in der Konzeption eines Fortschritts der Gattung und der Rolle des Einzelnen in diesem Prozess gemindert. Der Fortschritt der Gattung bei der Etablierung eines Handlungsrahmens, der die äußere Freiheit bestmöglich koordiniert, ist insofern auch ein Fortschritt für das handelnde Subjekt, der allerdings dessen Autonomie unberührt lässt. Diese Deutung fügt sich zu dem in *Unterkapitel* 5.2 angesprochenen Problem des Staats, den selbst ein Volk von Teufeln vernünftigerweise braucht (8: 366). Kant sagt nicht, dass die Moralität der einzelnen Menschen einem historischen Wandel unterworfen sei. Vielmehr will er begründen, dass man Geschichte als zielgerechten Prozess, der auf die ideale Staatsform hinauslaufe, begreifen könne und sogar solle. Diese ‚reine Republik' zeichne sich dadurch aus, dass in ihr der rechtsvermittelte Zwang des Staates auf seine Bürger genau so bemessen ist, dass eine Rechtsübertretung, sogar für ein Volk von Teufeln" (8: 367), ausgeschlossen wäre. Kant vergleicht diesen Zustand mit der „freien Bewegung der Körper unter dem Gesetz der Gleichheit der Wirkung und Gegenwirkung" (6: 232); ein jeder gebrauche seine äußere Freiheit, ohne die des anderen einzuschränken.[519]

Die Entwicklung technischer und pragmatischer Vernunft lässt sich insofern als kollektiver Lernprozess verstehen (*Unterkapitel* 3.1): Die Tradierung einer neuen Methode, die geeigneter ist, um einen bestimmten Zweck zu erfüllen, wie zum Beispiel die Geschichte vom Brief zur E-Mail. Der aus diesem Fortschritt erwachsende Vorteil mag als unfair wahrgenommen werden, unmoralisch wäre er nach Kant nicht.

Wenn nun der Zielpunkt ein republikanischer Weltstaatenbund ist, dann liegt in seinem normativen Kern zwar das unbedingte Element der Autonomie des Einzelnen, jedoch kommt die Ausgestaltung dieser politischen Ordnung ohne Rekurs auf die moralische innere Freiheit aus, da ihr zentraler Bezugspunkt die äußere Freiheit ist (*Unterkapitel* 3.2).

Geschichtsphilosophie entfalte sich nicht vor dem Horizont des Lebens einzelner Menschen, sondern des Menschengeschlechts, von dem gesagt werden kann, dass es voran- oder zurückschreitet. In seiner Rezension von Herders *Ideen zur Philosophie der Geschichte der Menschheit* wendet sich Kant explizit gegen die

---

[519] Vgl. Willaschek (2005, 194).

Vorstellung, dass einzelne Individuen im Laufe der Menschheitsgeschichte vollkommener würden, und diagnostiziert bei Herders Eingliederung des Menschen in die Stufenordnung der Natur einen unzulässigen Sprung, da Herder in der zunehmenden Komplexität der organischen Lebensformen Anlass sieht, anzunehmen, dass der einzelne Mensch noch nach seinem Tod eine weitere rein geistige Entwicklungsstufe erreiche (*Unterkapitel* 2.2).

> Rezensent muß gestehen: daß er diese Schlussfolge aus der Analogie der Natur, wenn er gleich jene kontinuierliche Gradation ihrer Geschöpfe, samt der Regel derselben, nämlich der Annäherung zum Menschen, einräumen wollte, doch nicht einsehe. (WW 12: 790; 8: 52)

Auch hat *Kapitel* 5 der vorliegenden Arbeit verdeutlicht, dass Kant zwar durchaus die Idee der ‚Unsterblichkeit der Seele' anerkannte. Im Rahmen der Religionsphilosophie ist nämlich die Glückswürdigkeit des Menschen erst in einem unendlichen Progressus denkbar (5: 122). Jedoch wendet sich Kant gegen einen Schluss von der zunehmenden Komplexität der belebten Natur auf eine Entwicklungsstufe, die jenseits der Natur liegen würde. Der Mensch bleibt auch als ‚letzter Zweck' der Natur immer noch Naturwesen, und erst als ‚Endzweck' wird er zu einem ‚homo noumenon' (*Unterkapitel* 3.1 § 4) – um ihn als solchen zu denken, genügen jedoch die konzeptuellen Mittel der Naturgeschichte nicht. Der Geschichtsphilosoph, der über den Fortschritt des menschlichen Geschlechts nachdenkt, muss letzten Endes ein Adressat des kategorischen Imperativs sein. Sonst stünden ihm die nötigen begrifflichen Werkzeuge für diese Fortschrittsgeschichte nicht zur Verfügung.

Eine diese konzeptuellen Grundlagen ist der Begriff des ‚menschlichen Geschlechts' im Gegensatz zur physischen Gattung. Teil der physischen Gattung wird ein Mensch durch eine bestimmte Kombination äußerer empirischer Merkmale. Kant nannte dies „Schulgattung". Über die Gattungszugehörigkeit entscheidet das Kriterium der Ähnlichkeit. Der Schulgattung, die nach äußerlicher Ähnlichkeit eingeteilt wird, stellte Kant die Naturgattung gegenüber, wobei der Mensch hinsichtlich seiner „Verwandtschaften in Ansehung der Erzeugung" (2: 429), durch die „Abstammung von einem einzigen Paar" (8: 102) eine Gattung ausmache. Als Träger bestimmter Merkmale oder als Fortpflanzungsgemeinschaft zeichne sich der Mensch prinzipiell nicht vor anderen Tieren aus (*Kapitel* 2).

Erst durch das Vermögen, „sich überhaupt irgendeinen Zweck zu setzen", erhalte er „das Charakteristische der Menschheit (zum Unterschiede von der Thierheit)" (6: 392). Kant differenzierte drei Arten von Zwecken: technische, pragmatische und moralische. Jeder dieser Zwecke eröffnet eine Perspektive für eine Fortschrittsgeschichte mit dem Unterschied, dass technische und pragmatische Zwecke eine Dynamik des „besser als" entfalten. Ein Computerprozessor aus dem Jahr 2020 erbringt mehr Rechenleistung als sein Vorgänger aus dem Jahr 2000. Moralische

Zwecke hingegen sind transzendental und beziehen sich wesentlich auf das Ideal einer Handlung aus Pflicht, sie müssen also gewissermaßen in einer Dynamik des „näher an" gefasst werden. Dieser konzeptuelle Bezug zu einer ideellen Ebene verleiht moralischen Zwecken ein Element des Unbedingten, das technischen und pragmatischen Zwecken abgeht. Technische und pragmatische Zwecke sind immer nur bedingt und daher höchstens geeignet, den Menschen als „letzten Zweck" der Natur zu denken (*Unterkapitel* 3.1 § 4).

Kant zeichnete den Menschen im *Anhang zur Methodenlehre* (§ 83) der *KUK* als „letzten Zweck der Natur" vor dem Rest der belebten Natur aus. „Letzter Zweck" sei der Mensch jedoch nur für die reflektierende und nicht für die bestimmende Urteilskraft und auch immer nur „durch Verknüpfung mit der Natur". *Homo faber* bleibt ein ‚homo phaenomenon'. Erst mit der Eigenschaft, durch praktische Vernunft auf das Unbedingte bezogen zu sein, hebt sich der Mensch prinzipiell von der übrigen Tierwelt ab. Als ‚homo noumenon' kann der Mensch zum ‚Endzweck' der Natur werden, und erst dann, wenn man ihn als ein autonomes Wesen denkt, ist es legitim, ihm einen absoluten Wert, eine „Würde" (6: 434 f.) zuzusprechen. § 86 der *KUK* expliziert dieses Verhältnis folgendermaßen:

> Es ist aber auch nicht das Erkenntnißvermögen desselben (theoretische Vernunft), in Beziehung auf welches das Dasein alles Übrigen in der Welt allererst seinen Werth bekommt, etwa damit irgend Jemand da sei, welcher die Welt betrachten könne. [...] Auch ist es nicht das Gefühl der Lust und der Summe derselben, in Beziehung auf welches wir einen Endzweck der Schöpfung als gegeben denken, d. i. nicht das Wohlsein, der Genuß (er sei körperlich oder geistig), mit einem Worte die Glückseligkeit, wonach wir jenen absoluten Werth schätzen [...,] sondern der Werth, welchen er allein sich selbst geben kann, und welcher in dem besteht, was er thut, wie und nach welchen Principien er nicht als Naturglied, sondern in der Freiheit seines Begehrungsvermögens handelt; d. h. ein guter Wille ist dasjenige, wodurch sein Dasein allein einen absoluten Werth und in Beziehung auf welches das Dasein der Welt einen Endzweck haben kann. (5: 442 f.)

Den Menschen in diesem Sinne als ‚Endzweck' im Gegensatz zu einer bloßen physischen Gattung zu begreifen, entschärft das oben erwähnte Problem, das im Verhältnis des Fortschritts der Gattung zum handelnden Subjekt besteht (8: 115).

Kant vollzog diese Unterscheidung in Vorarbeiten zum *Streit der Fakultäten* deutlicher. Die Frage „Worin besteht das Fortschreiten zum Besseren im Menschengeschlecht?" beantwortet er nicht ohne die in *Unterkapitel* 2.1 genannten Vorurteile damit, dass

> die Natur neue und bessere Racen entwickeln oder durch Zusammenschmeltzung zweyer hervorbringen würde ist wohl nichts zu hoffen weil die Natur ihre dem Boden und Clima angemessene Formen längst erschöpft hat und die Bastarterzeugungen z. B. der amerikani-

schen mit der europäischen oder dieser mit der schwarzen Race die gute degradirt hat, ohne die schlechtere proportionirlich zu heben (23: 456).

Auch in seiner Auseinandersetzung mit Herder vertritt Kant mit der Unterscheidung zwischen physischer und sittlicher Gattung den Standpunkt, dass beim Menschen im Unterschied zu anderen Tieren nicht das einzelne Individuum, sondern nur die Gattung im Sinne des Menschengeschlechts ihre Bestimmung erreicht.

Der für die Geschichtsphilosophie elementare Begriff ‚Menschengeschlecht' unterscheidet sich einerseits von der physischen Gattung, da in der Geschichtsphilosophie die „Verwandschaft in Ansehung der Erzeugung" (2: 249) keine Rolle spielt. Die Begriffe ‚Stamm', ‚Rasse' und ‚Menschenschlag' haben für ihn nicht die Relevanz, die sie in der Naturgeschichte einnehmen. Anderseits geht der Begriff ‚Menschengeschlecht' auch nicht in dem Begriff der ‚Menschheit', auf, wie er im kategorischen Imperativ verwendet wird (4: 429), da von der Menschheit in meiner Person nicht sinnvoll gesagt werden kann, dass sie einen Fortschritt mache. ‚Menschengeschlecht' erscheint als ein Hybridbegriff nah verwandt mit dem der ‚sittlichen Gattung' (8: 116), zu welcher der Mensch als frei handelndes Wesen gehört, das sich seinen Charakter selbst verschafft (7: 792).

Der Prozess der Annäherung des Menschengeschlechts an das Ideal einer ‚reinen Republik' verliefe als eine über das „Ganze einer ins Unendliche (Unbestimmbare) gehenden Reihe von Zeugungen [...]." (8: 65) Kant geht davon aus, dass „diese Reihe der Linie ihrer Bestimmung, die ihr zur Seite läuft, sich unaufhörlich nähere" – womit für das menschliche Geschlecht im Ganzen möglich wird, was für die physische Gattung Mensch unmöglich war, nämlich dass es „in allen [...] Theilen" zu jener Linie der Bestimmung „asymptotisch" ist „und doch im Ganzen mit ihr zusammenkomme".

Ebenso wenig wie die physische Gattung kann das Individuum diese vollkommene Bestimmung, das „unaufhörliche [] Fortschreiten" im Sinne einer „sehr nützliche[n] Idee von dem Ziele, worauf wir der Absicht der Vorsehung gemäß unsere Bestrebungen zu richten haben", erreichen (*Recensionen zu J. G. Herders Ideen zur Philosophie der Geschichte der Menschheit. Theil 1.2.*, 1785, 8: 65), denn

> die Masse des dem Menschengeschlechte angearteten moralisch Guten und Bösen verändert sich nicht. Wie sollte sich auch dieses Quantum des ersteren vermehren lassen, da es durch die Freyheit des Subjects geschehen müßte, wozu dieses aber eines größeren Fonds bedürfen würde, als es nun einmal hat (23: 457)?

Und wie stellt sich nun aber die Entwicklung des so gedachten Menschen dar?

## 6.2 Vom mutmaßlichen Anfang zum ewigen Frieden

### § 1 Von Adam und Eva zur Französischen Revolution

„[...] so muß der Anfang von dem gemacht werden was keiner Ableitung aus vorhergehenden Naturursachen durch menschliche Vernunft fähig ist, also: mit der Existenz des Menschen" (8:110).

Kant bezeichnete seinen im Januar 1786 in der *Berlinischen Monatsschrift* erschienenen Aufsatz *Mutmaßlicher Anfang der Menschengeschichte*, aus dem dieser Satz stammt, als „Lustreise". Auf dieser Reise entfaltet er die Entwicklung der Freiheit aus ihren „ursprünglichen Anlagen" (8: 109), indem er die Schöpfungsgeschichte (Gen. 1,1–2,3) vor einen vernunfttheoretischen Hintergrund stellt. Er verleiht dem biblischen Text auf diese Weise eine naturgeschichtlich-anthropologische Dimension und rechtfertigt sein Vorgehen wie folgt: „[...] im Fortgange einer Geschichte Muthmaßungen einzustreuen, um Lücken in den Nachrichten auszufüllen, ist wohl erlaubt". Kant steckt aber zugleich Grenzen ab: „[...] allein eine Geschichte ganz und gar aus Muthmaßungen entstehen zu lassen, scheint nicht viel besser, als den Entwurf zu einem Roman zu machen. Auch würde sie nicht den Namen einer muthmaßlichen Geschichte, sondern einer bloßen Erdichtung führen können" (8: 109). Nun seien die Lücken in der Überlieferung zwar größer, je weiter man in die Vergangenheit zurückgehe, aber gerade beim Anfang der Geschichte helfen bestimmte Grundannahmen über Wesenseigenschaften des Menschen, die hier sogar gewissermaßen kulturell unverfälscht in Erscheinung träten.

Die Prämissen, die Kant anführt, sind: 1. die Existenz des Menschen als Selbstversorger (nicht als Kind; 8: 110), 2. die Fortpflanzungsgemeinschaft eines Paars (Adam und Eva; 8:110), 3. günstige klimatische Bedingungen (8: 110), 4. die genuin menschliche ‚Geschicklichkeit', die ihn vor allen anderen Tieren auszeichnet (8: 114), 5. die Fähigkeit zur Rede, „nach zusammenhängenden Begriffen zu sprechen mithin zu denken" (8: 110).[520]

Von hier aus skizziert Kant mittels eines „durch Vernunft an Erfahrung geknüpften Leitfaden[s]" eine Emanzipationsgeschichte des Menschen vom Natur- zum Kulturwesen: Gemäß Kants monogenetischer Ursprungstheorie (*Unterkapitel* 2.1 § 6) muss von nur einem Entstehungsort aller Menschen ausgegangen werden. In der Bibel findet sich diese Auffassung in der Figur des Adam, des ersten Menschen. Der Mensch im Paradies wird zunächst nur als Tier, das mittels seiner Instinkte überlebt, betrachtet. Den Instinkt bezeichnete Kant in diesem Kontext als „Stimme

---

520 Kant in der *Anthropologie* zum Zusammenhang von Reden und Denken: „Denken ist Reden mit sich selbst [...] folglich sich auch innerlich (durch reproduktive Einbildungskraft) Hören." (7: 192).

Gottes" (8: 111). In diesem Zustand seien unsere Vorfahren unwissend und unschuldig, da sie sich ihrer Vernunft und ihrer Freiheit noch nicht bewusst seien.[521] Indem der Mensch jedoch mittels seines Gesichtssinns seine Nahrung mit der von anderen Tieren vergleicht und seine Ernährung dieser Beobachtung anpasst, erweitert er sein instinktgesteuertes Verhalten und vollzieht einen ersten Schritt aus der Natur hinaus (8: 111). Im Alten Testament sieht Kant diesen Prozess im Sündenfall reflektiert und merkte an, dass mit der ersten freien Wahl der Mensch „an sich ein Vermögen sich selbst eine Lebensweise auszuwählen und nicht gleich anderen Thieren an eine einzige gebunden zu sein" entdecke (8: 112). Dies stellt sich gleichzeitig als Übergang vom Natur- zum Kulturwesen heraus, denn der Mensch „stand gleichsam am Rande eines Abgrundes; denn aus einzelnen Gegenständen seiner Begierde, die ihm bisher der Instinct angewiesen hatte, war ihm eine Unendlichkeit derselben eröffnet" (8: 112).

Auf dieser Stufe der Emanzipation des Menschen von der Natur unterscheidet Kant bereits, wenngleich nicht so deutlich wie 1790 in der *Methodenlehre* der *KUK* (*Unterkapitel* 3.1 § 4), einerseits zwischen dem mit technisch-praktischer Vernunft begabten ‚homo phaenomenon' und dem moralischen Wesen mit reiner praktischer Vernunft, dem ‚homo noumenon'. Kant platziert in *MAMG* eine aufschlussreiche Bemerkung zum Zusammenhang beider Arten der Vernunft, dass nämlich in der Vorstellung eines technischen Zwecks, „wiewohl dunkel", ein Hinweis zu finden sei, dass der Mensch im Gegensatz zum Tier eine Sonderstellung einnehme (*Unterkapitel* 3.1 § 4).[522] Zu einem Mitmenschen könnte das mit Vernunft begabte Naturwesen Mensch nämlich nicht, wie zu einem Tier, sagen: „[...] den Pelz, den du trägst, hat dir die Natur nicht für dich, sondern für mich gegeben" (8: 114). Das einzige Naturwesen, das unter das Instrumentalisierungsverbot der *GMS* fällt (4: 429 und 433), ist der Mensch.

Kant differenziert in diesem Kontext noch weiter zwischen technischer und reiner praktischer Vernunft:

> Und so war der Mensch in eine Gleichheit mit allen vernünftigen Wesen, von welchem Range sie auch sein mögen, getreten (III, 22): nämlich in Ansehung des Anspruchs selbst Zweck zu

---

521 „Aus dieser Darstellung der ersten Menschengeschichte ergibt sich: daß der Ausgang des Menschen aus dem ihm durch die Vernunft als erster Aufenthalt seiner Gattung vorgestellten Paradiese nicht anders, als der Übergang aus der Rohigkeit eines bloß thierischen Geschöpfes in die Menschheit, aus dem Gängelwagen des Instincts zur Leitung der Vernunft, mit einem Worte, aus der Vormundschaft der Natur in den Stand der Freiheit gewesen sei." (8: 115).
522 „Diese Vorstellung schließt (wiewohl dunkel) den Gedanken des Gegensatzes ein: daß er so etwas zu keinem Menschen sagen dürfe [...] eine Vorbereitung von weitem zu den Einschränkungen, die die Vernunft künftig dem Willen in Ansehung seines Mitmenschen auferlegen sollte, und welche weit mehr als Zuneigung und Liebe zu Errichtung der Gesellschaft nothwendig ist." (8: 114).

sein, von jedem anderen auch als ein solcher geschätzt und von keinem bloß als Mittel zu anderen Zwecken gebraucht zu werden. Hierin und nicht in der Vernunft, wie sie bloß als ein Werkzeug zu Befriedigung der mancherlei Neigungen betrachtet wird, steckt der Grund der so unbeschränkten Gleichheit des Menschen. (8: 114)

Diese Passage impliziert, dass der technisch-pragmatische Gebrauch der Vernunft den Menschen noch nicht dazu qualifiziert ‚Zweck an sich' zu sein[523] – erst durch seine reine praktische Vernunft erlange er diesen Status und eine ‚Würde', die es verbiete, ihn „bloß als Mittel zu anderen Zwecken zu gebrauchen."

An das „Vermögen, sich selbst eine Lebensweise auszuwählen", schließt Kant in der *MAMG* die Fähigkeit des Menschen an, vom Gegebenen und Erinnerungen auf Kommendes zu schließen und sein Handeln entsprechend auszuwählen. Hierin sieht Kant eine Voraussetzung für den Übergang von einer nomadisch organisierten zu einer sesshaften Lebensweise mit den komplexeren Besitzverhältnissen, die für Ackerbau und Viehzucht notwendig sind.[524]

> Ein Boden, von dessen Bearbeitung und Bepflanzung (vornehmlich mit Bäumen) der Unterhalt abhängt, erfordert bleibende Behausungen; und die Vertheidigung desselben gegen alle Verletzungen bedarf einer Menge einander Beistand leistender Menschen. Mithin konnten die Menschen bei dieser Lebensart sich nicht mehr familienweise zerstreuen, sondern mußten zusammenhalten und Dorfschaften (uneigentlich Städte genannt) errichten, um ihr Eigenthum gegen wilde Jäger oder Horden herumschweifender Hirten zu schützen. Die ersten Bedürfnisse des Lebens, deren Anschaffung eine verschiedene Lebensart erfordert (V. 20), konnten nun gegen einander vertauscht werden. Daraus mußte Cultur entspringen und der Anfang der Kunst, des Zeitvertreibes sowohl als des Fleißes (V. 21. 22). (8: 119)

Im Kontext dieser örtlichen Kooperation in den frühen Dörfern und Städten konnten sich dann erste Ansätze einer „bürgerlichen Verfassung" (8: 116) herausbilden. An dieser Stelle bricht die Rekonstruktion 1786 in *MAMG* ab. Auskunft über den weiteren Verlauf der Geschichte gab Kant lediglich in verstreuten und oft stereotyp-landeskundlichen bis hin zu klar rassistischen Bemerkungen,[525] welchen

---

523 Wood (1999, 116) und Allison (2011, 208 f.) haben den ‚Zweck an sich' durch den Begriff eines ‚existierenden Zwecks' erläutert, der Handlungsmotivation ist, aber nicht erst durch das Handeln verwirklicht wird, sondern unabhängig davon schon existiert.
524 „Dagegen ist der Ackerbau oder die Pflanzung sehr mühsam, vom Unbestande der Witterung abhängend, mithin unsicher, erfordert auch bleibende Behausung, Eigenthum des Bodens und hinreichende Gewalt, ihn zu vertheidigen; der Hirte aber haßt dieses Eigenthum, welches seine Freiheit der Weiden einschränkt." (8: 118).
525 „Die Revolutionen der Schweiz, Holland, England sind das wichtigste in der späteren Zeit. Russlands Veränderung trug zum wohl der Welt nichts bey, als nur auf entfernte Weise." (*Refl.* 1438, 15: 628) „Die orientalischen Nationen würden sich aus sich selbst niemals verbessern. Wir müssen im occident den Continuirlichen Fortschritt des Menschlichen Geschlechts zur Vollkommenheit und

jedoch auch durch Bemerkungen zur Funktion der Naturabsicht bei der Besiedlung der Erde ergänzt werden: Die Natur habe „1. für die Menschen in allen Erdgegenden gesorgt [...], daselbst leben zu können; – 2. sie durch Krieg allerwärts hin, selbst in die unwirtbarste Gegenden, getrieben [...], um sie zu bevölkern; – 3. durch eben denselben sie in mehr oder weniger gesetzliche Verhältnisse zu treten genötigt" (8: 363). Breiter angelegte Untersuchungen zu den Prinzipien für eine Geschichte der Menschheit datieren aus früheren Jahren: 1784 in der *Idee zu einer Geschichte in weltbürgerlicher Absicht* sowie 1785 im Aufsatz *Was ist Aufklärung?* und in der Rezension zu Herders geschichtsphilosophischem Entwurf *Ideen zu einer Philosophie der Geschichte der Menschheit*. Weitere Äußerungen Kants zum konkreten Verlauf der Geschichte veranlasst nach 1786 allerdings erst die allgemeine Begeisterung für ein „Vorzeichen" seiner Tage im Jahr 1789 (7: 88): Die Reaktion der Öffentlichkeit auf die Nachrichten von der Französischen Revolution. Kants geschichtsphilosophische Schriften nach 1789 stehen im Bann dieses Ereignisses. Am deutlichsten wird dies durch den Begriff des ‚Geschichtszeichens' in seinen Schriften.

### § 2 Französische Revolution und die Anlagen des Menschengeschlechts

Kants Einstellung gegenüber der Revolution ist ambivalent: Einerseits verurteilte er die Ereignisse in Frankreich scharf als einen „Umsturz aller bürgerlichrechtlichen Verhältnisse, mithin alles Rechts, d. i. nicht Veränderung der bürgerlichen Verfassung, sondern Auflösung derselben" (6: 340, 319). Anderseits war er gegen eine Herstellung der früheren politischen Ordnung in Paris und überzeugt, dass die Revolution einen Schritt hin zu einer idealen republikanischen Verfassungsform bedeutete (6: 318–323). Kant schwächte diesen Gegensatz ab, indem er mutmaßte, dass der französische Monarch freiwillig mit der Einberufung der Generalstände dem Volk die Macht übertragen habe (6: 341). Zweifelhaft bleibt, ob Kant den Ereignissen in Frankreich wirklich den Rang einer Revolution absprechen wollte. Eindeutig verurteilte er die Revolution auf rechtsphilosophischer Ebene (6: 340, 319), wenn er sie auch auf der geschichtsphilosophischen Ebene zu begrüßen schien (6: 318–323). Diese Ambivalenz spiegelt sich auch in seiner Einschätzung von Kon-

---

von da die Verbreitung auf der Erde suchen." (*Refl.* 1501, 15: 788) – und: „Die Menschheit ist in ihrer größten Vollkommenheit in der Race der Weißen. Die gelben Indianer haben schon ein geringeres Talent. Die Neger sind weit tiefer, und am tiefsten steht ein Theil der amerikanischen Völkerschaften" (9: 316). Kleingeld unternimmt in *Kants Second Thoughts on Race* eine überzeugende Rekonstruktion Kants ambivalenter Haltung und ihres Wandels von einer klar rassistischen (bis zum Ende der 1780er) zu einer universellen weltbürgerlichen Haltung (in *TTP* 1792 und *ZeF* 1795).

flikten, insbesondere von Kriegen, für die Entwicklung des ‚Menschengeschlechts' wider.[526] Der Grund hierfür liegt in der Besonderheit der geschichtsphilosophischen Perspektive, die rechtsphilosophisch diskreditierte Handlungen Einzelner im Rahmen einer hypothetisch angenommenen Naturabsicht[527] relativieren kann.

Durch den theoretischen Fokus, den Kant auf die Ereignisse in Paris richtete, kam es zu einer Distanzierung von den 1500 Kilometer entfernt stattfindenden „Greuelthaten". ‚Geschichtszeichen' ist letztlich auch nicht die Revolution selbst, sondern die Reaktion der Zuschauer auf dieses Ereignis: „Diese Revolution, sage ich, findet doch den Gemüthern aller Zuschauer (die selbst nicht in diesem Spiele mit verwickelt sind) eine Teilnehmung dem Wunsche nach, die nahe an Enthusiasmus grenzt, und deren Äußerung selbst mit Gefahr verbunden war" (7: 85).

Kant fügt dem im sechsten Abschnitt von *Streit der Fakultäten, Von einer Begebenheit unserer Zeit, welche diese moralische Tendenz des Menschengeschlechts beweiset* noch hinzu, dass diese Anteilnahme aller Zuschauer „keine andere als eine moralische Anlage im Menschengeschlecht zur Ursache haben kann", und scheint damit von einem empirischen Phänomen auf eine moralische Ursache zu schließen.

Ein solcher Schluss würde jedoch den Grundlagen seiner Moralphilosophie widersprechen, wie sie in der *GMS* und der *KpV* dargelegt wurden (*Unterkapitel* 3.1). Kants Geschichtsphilosophie wegen dieser scheinbaren Unstimmigkeit isoliert vom Rest seiner Philosophie zu lesen, wäre dennoch unzulässig. Bestimmt man zwei ihrer Grundbegriffe genauer, dann relativiert sich dieses Urteil: (1) Was meinte Kant mit ‚Menschengeschlecht' (hierzu *Unterkapitel* 6.1) und (2) was verstand er unter ‚moralischer Anlage'?

In den Abschnitten fünf und sechs des *SdF* knüpft er hieran und setzt hinzu, dass nur eine moralische Anlage die Ursache für die allgemeine Reaktion der unbeteiligten Öffentlichkeit auf die Nachricht von der Französischen Revolution sein könne (*Unterkapitel* 4.4), da diese Reaktion gefahrvoll, aber ohne absehbaren Nutzen für die Fürsprecher der Revolution sei.

---

526 „Alle Kriege sind soviel Versuche (zwar nicht in der Absicht der Menschen, aber doch in der Absicht der Natur), neue Verhältnisse der Staaten zustande zu bringen [...] bis endlich einmal, teils durch die bestmögliche Anordnung der bürgerlichen Verfassung innerlich, teils durch eine gemeinschaftliche Verabredung und Gesetzgebung äußerlich, ein Zustand errichtet wird, der, einem bürgerlich gemeinen Wesen ähnlich, so wie ein Automat sich selbst erhalten kann" (8: 24 f.) – und: „Auf der Stufe der Kultur also, worauf das menschliche Geschlecht noch steht, ist der Krieg ein unentbehrliches Mittel, diese noch weiter zu bringen; und nur nach einer (Gott weiß wann) vollendeten Kultur würde ein immerwährender Friede für uns heilsam und auch durch jene allein möglich sein." (8: 121).
527 Die „Revolutionen, [...] wo sie die Natur von selbst herbei führt" (8: 373 Anm.).

*Unterkapitel* 2.1 § 4 und 4.2 § 1 haben klar herausgestellt, dass Kant den Begriff ‚Anlage' auch als Metapher mit argumentativer Funktion, als ‚intuitives Symbol', verwendete. So scheint es auch im Fall der ‚Anlagen des Menschengeschlechts', denn wenn sich substanziell konzipierte Anlagen in der Geschichte der Menschheit verbesserten und deshalb die heutige Generation stärker ausgeprägte moralische Anlagen als die früheren und weniger als die morgige hätte, dann würden diese moralischen Anlagen die transzendentale Freiheit letztendlich aufheben. In dieser Konzeption würden Menschen quasi automatisch zu engelsgleichen Wesen, die immer gemäß dem kategorischen Imperativ handeln. Den früher geborenen Generationen bliebe nur der Trost, eine Stufe auf diesem Wege gewesen zu sein. Sinnvoller scheint eine Deutung von Anlagen, welche die Reaktion der Öffentlichkeit erklären und welche sich innerhalb von Epochen, nicht eines individuellen Menschenlebens, in einem bestimmten Umfeld, wie zum Beispiel einer republikanischen Verfassung entfalten, als regulatives Prinzip.

Die Annahme einer ‚moralischen Anlage im Menschengeschlecht' macht es demnach für sinnlich vernünftige Wesen leichter vorstellbar, dass es besser möglich ist, pflichtgemäße Handlungen zu tun, wenn bestimmte soziokulturelle Rahmenbedingungen erfüllt sind – selbst wenn argumentativ die Gültigkeit des kategorischen Imperativs keine historische Graduierung von Freiheit und Moralität zulässt: ‚Sollen' impliziert immer ‚können'. Für die unbedingte Forderung des kategorischen Imperativs und die Ableitung des Postulats der reinen praktischen Vernunft ist es unerheblich, ob wir das Jahr 2500 vor oder das Jahr 2020 nach Christus schreiben oder ob das moralische Subjekt im Schatten der Pyramiden der Pharao oder sein Sklave ist.

Deshalb ist das Geschichtszeichen besser als Hinweis auf ein Potenzial des Menschen, eine Anlage oder „Tendenz des menschlichen Geschlechts im Ganzen" (7: 85) zu deuten. Die faktischen politischen Konsequenzen der Französischen Revolution, die Reaktion der unbeteiligten Öffentlichkeit oder ein anderes Ereignis sind demgegenüber sekundär (7: 85). Auch ist die Moralität einer bestimmten Anzahl historischer Individuen nicht der entscheidende Punkt – empirisch wäre ein Nachweis dieser Art für Kant nicht denkbar (*Unterkapitel* 3.1 § 1 sowie 5: 29, 45 und 49, *KrV*, B479). Das Zeichen für einen Fortschritt in der Geschichte sollte daher besser als Interpretationsleistung des Geschichtsphilosophen verstanden werden: „Durch Erfahrung unmittelbar ist die Aufgabe des Fortschreitens nicht aufzulösen" (7: 83).[528]

---

[528] Diese Perspektive vermeidet auch den schwierig zu entscheidenden Konflikt zwischen der Deutung Brandts (2003, 134 und 127) Kant habe im *SdF* eine „neue Begründung der Fortschrittsidee" vorgelegt, indem „die eigentliche Ursache des Fortschritts erst jetzt [...] in der geschichtswirksamen Rechtsidee kollektiver menschlicher Subjekte" erkannt werde. Recki (2005, 242 Fn.12) zum Beispiel

Wenn es im *Streit der Fakultäten* heißt, dass die Anlage zu einem moralischen Charakter das Fortschreiten zum Besseren „nicht allein hoffen läßt, sondern selbst schon ein solches" sei (7: 85), steht dies nicht in Konflikt mit den Grundfesten von Kants Moralphilosophie, da diese Anlage nicht als Eigenschaft eines einzelnen Menschen, sondern des Menschengeschlechts (*non singulorum sed universorum*; siehe 7: 87) zu verstehen ist. Als solche ist sie ein regulatives Prinzip des Geschichtsphilosophen: Sie ermöglicht es einem sinnlichen Wesen mit praktischer Vernunft, einen rechtsphilosophischen Fortschritt zu denken und sich so „die Pflicht vor Augen [zu] stell[en]" (7: 87).

Unter diesen Voraussetzungen erscheint auch die These von der Unaufhebbarkeit des Fortschritts im zweiten Abschnitt des *Streits der Fakultäten* systematisch weniger problematisch.

### § 3 Von der Französischen Revolution zum Ewigen Frieden

> Nun behaupte ich dem Menschengeschlechte nach den Aspecten und Vorzeichen unserer Tage die Erreichung dieses Zwecks und hiermit zugleich das von da an nicht mehr gänzlich rückgängig werdende Fortschreiten desselben zum Besseren auch ohne Sehergeist vorhersagen zu können. (7: 88)

Der nicht mehr revidierbare Fortschritt des Menschengeschlechts ist keine Prophezeiung eines Sehers. Kant grenzt seine Vorhersage und die damit einhergehende Deutung der Vergangenheit bewusst von einer auf göttliche Offenbarung beruhenden Prophezeiung, wie sie im gleichnamigen Buch der Bibel zu finden ist, ab (*Unterkapitel* 5.2).

‚Seher' wird im *Zedler* als der ursprüngliche Begriff für einen Propheten bestimmt, der durch göttliche Offenbarung Wissen von zukünftigen oder weit entfernten Ereignissen erlangt hat.[529] An die Stelle der Offenbarung treten bei Kants Zukunftsentwurf „Aspekte" und „Vorzeichen" seiner Tage: die Begeisterung der unbeteiligten Zuschauer für die Französische Revolution (*Unterkapitel* 4.4) und das politische Ideal einer Regierungsart nach einer Verfassung, „welche nicht kriegssüchtig sein kann, nämlich der republikanischen" (7: 88).

---

widerspricht dieser Leseweise der Neubegründung der Fortschrittsidee: „Brandt stützt seine anspruchsvolle These allein auf eine erhebliche eigene Ergänzung zum Kantischen Text: Wo Kant ausdrücklich nur über die enthusiastische Reaktion der Zuschauer spricht, macht Brandt daraus die Reaktion ‚bei den Zuschauern und bei den Revolutionierenden selbst' (Brandt 2003, 123)."

529 *Zedler* (1743, Bd. 36, 1319).

Das Geschichtszeichen ist nicht nur ein Mittel zur Deutung von Vergangenheit, sondern wird auch ein Instrument zur Vorhersage der Zukunft. Gleichzeitig erhellt dieser Gedanke aus dem *Streit der Fakultäten* die Struktur von Kants Geschichtsphilosophie insgesamt.

Die Vorstellung von Geschichte als Fortschritt zum Besseren hatte Kant bereits fünf Jahre zuvor 1793 im dritten Teil von *Über den Gemeinspruch* gegen Mendelsohn verteidigt – allerdings noch ohne den Verweis auf die „Aspekte" und „Vorzeichen" seiner Tage. Kant hatte dort die Deutung der Menschheitsgeschichte als Fortschritt gegen die eines fortwährenden Auf und Abs und gegen die eines Verfalls gestellt und verteidigt. Geht man davon aus, dass Kant an seiner dort formulierten Theorie festhielt, dass politischer Fortschritt die beste verfügbare Hypothese für den Geschichtsverlauf sei, dann kommt der Begeisterung für die Französische Revolution nicht die Funktion eines empirischen Beweises zu. Außerdem wird deutlich, dass diese Begeisterung nie ganz vergessen werden kann, nicht weil es eine Garantie gäbe, dass sie immer überliefert würde oder dass sie die physischen Anlagen des Menschen nachhaltig verändert hätte,[530] sondern weil ein dauerhaftes Zurückfallen hinter ihre Errungenschaften einer ‚terroristischen' Geschichtsauffassung entspräche (7: 81), die Kant in *Über den Gemeinspruch* genauso wie ein fortwährendes Auf und Ab der ‚abderitistischen' Sichtweise zurückweist.

Wenn die Reaktion auf die Nachrichten aus Paris als Geschichtszeichen gedeutet wird, dann gibt es kein Zurück mehr, nicht wegen der praktischen „Größe" und des „Einflusses" jener Begebenheit selbst, sondern wegen ihrer Größe und ihres Einflusses auf theoretischer Ebene – als Zeichen im Rahmen einer Geschichte in weltbürgerlicher Absicht. Der weitere Textverlauf unterstützt diese Leseweise:

> Denn ein solches Phänomen in der Menschengeschichte vergißt sich nicht mehr, weil es eine Anlage und ein Vermögen in der menschlichen Natur zum Besseren aufgedeckt hat, dergleichen kein Politiker aus dem bisherigen Laufe der Dinge herausgeklügelt hätte, und welches allein Natur und Freiheit, nach inneren Rechtsprincipien im Menschengeschlechte vereinigt, aber, was die Zeit betrifft, nur als unbestimmt und Begebenheit aus Zufall verheißen konnte. (7: 81)

---

[530] In *Unterkapitel* 2.1 wurde gezeigt, dass Kant eine solche Änderung der Anlagen für seine physische Ausformung ablehnte: „Nun ist es klar: daß, wenn der Zauberkraft der Einbildung, oder der Künstelei der Menschen an thierischen Körpern ein Vermögen zugestanden würde, die Zeugungskraft selbst abzuändern, das uranfängliche Modell der Natur umzuformen, oder durch Zusätze zu verunstalten, die gleichwohl nachher beharrlich in den folgenden Zeugungen aufbehalten würden, man gar nicht mehr wissen würde, von welchem Originale die Natur ausgegangen sei, oder wie weit es mit der Abänderung desselben gehen könne, und, da der Menschen Einbildung keine Gränzen erkennt, in welche Fratzengestalt die Gattungen und Arten zuletzt noch verwildern dürften." (8: 97).

Die Anlage und das Vermögen, die durch das Phänomen „aufgedeckt" wurden, müssen vorausgesetzt werden und sind mittels Vernunft erschlossene Konzepte. Ähnlich naturgeschichtlichen ‚Keimen' in der Präformationstheorie, auf welchen Merkmale wie die Hautfarbe irreversibel angelegt sind, stehen die Anlagen zum Besseren in der menschlichen Natur unwandelbar fest. Auch für sie gilt, dass Umweltfaktoren lediglich die Rolle einer „Gelegenheits-" nicht einer „hervorbringende[n] Ursache" (2: 435) haben (siehe *Kapitel* 2.1). Ein Phänomen kann die Anlagen weder begründen, noch stellt es einen empirischen Beweis für dieses Vermögen dar. Vielmehr führt es diese dem in Kants Rechts- und Moralphilosophie kundigen Geschichtsphilosophen vor Augen – es ist kein Beweis[531], sondern ein Hinweis.

Deshalb muss die Wendung „vergißt sich nicht" nicht als empirische These über die Gültigkeit und die politischen Folgen eines historischen Ereignisses 1789 gelesen werden, sondern als ein Hinweis auf die Idee einer universellen moralischen Anlage im Menschengeschlecht – selbst als sich Napoleon 1804 in Notre-Dame selbst zum Kaiser krönt und auch wenn irgendwann alle Zeugnisse an die Revolution vernichtet würden, selbst dann wäre durch die Französische Revolution für den Geschichtsphilosophen ein Potenzial im Menschengeschlecht aufgedeckt worden, das ungeachtet der äußeren Umstände Bestand hat.[532] Auf diese Wesenseigenschaft des Menschen hat das Handeln der Politiker keinen direkten Einfluss; vielmehr scheint eine hypothetisch angenommene, bei der Entfaltung der Anlagen des Menschengeschlechts wirkende Naturabsicht ein geeigneteres Bild – ein intuitives Symbol, um sich diesen Prozess vor Augen zu führen. Jedoch liest man ein paar Zeilen weiter:

> Denn jene Begebenheit ist zu groß, zu sehr mit dem Interesse der Menschheit verwebt und ihrem Einflusse nach auf die Welt in allen ihren Theilen zu ausgebreitet, als daß sie nicht den Völkern bei irgend einer Veranlassung günstiger Umstände in Erinnerung gebracht und zur Wiederholung neuer Versuche dieser Art erweckt werden sollte. (7: 88)

Hier scheint mit der „Begebenheit" die Revolution selbst gemeint zu sein, von der prophezeit wird, dass sie in einem passenden Moment den Völkern in Erinnerung gebracht und dann wiederholt würde. Zwei Absätze zuvor heißt es allerdings:

---

[531] Kant verwendete den Begriff ‚Beweis' oft im Sinne von ‚Argument', also als Grund für die Wahrheit eines Urteils, aber auch in einem weiten Sinn. Andere Begriffe für ‚Beweis' mit besonderer technischer Bedeutung sind ‚Demonstration' und ‚Deduktion'. Kant verwendet keinen dieser Begriffe im Zusammenhang mit geschichtlichen Ereignissen.

[532] „Aber wenn der bei dieser Begebenheit beabsichtigte Zweck auch jetzt nicht erreicht würde, wenn die Revolution oder Reform der Verfassung eines Volks gegen das Ende doch fehlschlüge, oder, nachdem diese einige Zeit gewährt hätte, doch wiederum alles ins vorige Gleis zurückgebracht würde (wie Politiker jetzt wahrsagen), so verliert jene philosophische Vorhersagung doch nichts von ihrer Kraft." (7: 88).

„Diese Begebenheit ist das Phänomen nicht einer Revolution, sondern (wie es Hr. Erhard ausdrückt) der Evolution einer naturrechtlichen Verfassung". Diese Evolution kann man sich am besten als das Ergebnis einer Naturabsicht vorstellen, die sich in Anlagen des Menschengeschlechts konkretisiert – und nicht als Ergebnis politischen Handelns. „In Erinnerung gebracht" werden nicht die Ereignisse in Frankreich, sondern das, worauf sie gemäß der Deutung des Geschichtsphilosophen abzielen. Dies ist gleichzeitig das, was die Naturabsicht – veranschaulicht in den Anlagen des Menschengeschlechts – garantiert, nämlich die bestmögliche Verfassung, um Frieden zu sichern: eine republikanische (7: 87).

Auf dieses Potenzial weist das ‚Geschichtszeichen' hin (*Unterkapitel* 4.4), und dieses ist auch der Garant für den Fortschritt zum Besseren, der für die „strengste Theorie" haltbar ist – zumal sich diese Theorie des Fortschritts auf eine „unansehnliche Zeit" bezieht, auf den Grundlagen von Kants Geschichtsphilosophie aufbaut, also auf Elementen aus Erkenntnistheorie, Moral-, Rechts- und Religionsphilosophie, und historische Ereignisse entsprechend interpretiert.[533] Deshalb kann Kant den siebten Abschnitt zur *Wahrsagenden Geschichte der Menschheit* mit folgenden Worten schließen:

> Es ist also ein nicht bloß gutgemeinter und in praktischer Absicht empfehlungswürdiger, sondern allen Ungläubigen zum Trotz auch für die strengste Theorie haltbarer Satz: daß das menschliche Geschlecht im Fortschreiten zum Besseren immer gewesen sei und so fernerhin fortgehen werde, welches, wenn man nicht bloß auf das sieht, was in irgend einem Volk geschehen kann, sondern auch auf die Verbreitung über alle Völker der Erde, die nach und nach daran Theil nehmen dürften, die Aussicht in eine unabsehliche Zeit eröffnet. (7: 88 f.)

Diesen Ausblick in die „unabsehliche Zeit" hatte Kant im September 1795 in *Zum Ewigen Frieden* konkretisiert. In diesem drei Jahre vor dem *SdF* erschienenen Werk referiert Kant nicht auf das Geschichtszeichen oder die epistemischen Besonderheiten des Gegenstands, sondern konzentriert sich auf die Formulierung und Legitimierung von Gesetzen, die selbst ein „Volk aus Teufeln" akzeptieren würde (8: 336).

---

[533] „Daß ich mit dieser Idee einer Weltgeschichte, die gewissermaßen einen Leitfaden a priori hat, die Bearbeitung der eigentlichen bloß empirisch abgefaßten Historie verdrängen wollte: wäre Mißdeutung meiner Absicht." (8: 30).

## § 4 Ewiger Frieden

> Die Idee einer mit dem natürlichen Rechte der Menschen zusammenstimmenden Constitution: daß nämlich die dem Gesetz Gehorchenden auch zugleich, vereinigt, gesetzgebend sein sollen, liegt bei allen Staatsformen zum Grunde, und das gemeine Wesen, welches, ihr gemäß durch reine Vernunftbegriffe gedacht, ein platonisches Ideal heißt (respublica noumenon), ist nicht ein leeres Hirngespinst, sondern die ewige Norm für alle bürgerliche Verfassung überhaupt und entfernt allen Krieg. (7: 90 f.)

In *Zum ewigen Frieden* findet man neben der in *Unterkapitel* 3.2 § 3 dargestellten eine weitere politisch-strukturelle Legitimation der Republik als beste Verfassungsform: Eine republikanische Verfassung sei die einzige, die dauerhaft Frieden sichere, und damit gleichzeitig eine Voraussetzung für die Entwicklung sowohl der technisch-pragmatischen sowie der moralischen Vernunft.[534]

Die Schrift aus dem Jahr 1795 gliedert sich in zwei Abschnitte, zwei Zusätze sowie einen Anhang, die Kant ab der zweiten Auflage 1796 noch um einen „Geheimen Artikel" ergänzt hat. In dieser Ergänzung verurteilte er eine Geheimpolitik und plädierte für eine öffentliche Debatte bei Entscheidungen über Krieg und Frieden. Auf geschichtsphilosophischer Ebene wendet sich Kant gegen das Szenario eines apokalyptischen Endes der Welt (*Unterkapitel* 5.3). Der biblischen Offenbarung stellt *Zum ewigen Frieden* ein positives Konzept der Entwicklung entgegen (8: 332), das an dem Ideal einer weltweiten Friedensordnung orientiert ist. Diese Geschichte beinhaltet die in *Unterkapitel* 3.2 dargestellte technische und politische Entwicklung des Menschen von seinen vorgesellschaftlichen Anfängen hin zum Bürger einer idealen Republik.

Um die Besonderheit der Friedensproblematik besser einschätzen zu können, scheint ein kurzer Rückblick auf die Grundlagen der Rechtsphilosophie dienlich: Kant hatte die republikanische Verfassung durch die Idee eines ursprünglichen Vertrags legitimiert. Dieser Vertrag war einerseits eine Konsequenz aus rechtsphilosophischen Überlegungen (*Unterkapitel* 3.2), anderseits auch eine Lösung für das anthropologische Problem der ungeselligen Geselligkeit, indem selbiger mittels des Rechts eine Zwangsgewalt etabliert, welche die äußere Freiheit der Menschen koordiniert und so ein geordnetes Zusammenleben ermöglicht.

Da jedoch selbst die ideale Rechtsordnung innerhalb eines Staats stets gefährdet wäre, wenn im Verhältnis der benachbarten Staaten ein Zustand analog zum Naturzustand der einzelnen Menschen herrschen würde, ist das „Problem der Errichtung einer vollkommenen bürgerlichen Verfassung [nicht] von dem Problem eines gesetzmäßigen äußeren Staatenverhältnisses" zu trennen „und kann ohne das

---

[534] Frank/Zanetti (2001, 1111) und *SdF* (7: 91).

letztere nicht aufgelöst werden" (8: 24). So knüpft Kant in *Zum Ewigen Frieden* auf inhaltlicher Ebene an seine Theorie des äußeren Rechts an, indem er Aspekte des Verhältnisses zwischen einzelnen Individuen auf Staaten adaptiert. Im zweiten Definitivartikel heißt es:

> Völker als Staaten können wie einzelne Menschen beurtheilt werden, die sich in ihrem Naturzustande (d. i. in der Unabhängigkeit von äußern Gesetzen) schon durch ihr Nebeneinandersein lädiren, und deren jeder um seiner Sicherheit willen von dem andern fordern kann und soll, mit ihm in eine der bürgerlichen ähnliche Verfassung zu treten, wo jedem sein Recht gesichert werden kann (8: 354; siehe auch 8: 349).

Kant verortet die Lösung für dieses Problem in einem Völkerbund souveräner Staaten (8: 24). Dieser würde ein Rechtsverhältnis etablieren, welches es erlaube, auf zwangsläufig entstehende Konflikte zu reagieren, ohne zum Mittel des Kriegs greifen zu müssen. Im Gegensatz zu den Rechtsverhältnissen im Einzelstaat ist in einem Völkerbund keine Zwangsgewalt über den einzelnen Staat vorgesehen, die die Einhaltung dieser Rechte garantieren würde.

Der siebte Satz von *Idee* befasst sich mit dem „gesetzmäßigen äußeren Staatsverhältnis", dem „weltbürgerlichen Zustand der öffentlichen Staatssicherheit", einer Staatsverbindung, die „einem bürgerlichen gemeinen Wesen ähnlich" sei (8: 24ff.). Vor diesem Hintergrund wird einerseits klar, dass Kant mit ‚Volk' keine nationalistische Gemeinschaft meinte, sondern vielmehr Individuen, welche durch ein gemeinsames Gesetz verbunden sind. Allerdings scheint in *Idee* ein relativ starker Bund gemeint, welcher – im Gegensatz zur 11 Jahre später erschienen Schrift *ZeF* – durch eine gemeinsame Legislative, Judikative und auch Exekutive organisiert wird.[535] Kleingeld[536] findet die Erklärung für dieses Umdenken in Kants Annahme, dass eine „vollkommene Republik", in welcher „die Bürger gemeinschaftlich sich selbst die Gesetze auferlegen (durch ihre Abgeordneten)" verwirklicht werden kann, da sie mit den Eigeninteressen der Bürger übereinstimmt. Da so die „innere Moralität" nicht Ursache einer guten Staatsverfassung sein muss, ja sogar ein Volk von Teufeln diese anstreben würde (8: 366), muss nicht von einer historischen Moralisierung des Individuums ausgegangen werden, eine zunehmende auf das Eigeninteresse der Bürger rekurrierende Legalisierung genügt. Guyer wiederum argumentiert gegen die Möglichkeit der Umsetzung einer ‚reinen Republik'.[537] Vorliegende Untersuchung geht davon aus, dass beide Positionen durchaus vereinbar sind: Das Ereignis der Französischen Revolution und das an sie anknüpfende

---

535 Kleingeld (2011, 81f.).
536 Kleingeld (2011, 84).
537 Guyer (2009).

Geschichtszeichen könnten tatsächliche, wie Kleingeld nahelegt, einen Sinneswandel Kants bezüglich der Rolle eines Staatenbundes ausgelöst haben, selbst wenn, wie Guyer meint, hierdurch nicht das Ideal einer ‚reinen Republik' realisiert worden sei, da dies, qua Ideal, letztlich nie geschehen könne.

Stellt man nun Kants Rechtsphilosophie vor den Hintergrund des Geschichtsverlaufs wie er 1795 bzw. 1796 in der *Friedensschrift* skizziert wird, stellt sich die Frage, warum Kant einen republikanisch verfassten Weltstaat als Entwicklungsziel ausschließt. Warum sind es nur die Bürger der einzelnen Republik, wenn es doch darum geht, die „Idee eines vereinigten Willens aller" zu repräsentieren? Höffe konstatiert hier einen Widerspruch zwischen dem ersten Abschnitt (8: 354) und den Abschnitten vier bis sechs (8: 355–357) des Zweiten Definitivartikels: „Der Völkerbund stellt nur das negative Surrogat dar, während als positive Idee der Völkerstaat (357,10) bzw. die Weltrepublik (357,14) gilt."[538] Ist das föderative System souveräner Staaten letztlich durch die „Idee der reinen Republik" fassbar, oder müsste es nicht vielmehr das Ideal einer Weltrepublik sein, die alle Menschen umfasst, das als Zielpunkt der Geschichte fungiert?[539] Um diese konzeptuelle Spannung zu entschärfen, wird zunächst dargestellt, wie das Bündnissystem souveräner Republiken zu denken sei, um dann dessen Vorteile gegenüber der Konzeption eines Weltstaats aufzuweisen.

Ein föderatives bzw. Bündnissystem verlangt von den einzelnen Staaten mehr als ein Friedensvertrag, jedoch verlangt es ihnen einen größeren Souveränitätsverzicht ab: Bi- und multilaterale Verträge zwischen souveränen Partnern über denen kein weiterer unparteiischer Dritter steht. Die so entstehende Minimalrepublik aus weitgehend unabhängigen Republiken ist auf eine Sekundärstaatlichkeit ohne zentrale Zwangsgewalt beschränkt. Das Bündnissystem greift nur, wenn Staaten andere Staaten bedrohen, hat aber keine andere Option, als bei innerstaatliche Angelegenheiten (Zivil-, Straf-, Arbeits- und Sozialrecht oder auch Religion und Kultur) beratend zu wirken. Zwang wird von diesem Bündnis nur als Schutz der Grenzen seiner Mitglieder ausgeübt. Hieraus folgt auch, dass die Einsetzung einer

---

538 Höffe (2011, 77).
539 Brandt (2011, 99 f.) stellt eine grundsätzliche Änderung der Orientierung der Schriften vor 1793, etwa der *Idee*, zu *ZeF* aus dem Jahr 1795 fest. Vor der *Friedensschrift* sei Kants Position gegenüber einer Universalmonarchie bzw. einer echten Weltrepublik ambivalent, in der *Friedensschrift* spricht sich Kant nun klar für ein lockeres Bündnissystem einzelner Republiken ohne zentrale Führung aus. Brandt sieht den Grund hierfür in Kants positiver Einschätzung des Republikanisierungsprozesses in Frankreich und dessen Potenzial, als Vorbild zu fungieren. Dem aristotelischen Gegnern und der Französischen Revolution, die sich auf eine teleologische Ordnung von Natur und Politik berufen, stellt er Kants Interpretation der Revolution als Teil der Evolution einer naturrechtlichen Verfassung entgegen (7: 87 f., Brandt 2011, 104).

republikanischen Verfassung nur Aufgabe des einzelnen Staates ist und nicht von außen auferlegt werden kann. „Die Weltrepublik trägt für die Sicherheit und das Selbstbestimmungsrecht der Einzelstaaten Sorge und für nichts sonst. Allein hinsichtlich dieser Aufgabe, den zwischenstaatlichen, nicht innerstaatlichen Konflikten, gebührt ihr Souveränität."[540]

Ein Weltstaat, dem mehr als diese minimalen Kompetenzen zukommen, wäre nach Kants Meinung aus praktischen Gründen nicht in der Lage, Recht wirksam durchzusetzen und außerdem unregierbar, weshalb er letzten Endes in Anarchie ausarten würde (8: 367). Ein Völkerbund als Vereinigung souveräner Einzelstaaten, die sich selbst verpflichten, bestimmte rechtliche Pflichten anzuerkennen und gegenseitig zu schützen, wäre hierfür besser geeignet (5: 432 f., 8: 24, 8: 367 f.). Gegen einen Weltstaat spricht darüber hinaus zum einen der Widerwille, den autonome Staaten entwickeln würden, wenn sie dazu gezwungen wären, ihre Souveränität aufzugeben (8: 357), zum anderen die Gefahr eines Kirchhoffriedens angesichts einer weltumspannenden Zwangsgewalt (8: 367). Mit dem Verlust an Freiheit ginge darüber hinaus der Wettbewerb unter den Staaten verloren, welcher doch für Kant für Wohlstand und kulturelle Entwicklung verantwortlich ist:

> Allein in einem solchen Gehege, als bürgerliche Vereinigung ist, thun eben dieselben Neigungen hernach die beste Wirkung: so wie Bäume in einem Walde eben dadurch, daß ein jeder dem andern Luft und Sonne zu benehmen sucht, einander nöthigen beides über sich zu suchen und dadurch einen schönen geraden Wuchs bekommen; statt daß die, welche in Freiheit und von einander abgesondert ihre Äste nach Wohlgefallen treiben, krüppelig, schief und krumm wachsen. (8: 22)[541]

Schließlich und am wichtigsten wäre Frieden, wenn man die Republikanisierung der Einzelstaaten als historische wie argumentative Voraussetzung begreift, auch ohne eine Weltrepublik gesichert, da eine wahre Republik kaum das Wagnis eines Kriegs eingehen würde.[542]

> Wenn (wie es in dieser Verfassung nicht anders sein kann) die Beistimmung der Staatsbürger dazu erfordert wird, um zu beschließen, ob Krieg sein solle, oder nicht, so ist nichts natürlicher,

---

540 Höffe (2011, 92).
541 Kant verwendet dasselbe Bild im Zusammenhang mit Gedanken zur Fürstenerziehung und der Entwicklung des Staatswesens: „Ein Baum aber, der auf dem Felde allein steht, wächst krumm und breitet seine Äste weit aus; ein Baum hingegen, der mitten im Walde steht, wächst, weil die Bäume neben ihm ihm widerstehen, gerade auf und sucht Luft und Sonne über sich." (9: 448). Freilich steht dies im Gegensatz zur oben zitierten Stelle aus ZeF (8: 354). Siehe hierzu auch 6: 27.
542 Dagegen argumentiert Gerhardt (2005, 292 ff.) mit Verweis auf das Versagen der UNO angesichts Terrorismus und des Zustandekommens des Kalten Kriegs. Für diesen Punkt argumentieren Kersting (1993, 91 ff.) und Niesen (2001, 587).

als daß, da sie alle Drangsale des Krieges über sich selbst beschließen müßten (als da sind: selbst zu fechten, die Kosten des Krieges aus ihrer eigenen Habe herzugeben; die Verwüstung, die er hinter sich läßt, kümmerlich zu verbessern; zum Übermaße des Übels endlich noch eine den Frieden selbst verbitternde, nie (wegen naher, immer neuer Kriege) zu tilgende Schuldenlast selbst zu übernehmen, sie sich sehr bedenken werden, ein so schlimmes Spiel anzufangen. (8: 351)[543]

Wahre Republiken sind prinzipiell und in erster Linie als friedfertiges System ausgezeichnet, weshalb Konflikte in einem lockeren Bündnis von Republiken nicht die gleiche Eskalationsdynamik wie bei Konflikten zwischen einzelnen Menschen in einem vorstaatlichen Zustand entfalten. In einer *Reflexion* um 1793 liest man:

Ein System bilden, darin ein jeder Theil dem anderen behülflich ist, ohne sich doch zu vermischen, sondern ihre Grenzen genau von einander zu unterscheiden, wie Staaten, die nicht in eine Universalmonarchie, sondern zuletzt in einen großen Volkerbund vereinigt werden, da eine jede sich innerlich fruchtbar und wohlgeordnet macht und jede ein Centrum ist, auf dessen Erhaltung sich die übrige beziehen und keine mit Abbruch der anderen wachsen kann. (15: 953)

Das Ziel der menschlichen Entwicklung stellt sich demnach nicht in einem Weltstaat, sondern vielmehr als „ein föderativer Zustand der Staaten, welcher bloß die Entfernung des Krieges zur Absicht hat" dar, und welcher gleichzeitig „der einzige mit der *Freiheit* derselben vereinbare *rechtliche* Zustand" ist (8: 385).[544] Kant ist sich darüber im Klaren, dass es sich hierbei um einen Idealzustand handelt, an welchen die reale Entwicklung sich lediglich annähern kann. Jedoch hält Kant daran fest, dass „der *ewige Friede* [...] keine leere Idee, sondern eine Aufgabe [sei], die, nach und nach aufgelöst, ihrem Ziele [...] beständig näher kommt" (8: 386).[545]

---

543 Ähnlich im 8. Abschnitt des *SdF* (7: 87 ff.).
544 Brandt (2007, 221) hebt hervor, dass es in dieser Konzeption es „durchaus möglich ist, dass unser Menschengeschlecht die Vorstufe einer anderen, höher stehenden Species ist", und verweist auf eine entsprechende Bemerkung aus dem *Opus postumum* (21: 214).
545 Vgl. die §§ 61 und 62 sowie den *Beschluss* der *Rechtslehre* (6: 350 ff.).

# Schluss

Was bleibt von Kants Geschichtsphilosophie? Zur Beantwortung dieser Frage wurden unterschiedliche Schriften herangezogen. Verschiedene Kontexte, in denen ihre Konstruktionselemente und Grundbegriffe auftreten, wurden untersucht. *Kapitel 1* hat herausgearbeitet, dass sich die Grundlagen der universitären Geschichtswissenschaft in Deutschland, zumindest regional, schon im 18. Jahrhundert entwickelt haben. Auf methodologischer Ebene wurden die Verfahren der Philologie integriert und mit Ansätzen der Statistik gearbeitet. Auf konzeptueller Ebene wurde der Begriff von *der* Geschichte als Kollektivsingular etabliert. Institutionell entwickelten sich darüber hinaus sukzessive eigenständige historische Zeitschriften (*Historisches Journal* ab 1772) und Seminare (Historisches Seminar Göttingen 1765) an den Universitäten. Angesichts Kants guter Vernetzung mit der Intellektuellenwelt, seiner umfangreichen Bibliothek und eigener Bemerkungen ist davon auszugehen, dass er über ein „Gefühl" dieser Aufbruchstimmung verfügte, wenn er auch nicht Teil der Bewegung, sondern vielmehr ein interessierter Beobachter war.

*Kapitel 2* ging der naturgeschichtlichen Ebene der Geschichtsphilosophie nach und konnte anhand von Kants Urteil über Herders seinen kritischen Anspruch unterstreichen. Außerdem wurde deutlich, dass Kant, wenn er von sich in der Geschichte entwickelnden ‚Anlagen' spricht, eine bewusst metaphorische Sprechweise im Sinne eines intuitiven Symbols verwendet und somit der Vorwurf an Kant, eine unkritische Geschichtsphilosophie zu entwerfen, ins Leere geht. *Kapitel 3* konnte herausarbeiten, dass die Entwicklung des Menschengeschlechts nicht die moralischen Grundannahmen der *GMS* und *KpV* außer Acht lässt, sondern dass der Fokus vielmehr auf Kants Rechtsphilosophie gelegt werden muss, um ein adäquates Verständnis der normativen Perspektive seiner Geschichtsphilosophie zu gewinnen. Die epistemische Dimension der Geschichtsphilosophie wurde mittels der Begriffe ‚Leitfaden' und ‚regulatives Prinzip' im Sinne Kleingelds dargelegt und verteidigt (*Kapitel 4*) und abschließend die Gemeinsamkeiten und Unterschiede von Geschichtsphilosophie und Religionsphilosophie in *Kapitel 5* abgesteckt.

Einzelne Aspekte konnten mit dieser Untersuchung schärfer umrissen und dadurch einer pauschalen Disqualifizierung dieses Bereichs von Kants Denken entgegengearbeitet werden. Kants Geschichtsphilosophie ist demnach Teil seiner kritischen Philosophie und sollte auf deren Folie gelesen und gedeutet werden. Es wurde deutlich, dass Kants Geschichtsphilosophie erst vor dem Hintergrund aller systematischen Fragen – „Was kann ich wissen?", „Was soll ich tun?", „Was darf ich hoffen?" und „Was ist der Mensch?" – ihre spezifischen Konturen gewinnt und dass ein systematisch verzerrtes Bild entsteht, wenn einzelne Teile isoliert, überbetont oder übergangen werden.

Kants Rechtsphilosophie (*Unterkapitel 3.2*) hat einen größeren Raum eingenommen, und zwar nicht deshalb, weil sie der übersehene „Schlüssel" zu seiner Geschichtsphilosophie wäre, sondern weil die Überschneidungen dieser beiden Bereiche in ihrer systematischen Bedeutung bisher weniger Beachtung gefunden haben, als ihnen zusteht. Kants Geschichtsphilosophie ist deshalb aber keineswegs als bloße Weiterentwicklung seiner Rechtsphilosophie zu verstehen – genauso wenig, wie sie eine transzendentale Erkenntnistheorie der Geschichtswissenschaft sein will. Sie als einen Anwendungsfall seiner Moralphilosophie oder Fortführung der Naturgeschichte zu lesen, wäre ebenfalls zu eingeschränkt – obwohl die Geschichtsphilosophie, wie gezeigt wurde, ihre Grundannahmen aus all diesen Bereichen entlehnt und weiterentwickelt.

Die hier vorgelegte systematische Verortung der verschiedenen Elemente von Kants Nachdenken über die Geschichte endet nicht mit der Entdeckung einer abgeschlossenen Theorie der Geschichte Kants, und es bleiben nach wie vor viele zu bearbeitende Fragen zur Möglichkeit der Fundierung der Geschichtsphilosophie in der Rechtsphilosophie und den Bezug Letzterer zur praktischen Philosophie betreffend. Ebenso bleibt Kants metaphorische Verwendung von Begriffen an systematisch neuralgischen Stellen ein ungelöstes Problem. Stellt man jedoch die Ergebnisse der einzelnen Abschnitte der vorliegenden Untersuchung nebeneinander, dann wird auch deutlich, dass sich Kants Geschichtsphilosophie nicht in „schnell hingeworfenen Gelegenheitsarbeiten"[546] erschöpft, sondern als Teil der kritischen Philosophie und vor ihrem Hintergrund zu verstehen ist.

---

546 Cassirer (1975, 237).

# Abkürzungen und Zitierweise

Angaben zu Kants Schriften nennen Band und Seitenzahl der Akademie-Ausgabe (8: 17 = *Idee zu einer Geschichte in weltbürgerlicher Absicht*, Akademie-Ausgabe Bd. 8, S. 17) oder der Werkausgabe in zwölf Bänden (1968, Frankfurt am Main), herausgegeben von Wilhelm Weischedel mit Verweis auf die Akademie-Ausgabe (WW 11: 33; 8: 17 = *Idee zu einer Geschichte in weltbürgerlicher Absicht*, Werkausgabe nach Weischedel, Bd. 11, S. 33).

Die *Kritik der reinen Vernunft* wird nach der zweiten Auflage zitiert (*KrV*, B1 = *Kritik der reinen Vernunft*, 2. Auflage 1787, S. 1). Liegt für die entsprechende Stelle nur der Text der ersten Auflage zugrunde, wird diese zitiert (*KrV*, A1 = *Kritik der reinen Vernunft*, 1. Auflage 1781, S. 1).

Hervorhebungen und Änderungen sind durch eckige Klammern gekennzeichnet: „erkennbar[e]" ist „erkennbare" im zitierten Text (6: 296), „[d]ie Vernunft" ist „Die Vernunft" in der zugrunde liegenden Passage (6: 247). Erläuterungen erfolgen in folgender Form: „In the same way [gemeint ist das Verhältnis von Formen der Anschauung und Kategorien; C. R.].

Die Jahreszahlen beziehen sich auf die zitierte Ausgabe, die durch das vorangestellte Jahr der Erstveröffentlichung ergänzt sein kann: Sidgwick (1874, 1981).

## Im Text verwendete Abkürzungen für Kants Werke:

| | |
|---|---|
| GMS | Grundlegung zur Metaphysik der Sitten |
| Idee | Idee zu einer allgemeinen Geschichte in weltbürgerlicher Absicht |
| KpV | Kritik der praktischen Vernunft |
| KrV | Kritik der reinen Vernunft |
| KUK | Kritik der Urteilskraft |
| MAMG | Mutmaßlicher Anfang des Menschengeschlechts |
| MdS | Metaphysik der Sitten, Erster Teil: Anfangsgründe der Rechtslehre |
| Refl. | Reflexion |
| SdF | Der Streit der Fakultäten |
| TPP | Über den Gebrauch teleologischer Prinzipien in der Philosophie |
| ZeF | Zum ewigen Frieden. Ein philosophischer Entwurf |

# Literatur

Abbt, Thomas (1766) *Geschichte des menschlichen Geschlechts, soweit selbige in Europa bekannt worden fest vom Anfang der Welt bis auf unserer Zeiten, aus dem grossen Werke der allgemeinen Welthistorie ausgezogen und ausgearbeitet*, Halle.

Adelung, Johann Christoph (1774–1786) *Grammatisch-kritisches Wörterbuch der Hochdeutschen Mundart* (4 Bde.), Leipzig.

Allison, Henry E. (2011) *Kant's Groundwork for the Metaphysics of Morals: A Commentary Aim A Critical Guide*, Oxford.

Allison, Henry E. (2009) Teleology and History in Kant. The Critical Foundations of Kant's Philosophy of History, Kant's Idea for a Universal History with a Cosmopolitan Aim, in: *Kant's Idea for a Universal History with a Cosmopolitan Aim. A Critical Guide*, Cambridge, 24–45.

Allison, Henry E. (2001) Ethics, Evil and Anthropology in Kant, in: *Ethics* (111), 594–613.

Ameriks, Karl (2009) The purposive development of human capacities, in: *Kant's Idea for a Universal History with a Cosmopolitan Aim. A Critical Guide*, Cambridge, 46–67.

Barkhaus, Annette (1993) *Rasse. Zur Konstruktion des Begriffs im anthropologischen Diskurs der Aufklärung* (Diss.), Konstanz.

Bartuschat, Wolfgang (1999) Zur kantischen Begründung der Trias „Freiheit, Gleichheit, Selbständigkeit" innerhalb der Rechtslehre, in: *Freiheit, Gleichheit, Selbstständigkeit. Zur Aktualität der Rechtsphilosophie Kants für die Gerechtigkeit in der modernen Gesellschaft*, hg. v. G. Landwehr, Göttingen, 11–26.

Baumgarten, Alexander Gottlieb (2011) *Metaphysica / Metaphysik. Historisch-kritische Ausgabe*, hg. u. übers. v. Günter Gawlick / Lothar Kreimendahl, Stuttgart.

Baumgartener, Hans Michael (1996) Gott und das ethische gemeine Wesen in Kants Religionsschrift. Eine spezielle Form des ethiko-theologischen Gottesbeweises?, in: *Kant in der Diskussion der Moderne*, hg. v. Gerhard Schönrich / Yasushi Kato, Frankfurt am Main, 408–424.

Baumgartener, Hans Michael (1976) Thesen zur Grundlegung einer Transzendentalen Historik, in: *Seminar: Geschichte und Theorie*, hg. v. Hans Michael Baumgartner / Jörn Rüsen, Frankfurt am Main, 274–304.

Becher, Ursula A. J. (1980) August Ludwig von Schlözer, in: *Deutsche Historiker* (7), hg v. Hans-Ulrich Wehler, Göttingen, 7–23.

Beck, Lewis White (1995) *Kants Kritik der praktischen Vernunft. Ein Kommentar*, 3. Aufl., München.

Berg, van den Hein (2009) Kant's conception of proper science, in: *Synthese* (183), 7–26.

Berg, van den Hein (2014) *Kant on Proper Science: Biology in the Critical Philosophy and the Opus postumum* (Studies in German Idealism, 15), Dordrecht.

Below, Georg von (1973) *Die deutsche Geschichtsschreibung von den Befreiungskriegen bis zu unseren Tagen. Geschichtsschreibung und Geschichtsauffassung*, Aalen.

Bialas, Volker / Häßler Hans Jürgen (Hg.) (1996) *200 Jahre Kants Entwurf Zum ewigen Frieden. Idee einer globalen Friedensordnung*, Würzburg.

Bien, Günther (1966, 2017) Geschichtszeichen, in: Historische Wörterbuch der Philosophie, hg. v. Joachim Ritter, Karlfried Gründer / Gottfried Gabriel, DOI: 10.24894/HWPh.7965.0692.

Binkelmann, Christoph / Stolz, Violetta (2016) Briefe zur Beförderung der Humanität, in: *Herder Handbuch*, hg v. Stefan Greif / Marion Heinz / Heinrich Clairmont, Paderborn, 216–232.

Birken-Bertsch, Hanno (2015) konstitutiv / regulative, in: *Das Kant Lexikon* (Bd. 2), hg. v. Marcus Willaschek u. a., Berlin, 1264–1266.

Bittner, Rüdiger (2009) Philosophy helps history, in: *Kant's Idea for a Universal History with a Cosmopolitan. Aim A Critical Guide*, Cambridge, 231–248.

Blanke, Horst Walter (1991) *Historiographiegeschichte als Historik* (Fundamenta Historica III) Stuttgart Bad Cannstatt.

Blanke, Horst Walter (1994[a]) Die Entstehung der Geschichtswissenschaft im Spiegel der Historiographiegeschichtsschreibung, in: *Geschichtsdiskurs. Anfänge modernen Historischen Denkens* (Bd. 2), hg. v. Wolfgang Küttler / Jörn Rüsen / Ernst Schulin, Frankfurt am Main, 381–389.

Blanke, Horst Walter (1994[b]) Die Rolle der Historik im Entstehungsprozeß modernen historischen Denkens, in: *Geschichtsdiskurs. Anfänge modernen Historischen Denkens* (Bd. 2), hg. v. Wolfgang Küttler / Jörn Rüsen / Ernst Schulin, Frankfurt am Main, 282–291.

Blanke, Horst Walter / Fleischer, Dirk (1991[a]) Artikulation bürgerlichen Emanzipationsstrebens und der Verwissenschaftlichungsprozess der Historie. Grundzüge der Aufklärungshistorie und die Aufklärungshistorie, in: dies., *Aufklärung und Historik. Aufsätze zur Entwicklung der Geschichtswissenschaft, Kirchengeschichte und Geschichtstheorie in der deutschen Aufklärung*, Waltrop, 33–112.

Blanke, Horst Walter / Fleischer, Dirk (1991[b]) Historiker als Beruf. Die Herausbildung des Karrieremusters „Geschichtswissenschaftler" an den deutschen Akademien von der Aufklärung bis zum Historismus, in: dies., *Aufklärung und Historik. Aufsätze zur Entwicklung der Geschichtswissenschaft, Kirchengeschichte und Geschichtstheorie in der deutschen Aufklärung*, Waltrop, 249–267.

Blanke, Horst Walter / Rüsen, Jörn (Hg.) (1984) *Von der Aufklärung zum Historismus. Zum Strukturwandel des historischen Denkens*, Paderborn.

Bodin, Jean (1566, 1967) *Methodus ad facilem historiarum cognitinnem*, Aalen.

Bödeker, Hans Erich / Iggers, Georg G. / Knudsen, Jonathan B. / Reill, Peter H. (1986) Einleitung: Aufklärung und Geschichtswissenschaft, in: *Aufklärung und Geschichte. Studien zur deutschen Geschichtswissenschaft im 18. Jahrhundert*, Göttingen, hg. v. Dies., Göttingen, 9–24.

Bojanowski, Jochen (2006) *Kants Theorie der Freiheit. Rekonstruktion und Rehabilitierung* (KSEH 151), Berlin / Boston.

Bolingbroke, Lord (1738, dt. 1794) *Briefe über das Studium und den Nutzen der Geschichte*, Leipzig.

Borgtedt, Angela (2004) *Das Zeitalter der Aufklärung*, Darmstadt.

Borowsky, Peter (2005) *Schlaglichter historischer Forschung Studien zur deutschen Geschichte im 19. und 20. Jahrhundert*, hg. v. Rainer Hering / Rainer Nicolaysen, Hamburg.

Brandt, Reinhardt (1989) Freiheit, Gleichheit, Selbständigkeit bei Kant, in: *Die Ideen von 1789*, hg. v. Forum für Philosophie Bad Homburg, Frankfurt am Main, 90–127.

Brandt, Reinhard / Stark, Werner (1997) Einleitung der Herausgeber, in: *Kants Gesammelte Schriften* (Bd. 25), hg. v. d. Berlin Brandenburgischen Akademie der Wissenschaften, Berlin., VII-CLV.

Brandt, Reinhard (1999) *Kritischer Kommentar zu Kants Anthropologie in pragmatischer Hinsicht (1798)*, Hamburg.

Brandt, Reinhard (2003) The Guiding Idea of Kant's Anthropology and the Vocation of the Human Being, in: *Essays on Kants Anthropology*, hg. v. Brian Jacobs / Partrick Kain, Cambridge, 85–104.

Brandt, Reinhard (2003) *Universität zwischen Selbst- und Fremdbestimmung, Kants „Der Streit der Fakultäten". Mit einem Anhang zu Heideggers Rektoratsrede*, Berlin.

Brandt, Reinhard (2007) *Die Bestimmung des Menschen bei Kant*, Hamburg.

Brandt, Reinhard (2011) Die einheitliche Naturgeschichte der Menschheit (Idee Achter Satz), in: *Immanuel Kant. Schriften zur Geschichtsphilosophie* (Klassiker Auslegen, 46), hg. v. Ottfreid Höffe, Berlin, 91–101.

Brandt, Weltbürgerrecht (2011) Vom Weltbürgerrecht, in: *Immanuel Kant. Zum Ewigen Frieden* (Klassiker Auslegen Bd. 1), 3. bearb. Aufl., hg. v. Ottfreid Höffe, Berlin, 95–106.

Brentano, Margherita von (2010) Kants Theorie der Geschichte und der bürgerlichen Gesellschaft, in: *Margherita von Brentano. Akademische Schriften*, hg. v. Peter McLaughlin, Göttingen, 446–457.

Breysig, Kurt (1901) *Kulturgeschichte der Neuzeit. Altertum und Mittelalter als Vorstufen der Neuzeit*, Berlin.

Burckhardt, Jakob (1905) Weltgeschichtliche Betrachtungen, in: *Werke* (Bd. 10), Basel, 349–558.

Büsch, Johann Georg (1775) *Encyklopädie der historischen, philosophischen und mathematischen Wissenschaften*, Hamburg.

Cassirer, Ernst (1932) *Die Philosophie der Aufklärung*, Tübingen.

Capra, Carlo (1992, 2004) Der Beamte, in: *Der Mensch der Aufklärung*, hg. v. Michel Vovelle, Essen, 246–281.

Chartier, Roger (1992, 2004) Der Gelehrte, in: *Der Mensch der Aufklärung*, hg. v. Michel Vovelle, Essen, 122–168.

Chladenius, Johann Martin (1742, 1969) *Einleitung zur richtigen Auslegung vernünftiger Reden und Schriften*, Neudruck hg. von L. Geldsetzer, Düsseldorf.

Chladenius, Johann Martin (1752) *Allgemeine Geschichtswissenschaft*, Leipzig.

Chwaszcza, Christine (2008) Anthropologie und Moralphilosophie im ersten Teil des Leviathan, in: *Thomas Hobbes. Leviathan oder der Stoff, Form und Gewalt eines kirchlichen und bürgerlichen Staates*, hg. v. Wolfgang Kersting, Berlin, 69–88.

Cohen, C. Alix (2006) Kant on epigenesis, monogenesis and human nature: the biological premises of anthropology, in: *Studies in History and Philosophy of Biology and Biomedical Sciences* (37), 675–693.

Corbett, Ross J. (2009) *The Lockean Commonwealth*, Albany.

Crusius, Christian August (1747) *Weg zur Gewißheit und Zuverlässigkeit der menschlichen Erkenntnis*, Leipzig.

Dann, Otto (1981) Die Lesegesellschaften und die Herausbildung einer modernen bürgerlichen Gesellschaft in Europa, in: *Lesegesellschaften und bürgerliche Emanzipation. Ein europäischer Vergleich*, hg. v. Ders., München, 9–29.

de Jong, Willem. R., / Betti, Arianna (2008). The classical model of science: A millenia-old model of scientific rationality, in: *Synthese* (174), 185–203.

Delfosse, Heinrich P. / Hinske, Norbert / Bordoni, Gianluca Sadun (Hg.) (2010) *Stellenindex und Konkordanz zum „Naturrecht Feyerabend"*, Stuttgart.

Desmarest, Boris (2017) Kants's epigenesis: specificity and developmental constrains, in: *History and Philosophy of Life Sciences* (39). https://doi.org/10.1007/s40656-017-0129-2, besucht am 12.12.2022.

Despland, Michel (1973) *Kant on History and Religion*, Montreal.

Dietzsch, Steffen (2010) Geschichtsphilosophie, in: *Enzyklopädie Philosophie* (Bd. 1) hg. v. Hans Jörg Sandkühler, Hamburg, 1070–1093.

Dilthey, Wilhelm (1910, 1960) Das achtzehnte Jahrhundert und die geschichtliche Welt, in: *Gesammelte Schriften* (Bd. 3), Stuttgart.

Dierse, Ulrich / Scholtz, Gunter (1974) „Geschichtsphilosophie", in: *Historisches Wörterbuch der Philosophie* (Bd. 3), hg. v. Joachim Ritter / Karlfried Gründer / Gottfried Gabriel, Darmstadt, 416–439.

Dreier, Horst (2005) Kants Republik, in: *Kant im Streit der Fakultäten*, hg. v. Volker Gerhardt, Berlin 133–170.
Dreitzel, Horst (1981) Die Entwicklung der Historie zur Wissenschaft, in: *Zeitschrift für Historische Forschung* (Bd. 8), 257–284.
Droysen, Johann Gustav (1863) Die Erhebung der Geschichte zum Rang einer Wissenschaft, in: *Historischen Zeitschrift* (9, 1), 1–22.
Fackenheim, Emil F. (1957) Kant's Concept of History, in: *Kant-Studien* (48, 1), 381–398.
Falkenstein, Lorne (1990) Was Kant a Nativist?, in: *Journal of the history of ideas* (51, 4), 573–597.
Frierson, Patrick (2015) Anthropologie in pragmatischer Hinsicht, in: *Das Kant Lexikon* (Bd. 1), hg. v. Marcus Willaschek u. a., Berlin, 115–122.
Jefferson, Thomas (1760–76, 2018), *The Papers of Thomas Jefferson* (Vol.1: 1760–1776), Princton.
Ferrone, Vincenzo (1992, 2004) Der Wissenschaftler, in: *Der Mensch der Aufklärung*, hg. v. Michel Vovelle, Essen, 169–209.
Flikschuh, Katrin (2000) *Kant and Modern Political Philosophy*, New York.
Forschner, Maximilian (2015) Glauben, in: *Kant-Lexikon* (Bd. I), hg v. Marcus Willaschek / Jürgen Stolzenberg / Georg Mohr / Stefan Bacin, Berlin / Bosten, 858–862.
Forster, Georg (1777, 2007) *Reise um die Welt*, Frankfurt am Main.
Forster, Georg (1958 ff.) *Werke, Sämtliche Schriften, Tagebücher Briefe*, hrsg. v. d. Akademie der Wissenschaften, Zentralinstitut für Literaturgeschichte, Berlin.
Förster, Eckart (2009) The hidden plan of nature, in: *Kant's Idea for a Universal History with a Cosmopolitan. Aim A Critical Guide*, Cambridge, 187–199.
Foucault, Michel (1964, 2010) *Einführung in Kants Anthropologie*, Berlin.
Foucault, Michel (1971) *Die Ordnung der Dinge*, Frankfurt am Main.
Foucault, Michel (1986) *Vom Licht des Krieges zur Geburt der Geschichte*, Berlin.
Frank, Manfred / Zanetti, Véronique (2001) *Immanuel Kant Schriften zur Ästhetik und Naturphilosophie Text und Kommentar* (Bd. 3), Frankfurt am Main.
Friedmann Michael (1992) Regulative and Consitutive, in: *The Southern Journal of Philosophy*, Supplement (30), 73–102.
Friedrich der Große (1769, 1913) Über Erziehung, in: *Die Werke Friedrichs des Großen* (Bd. 8), hg. v. Gustav Berthold Volz, 10 Bde., Berlin.
Fueter, Eduard (1911) *Geschichte der neueren Historiographie*, München.
Fugate, Courtney D. (2014) *The Teleology of Reason. A Study of the Structure of Kant's Critical Philosophy* (KSEH 178), Berlin / Boston.
Fuhrmann, Horst (1966) Konstantinische Schenkung und abendländisches Kaisertum, in: *Deutsches Archiv für Erforschung des Mittelalters* (22), 63–178.
Fulda, Daniel (1996) *Wissenschaft aus Kunst. Die Entstehung der modernen deutschen Geschichtsschreibung 1760–1860*, Berlin / New York.
Gatterer, Johann Christoph (1761–1764) *Handbuch der Universalgeschichte nach ihrem gesamten Umfange von Erschaffung der Welt bis zum Ursprunge der meisten heutigen Reiche und Staaten. Nebst einer vollständigen Einleitung von der Historie überhaupt und von der Universalhistorie insonderheit, wie auch von den hierher gehörigen Schriftstellern* (2 Bde.), Göttingen.
Gatterer, Johann Christoph (1767) Vom historischen Plan und der darauf gründenden Zusammenführung der Erzählung, in: *Allgemeine historische Bibliothek* (Bd. 1), Halle, 15–89. https://www.deutsche-digitale-bibliothek.de/item/IQXR7FK7VU3HTOD3GII4DMAQDE6ECMVR, besucht am 12.12.2022.

Gatterer, Johann Christoph (1768) Abhandlung vom Standort und Gesichtspunkt des Geschichtsschreibers oder der teutsche Livius, in: *Allgemeine historische Bibliothek* (Bd. 5), Halle, 97–159. https://www.deutsche-digitale-bibliothek.de/item/IQXR7FK7VU3HTOD3GII4DMAQDE6ECMVR, besucht am 12.12.2022.

Gatterer, Johann Christoph (1771) *Einleitung in die synchronistische Universalhistorie zur Erläuterung seiner synchronistischen Tabellen* (2 Bde.), Göttingen.

Gatterer, Johann Christoph (1785) *Weltgeschichte in ihrem ganzen Umfange*, Göttingen.

Geiger, Ido (2013) Can universal History Underwrite Kant's Substantive Conception of Moral Value?, in: *Akten des XI. Internationalen Kant-Kongress* (Bd. 3), hg. v. Bacin, Stefano et al., Berlin / Boston, 245–256.

Gerhardt, Volker (2005) Das Recht in weltbürgerlicher Absicht. Kants Zweifel am föderalen Weg zum Frieden, in: *Kant im Streit der Fakultäten*, hg. v. Volker Gerhardt, Berlin 286–306.

Gerhardt, Volker (2011) Mutmaßlicher Anfang der Menschengeschichte, in: *Immanuel Kant. Schriften zur Geschichtsphilosophie*, hg. v. Otfried Höffe, Berlin, 175–196.

Gierl, Martin (2012) *Geschichte als präzisierte Wissenschaft. Johann Christoph Gatterer und die Historiographie des 18. Jahrhunderts im ganzen Umfang* (Fundament Historica), Stuttgart.

Ginsborg, Hannah (2014) Kant's Aesthetics and Teleology, in: *The Stanford Encyclopedia of Philosophy* (Fall 2014 Edition), hg. v. Edward N. Zalta. http://plato.stanford.edu/archives/fall2014/entries/kant-aesthetics/, besucht am 12.12.2022

Glaston, William (1996) What Is Living and What Is Dead in Kant's Practical Philosophy?, in: *Kant and Political Philosophy: The Contemporary Legacy*, hg. v. Ronald Beiner u. William James Booth, Yale, 207–223.

Goertz, Hans-Jürgen (1995) *Umgang mit Geschichte*, Hamburg.

Goethe, Johann Wolfgang von (1924) *Goethe-Briefe* (Bd.4), hg. v. Philiph Stein, Berlin.

Grau, Conrad (1988) *Berühmte Wissenschaftsakademien. Von ihrer Entstehung und ihrem weltweiten Erfolg*, Frankfurt am Main.

Grier, Michelle (2001) *Kant's Doctrine of Transcendental Illusion*. Cambridge.

Gross, Mirijana (1998) *Von der Antike bis zur Postmoderne: Die zeitgenössische Geschichtsschreibung und ihre Wurzeln*, Wien.

Gulyga, Arsenij (1997, 2004) Immanuel Kant, Frankfurt am Main.

Guyer, Paul (2000) The Unity of Nature and Freedom: Kant's Conception of the System of Nature and Freedom, in: *The Reception of Kant's Critical Philosophy*, hg. v. Sally Sedgwick, Cambridge, 19–53.

Guyer, Paul (2001[a]) From Nature to Morality: Kant's New Argument in the Critique of Teleological Judgment, in: *Architektonik und System in der Philosophie Kants*, hg. v. Hans Friedrich Fulda / Jürgen Stolzenberg, Hamburg, 375–404.

Guyer, Paul (2001[b]) Organisms and the Unity of Science, in: *Kant and the sciences*, hg v. Eric Watkins. Oxford, 259–281.

Guyer, Paul (2009) The crooked timber of mankind, in: *Kant's Idea for a Universal History with a Cosmopolitan Aim. A Critical Guide*, hg. v. Rorty A. Oksenberg u. J. Schmidt, Cambridge, 129–149.

Guyer, Paul (2020), Mendelsohn Kant possibility of progress, in: *Reason and Experience in Mendelssohn and Kant* (Vorabzug des Autors).

Hacking, Ian (2006) *The Emergence of Probability: A Philosophical Study of Early Ideas About Probability Induction and Statistical Inference*, Cambridge.

Hammerstein, Notker (1972) *Jus und Historie. Ein Beitrag zur Geschichte des historischen Denkens an deutschen Universitäten im späten 17. und 18. Jahrhundert*, Göttingen.

Hammerstein, Notker (2005) Universitäten, in: *Handbuch der deutschen Bildungsgeschichte* (Bd. 2, 18. Jahrhundert), hg. v. Ders. / Ulrich Herrmann, München, 369–395.
Harari, Yuval (2011) *Sapiens: A brief History of Humankind*, London.
Harnack, Karl Gustav Adolf (1900) *Geschichte der Königlich Preußischen Akademie der Wissenschaften zu Berlin* (4 Bde.), Berlin.
Hartwig, Wolfgang (1982) *Die Verwissenschaftlichung der Geschichtsschreibung und die Ästhetisierung der Darstellung*, in: Formen der Geschichtsschreibung, hg. v. Reinhart Koselleck / Heinrich Lutz / Jörn Rüsen, München, 147–191.
Hartwig, Wolfgang (1990) Die Verwissenschaftlichung der Geschichtsschreibung zwischen Aufklärung und Historismus, in: *Geschichtskultur und Wissenschaft*, hg. v. ders., München, 58–102.
Hauer, Friedrich (1994) Verwissenschaftlichung der Geschichte. Kommentar zu Georg G Iggers, in: *Geschichtsdiskurs. Die Anfänge modernen historischen Denkens*, hg. v. Wolfgang Küttler / Jörn Rüsen / Ernst Schulin, Frankfurt am Main, 87–91.
Hausen, Carl Renatus (1766) Rede von der Theorie der Geschichte, in ders.: *Vermischte Schriften*, Halle.
Heidemann, Dietmar (Hg.) (2009) *Kant Yearbook (1): Teleology*. Berlin.
Herder, Gottfried Johann (1877–1908) *Sämtliche Werke* (33 Bde.), hg. v. Bernhard Suphan, Berlin.
Herder, Johann Gottfried (1965) *Ideen zur Philosophie der Geschichte der Menschheit* (2 Bde.), Berlin u. Weimar.
Herder, Johann Gottfried (1977–88) *Briefe Gesamtausgabe 1763–1803* (5 Bde.), hg. v. Karl Heinz Hahn, Weimar.
Herder, Johann Gottfried (1993) *Abhandlung über den Ursprung der Sprache*, Stuttgart.
Hinske, Norbert (1966) Kants Idee der Anthropologie, in: *Die Frage nach dem Menschen. Festschrift für Max Müller*, Freiburg / München, 410–427.
Hirsch, Philipp-Alexander (2016) Keine Freiheit ohne Staat! Was Kants politischer Liberalismus uns heute noch zu sagen hat, in: *INDES. Zeitschrift für Politik und Gesellschaft* (2), 66–76.
Hobbes, Thomas (1651, 1984) *Leviathan oder Stoff, Form und Gewalt eines kirchlichen und bürgerlichen Staates*, hg. v. Iring Fetscher, Frankfurt am Main.
Höffe, Otfried (2002), „Einleitung in die Kritik der praktischen Vernunft", in: *Immanuel Kant. Kritik der praktischen Vernunft* (Klassiker Auslegen Bd. 26), hg. v. ders., Berlin, 1–23.
Höffe, Otfried (2000) *Immanuel Kant*, München.
Höffe, Otfried (Hg.) (2011) (Klassiker Auslegen Bd. 1), 3. bearb. Aufl., Berlin.
Höffe, Otfried (2011) Völkerbund oder Weltrepublik?, in: *Immanuel Kant. Zum Ewigen Frieden* (Klassiker Auslegen Bd. 1), 3. bearb. Aufl., Berlin, 77–93.
Höffe, Otfried (2011) Zum Ewigen Frieden, Erster Zusatz, in: *Immanuel Kant. Schriften zur Geschichtsphilosophie* (Klassiker Auslegen Bd. 46), hg. v. ders., Berlin, 157–173.
Honneth, Axel (2004) Die Unhintergehbarkeit des Fortschritts: Kants Bestimmung des Verhältnisses von Moral und Geschichte, in: *Recht—Geschichte—Religion: Die Bedeutung Kants für die Gegenwart*, hg. v. Herta Nagl-Docekal u. Rudolf Langthaler, Berlin, 85–98.
Hoorn, Tanja von (2004) *Dem Leibe abgelesen. Georg Forster im Kontext der physischen Geographie des 18. Jahrhunderts*, Tübingen.
Horkheimer, Max / Adorno, Theodor W. (1998) *Dialektik der Aufklärung. Philosophische Fragmente*, Frankfurt am Main.
Horn, Christopher (2011) Das Interesse der Philosophie an der Menschengeschichte, in: *Immanuel Kant Schriften zur Geschichtsphilosophie* (Klassiker Auslegen Bd. 46), hg. v. Ottfried Höffe, Berlin, 103–118.

Horn, Christoph (2014) *Nichtideale Normativität. Ein neuer Blick auf Kants politische Philosophie*, Frankfurt am Main.
Humboldt, Wilhelm von (1821, 1980), Über die Aufgabe des Geschichtsschreibers, in: *Werke in fünf Bänden* (Bd. 1), Darmstadt, 585–606.
Hunger, Kurt (1933) *Die Bedeutung der Universität Göttingen für die Geschichtsforschung am Ausgang des 18. Jahrhunderts*, Berlin.
Iggers, Georg Gerson (1994) Ist es in der Tat in Deutschland früher zur Verwissenschaftlichung der Geschichte gekommen als in anderen Ländern?, in: *Geschichtsdiskurs. Die Anfänge modernen historischen Denkens*, hg. v. Wolfgang Küttler / Jörn Rüsen / Ernst Schulin, Frankfurt am Main, 73–86.
Iggers, Georg Gerson (1997) *Deutsche Geschichtswissenschaft eine Kritik der traditionellen Geschichtsauffassung von Herder bis zur Gegenwart*, Wien / Köln / Weimar.
Ingrao, Charles (1990) The Smaller German States, in: *Enlightened Absolutism: Reform and Reformers in Later Eighteenth-Century Europe*, hg. v. Scott M. Hamish, London, 221–243.
Im Hof, Ulrich (1993) *Das Europa der Aufklärung*, München.
Irrlitz, Gerd (2002) *Kant-Handbuch. Leben und Werk*, Stuttgart.
Islin, Isaak (1784) *Über die Geschichte der Menschheit*, Karlsruhe. http://reader.digitale-sammlungen.de/de/fs1/object/display/bsb10435297_00005.html, besucht am 12.12.2022.
Jacobs, Brian (2003) Kantian Character and the Problem of a Science of Humanity, in: *Essays on Kants Anthropology*, hg. v. Brian Jacobs / Partrick Kain, Cambridge, 105–134.
Jäger, Friedrich / Rüsen, Jörn (1992) *Geschichte des Historismus. Eine Einführung*, München.
Jähnig, Bernhart (2008) Königsberger Universitätsprofessoren für Geschichte im Jahrhundert der Aufklärung, in: *Die Universität Königsberg in der Frühen Neuzeit*, hg v. Hanspeter Marti / Manfred Komorowski, Köln / Weimar / Wien, 319–344.
Jahn, Isle (1990) *Grundzüge der Biologiegeschichte*, Jena.
Jarausch, Konrad H. (1986) The Institutionalization of History in 18th-Century Germany, in: *Aufklärung und Geschichte. Studien zur deutschen Geschichtswissenschaft im 18. Jahrhundert*, hg v. Hans Erich Bödeker / Georg G. Iggers / Jonathan B. Knudsen / Peter H. Reill, Göttingen, 25–48.
Johannsen Jochen (2001) Heeren versus Plötz. Herders *Ideen* im Streit zwischen empirischer und philosophischer Geschichte, in: *Vom Selbstdenken. Aufklärung und Aufklärungskritik in Herders „Ideen zur Philosophie der Geschichte der Menschheit"*, hg v. Regine Otto / John H. Zammito, Heidelberg, 199–213.
Johannsen, Jochen (2016). Briefe zur Beförderung der Humanität. in: *Herder Handbuch*, hg v. Stefan Greif / Marion Heinz / Heinrich Clairmont, Paderborn, 160–171.
Kaegi, Werner (1942) *Historische Meditationen*, Zürich.
Kallweit, Hilmar (1988) Szenarien der Individualisierung, in: *Poetik und Hermeneutik* (XIII), hg. v. Manfred Frank, München, 384–420.
Kallweit, Hilmar (1994) Zur anthropologischen Wende in der zweiten Hälfte des 18. Jahrhunderts – aus Sicht des Archäologen Michel Foucault, in: *Geschichtsdiskurs. Die Anfänge modernen historischen Denkens*, hg.v. Wolfgang Küttler / Jörn Rüsen / Ernst Schulin, Frankfurt am Main, 17–47.
Kames, Henry Home (2007) *Sketches of the history of man*, hg. V. James a. Harris, Indianapolis.
Kant, Immanuel (1900 ff.) *Gesammelte Schriften*, hg. v. Preussische Akademie der Wissenschaften (Bde. 1–22), Deutsche Akademie der Wissenschaften zu Berlin (Bd. 23) u. Akademie der Wissenschaften zu Göttingen (ab Bd. 24), Berlin.
Kant, Immanuel (1968), *Werkausgabe in 12 Bänden*, hg. v. Wilhelm Weischedel, Frankfurt am Main.

Kant, Immanuel (1900-) Gesammelte Schriften, Königlich Preußische Akademie der Wissenschaften. Berlin.
Kambartel, Friedrich (1984) Naturgeschichte, in: *Historisches Wörterbuch der Philosophie* (Bd. 6), hrsg. v. Joachim Ritter / Karlfried Gründer / Gottfried Gabriel, Basel, 526–528.
Kaulbach, Friedrich (1975) Welchen Nutzen gibt Kant der Geschichtsphilosophie? in: *Kant-Studien* (66), 65–84.
Kersting, Wolfgang (1993) *Wohlgeordnete Freiheit, Immanuel Kants Rechts- und Staatsphilosophie*, Frankfurt am Main.
Kersting, Wolfgang (1992) *Thomas Hobbes zur Einführung*, Hamburg.
Kittsteiner, Heinz-Dieter (1980) *Naturabsicht und unsichtbare Hand*, Frankfurt am Main.
Kleingeld, Pauline (1995) *Fortschritt und Vernunft. Zur Geschichtsphilosophie Kants*, Würzburg.
Kleingeld, Pauline (2009) Kant's changing cosmopolitanism, in: *Kant's Idea for a Universal History with a Cosmopolitan. Aim A Critical Guide*, Cambridge, 171–186.
Kleingeld, Pauline (2011) Die Bedeutung des weltbürgerlichen Zustands, in: *Immanuel Kant. Schriften zur Geschichtsphilosophie*, hg. v. Otfried Höffe, Berlin, 79–89.
Klemme, Heiner F. (1999) Freiheit des Willens und Herrschaft des Bösen. Kants Lehre vom radikal ösen zwischen Moral, Religion und Recht, in: *Aufklärung und Interpretation. Studien zu Kants Philosophie und ihrem Umkreis*, Würzburg, 125–151.
Knigge, Adolph, Freiherr von (1788, 2002) *Über den Umgang mit Menschen*, Stuttgart.
Korsgaard, Christine M. (1986) Kant's Formula of Humanity, in: *Kant-Studien* (77), 183–202.
Koselleck, Reinhart (1975) Geschichte, Historie, in: *Geschichtliche Grundbegriffe* (Bd. 2, E-G), hg. v. Reinhart Koselleck / Christian Meier, Stuttgart, 593–717.
Koselleck, Reinhart (1977) Standortbindung und Zeitlichkeit. Ein Beitrag zur historiographischen Erschließung der geschichtlichen Welt, in: *Theorien der Geschichte. Objektivität und Parteilichkeit in der Geschichtswissenschaft. Beiträge zur Historik* (Bd. 1), hg v. Reinhart Koselleck / Wolfgang Mommsen / Jörn Rüsen, München, 17–46.
Koselleck, Reinhart (1979) *Vergangen Zukunft. Zur Semantik geschichtlicher Zeit*, Frankfurt am Main
Kraus, Andres (1963) *Vernunft und Geschichte*, Freiburg.
Kraus, Andreas (1976). Die Geschichtswissenschaft an den deutschen Akademien des 18. Jahrhunderts, in: *Historische Forschung im 18. Jahrhundert* (Pariser Historische Studien, Bd. 13), Bonn, 236–259.
Kühn, Manfred (2007) *Kant. Eine Biographie*, München.
Kühn, Manfred (2009) Reason as a species characteristic, in: *Kant's Idea for a Universal History with a Cosmopolitan. Aim A Critical Guide*, Cambridge, 68–93.
Kühn, Manfred (2010) Kant's Metaphysics of Morals. The history and significance of its deferral, in: *Kant's ‚Metaphysics of Morals'. A Critical Guide*, hg v. Lara Denis, Cambridge, 9–27.
Küttler, Wolfgang (1994) Die Anfänge der Geschichtswissenschaft und die Ambivalenzen der Moderne, in: *Geschichtsdiskurs. Anfänge modernen Historischen Denkens* (Bd. 2), hg. v. ders. / Jörn Rüsen / Ernst Schulin, Frankfurt am Main, 381–389.
Laberge, Pierre (2011) Von der Garantie des ewigen Friedens, in: *Immanuel Kant. Zum Ewigen Frieden* (Klassiker Auslegen Bd. 1), 3. bearb. Aufl., Berlin, 107–122.
Lambrecht, Karl (1896) *Alte und Neue Richtungen in der Geschichtswissenschaft*, Leipzig.
Lamprecht Lars (2002) Geschichtsphilosophie, in: *Enzyklopädie Philosophie*, hg. v. Hans Jörg Sandkühler, 1076–1093.
Landgrebe, Ludwig (1968) Die Geschichte im Denken Kants, in: *Phänomenologie und Geschichte*, Darmstadt, 111–124.

Larson, James L. (1994) *Interpreting Nature. The science of Living Form from Linnaeus to Kant*, Baltimore / London.
Lessing, Gotthold Ephraim (1777; 1897) Über den Beweis des Geistes und der Kraft, in: *Sämtliche Schriften* (Bd. 13), hg. v. Karl Lachmann, Leipzig.
Little, Daniel (2012) Philosophy of History, in: *The Stanford Encyclopedia of Philosophy* (Winter 2012 Edition), hg. v. Edward N. Zalta. http://plato.stanford.edu/archives/win2012/entries/history/, besucht am 12.12.2022.
Lloyd, Genevieve (2009) Providence as progress: Kant's variations on a tale of origins, in: *Kant's Idea for a Universal History with a Cosmopolitan. Aim A Critical Guide*, Cambridge, 200–215.
Locke, John (1689, 1983) *A Letter Concerning Toleration*, hg. v. James H. Tully. Indianapolis.
Locke, John (1689, 1988) *Two Treatises of Government*, hg. v. Peter Laslett, Cambridge.
Locke, John (1693, 1989) *Some Thoughts concerning Education*, Oxford.
Louden, Robert B. (1999) *Kant's Impure Ethics: From Rational Beings to Human Beings*, Oxford.
Louden, Robert B. (2011) *Kant's Human Being. Essays on his Theory of Human Nature*, New York.
Lovejoy, Arthur O. (2015) *Die große Kette der Wesen. Geschichte eines Gedankens*, Frankfurt am Main.
Ludwig, Bernd (2005) *Kants Rechtslehre. Mit einer Untersuchung zur Drucklegung Kantischer Schriften von Werner Stark* (Kant Forschungen 2), 2. Aufl., Hamburg
Marquard, Odo (1982) *Schwierigkeiten mit der Geschichtsphilosophie*, Frankfurt am Main.
May, Sebastian (2012) *Die symbolische Erkenntnis Gottes* (KSEH, 165) Berlin / Boston.
McLaughlin, Peter (1989) *Kritik der teleologischen Urteilskraft*, Bonn.
McLaughlin, Peter (2014) Transcendental Presuppositions and Ideas of Reason, in: *Kant Studien* (105, 4) 554–572.
McLaughlin, Peter (2015) „Keim", in: *Kant-Lexikon* (Bd. I), hg v. Marcus Willaschek / Jürgen Stolzenberg / Georg Mohr / Stefan Bacin, Berlin / Bosten, 1236–1237.
Meinecke, Friedrich (1959) *Die Entstehung des Historismus* (Werke, Bd. 3), München.
Mendelsohn, Moses (1783, 2005) *Jerusalem oder über religiöse Macht und Judentum*, hg. v. Miachael Albrecht, Hamburg.
Mensch, Jennifer (2013) *Kant's Organicism: Epigenesis and the Development of the Critical Philosophy*, Chicago.
Merkel, Reinhard / Wittmann, Roland (Hg., 1996) *Zum ewigen Frieden. Grundlagen, Aktualität und Aussichten einer Idee von Immanuel Kant*, Frankfurt am Main.
Merkrer, Nicolao (1982) *Die Aufklärung in Deutschland*, München.
Mischel, Theodore (1963) Kant and the Possibility of a Science of Psychology, in: *The Monist* (51, 4), 599–622.
Mocek, Reinhard (1999a) Natur, in: *Enzyklopädie Philosophie* (Bd. 1), hg. v. Hans J. Sandkühler, Hamburg, 897–904.
Mocek, Reinhard (1999b) Naturgeschichte, in: *Enzyklopädie Philosophie* (Bd. 1), hg. v. Hans J. Sandkühler, Hamburg, 915–918.
Möller, Horst (1975) Geschichtsschreibung und Geschichtsauffassung bei Friedrich Nicolai. Zum Verhältnis von Aufklärung und Geschichte (Bd. 1), in: *International Studies in Philosophy* (7), 111–144.
Mori, Massimo (1990) Aufklärung und Kritizismus in Kants Geschichtsphilosophie, in: *Aufklärung* (5), 81–102.
Mori, Massimo (2013) Kant and Historical Knowledge, in: *Graduate Faculty Philosophy Journal* (34:1), 21–42.

Mori, Massimo (2013). Reine Vernunft und Weltbürgertum, in: *Akten des XI. Internationalen Kant-Kongress* (Bd. 1), hg. v. Bacin, Stefano et al., Berlin / Boston, 339–356.
Muhlack, Ulrich (1986) Historie und Philologie, in: *Aufklärung und Geschichte. Studien zur deutschen Geschichtswissenschaft im 18. Jahrhundert*, hg v. Hans Erich Bödeker / Georg G. Iggers / Jonathan B. Knudsen / Peter H. Reill, Göttingen, 49–81.
Muhlack, Ulrich (1991) *Geschichtswissenschaft im Humanismus und in der Aufklärung*, München.
Nagl-Docekal, Herta / Langenthaler, Rudolf (2004) Vorwort, in: *Recht—Geschichte—Religion: Die Bedeutung Kants für die Gegenwart*, hg. v. Dies., Berlin, 7–12.
Niebuhr, Barthold Georg (1811) *Römische Geschichte* (Bd. 1), Berlin. http://www.deutschestextarchiv.de/book/show/niebuhr_roemische01_1811, besucht am 12.12.2022.
Niesen, Peter (2001) Volk von Teufeln-Republikanismus. Zur Frage nach den moralischen Ressourcen der liberalen Demokratie, in: *Die Öffentlichkeit der Vernunft und die Vernunft der Öffentlichkeit. Festschrift zum 70. Geburtstag von Jürgen Habermas*, hg. v. Lutz Wingert u. Klaus Günter, Frankfurt am Main, 568–604.
O'Neil, Onora (2015) *Constructing Authorities. Reason Politics and Interpretation in Kant's Philosophy*, Cambridge.
Pangle, Thomas L. (1988) *The Spirit of Modern Republicanism*, Chicago.
Pascher, Manfred (1991) *Kants Begriff „Vernunftsinteresse"*, Innsbruck.
Pinkard, Terry (2009) Norms, facts, and the philosophy of history, in: *Kant's Idea for a Universal History with a Cosmopolitan. Aim A Critical Guide*, Cambridge, 216–230.
Pinckert, Steven (2018) *Enlightenment Now: The Case for Reason, Science, Humanism, and Progress*, New York.
Pitte van de, Frederick P. (1971) *Kant as Philosophical Anthropologist*, Nijhoff.
Plinius, Gaius Secundus (1881) *Naturgeschichte der Pflanzen, Buch XII-XIX*, übers. v. G. C. Wittstein, Leipzig.
Plinius, Gaius Secundus (1967–2002) *Plini Secundi Naturalis historiae libri, XXXVII*, hg. v. Ludwig Jahn / Karl Mayhoff, Stuttgart.
Pölitz, Karl Heinrich Ludwg (1795) *Grundlinien zur pragmatischen Weltgeschichte, als ein Versuch sie auf Ein Prinzip zurückzuführen für akademische Vorlesungen geschrieben*, Leipzig.
Pölitz, Karl Heinrich Ludwig (1805) *Handbuch der Weltgeschichte*, Leipzig.
Pölitz, Karl Heinrich Ludwig (1808–1810) *Geschichte und Statistik und Erdbeschreibung des Königreichs Sachsens und des Herzogtums* (3 Bde.), Leipzig.
Pölitz, Karl Heinrich Ludwig (1817–1825) *Die europäischen Verfassungen seit 1789 bis auf die neuste Zeit*, Leipzig.
Popper, Karl Raimund (2003) Hat die Geschichte einen Sinn?, in: Ders., *Die offenen Gesellschaft und ihre Feinde* (Bd. 2: Falsche Propheten), Tübingen, 316–318.
Proß, Wolfgang (2016). Briefe zur Beförderung der Humanität. in: *Herder Handbuch*, hg v. Stefan Greif / Marion Heinz / Heinrich Clairmont, Paderborn, 171–216.
Prauss, Gerold (1983) *Kant über Freiheit als Autonomie*, Frankfurt am Main.
Prüfer, Thomas (2002) *Die Bildung der Geschichte. Friedrich Schiller und die Anfänge der modernen Geschichtswissenschaft*. Köln/Weimar/Wien.
Pütter, Stephan (1752; 1769) *Grundriß der Staatsveränderungen des Teutschen Reichs*, 4. Aufl., Göttingen.
Quarfood, Marcel (2004) *Transcendental Idealism and the Organism. Essays on Kant*, Stockholm.
Quarfood, Marcel (2006) Kant on biological teleology: Towards a two-level interpretation, in: *Studies in History and Philosophy of Biological and Biomedical Sciences* (37, 4), 735–747.
Ranke, Leopold von (1885) *Geschichte der romanischen und germanischen Völker*, 3. Aufl Leipzig.

Reich, Klaus (1936) *Rousseau und Kant*, Tübingen.
Reichmann, Eberhard (1968) *Die Herrschaft der Zahl. Quantitatives Denken in der deutschen Aufklärung*, Stuttgart.
Reill, Peter Hannes (1980) Johann Christoph Gatterer, in: *Deutsche Historiker* (Bd. 6), hg. v. Hans-Ulrich Wehler, Göttingen, 7 – 22.
Reill, Peter Hannes (1986) Science and the Science of History in the Spätaufklärung, in: *Aufklärung und Geschichte. Studie zur deutschen Geschichtswissenschaft im 18. Jahrhundert*, hg. v. ders. / Georg G. Iggers, Jonathan B. Knudsen / Hans Erich Bödeker, Göttingen, 430 – 451.
Reill, Peter Hannes (1994) Die Historisierung von Natur und Mensch. Der Zusammenhang von Naturwissenschaften und historischem Denken im Entstehungsprozeß der modernen Naturwissenschaften, in: *Geschichtsdiskurs. Anfänge modernen historischen Denkens* (Bd. 2), hg. v. Wolfgang Küttler / Jörn Rüsen / Ernst Schulin, Frankfurt am Main, 48 – 61.
Recki, Brigit (2005) Fortschritt als Postulat du die Lehre vom Geschichtszeichen, in: *Kant im Streit der Fakultäten*, hg. v. Volker Gerhardt, Berlin 229 – 247.
Renaut, Alain (1986) *Le système du droit*, Paris.
Ricoeur, Paul (1996) Geschichte und Rhetorik, in: *Der Sinn des Historischen. Geschichtsphilosophische Debatten*, hg. v. Herta Nagel-Dockal, Frankfurt am Main, 107 – 134.
Riedel, Manfred (1974) Einleitung, in: *Immanuel Kant. Schriften zur Geschichtsphilosophie*, Stuttgart, 3 – 20.
Riedel, Manfred (1981) Historizismus und Kritizismus. Kants Streit mit G. Forster und J.G. Herder, in: *Kant-Studien* (72, 1), 41 – 57.
Ripstein, Arthur (2009) *Force and Freedom: Kant's Legal and Political Philosophy*, Cambridge.
Roger, Jaques (1997) The Life Sciences in Eighteenth-Century French Thought, ed. v. Keith R Benson, übers. v. Robert Ellrich, Stanford.
Rohbeck, Johannes (1987) *Die Fortschrittstheorie der Aufklärung: französische und englische Geschichtsphilosophie in der 2. Hälfte des 18. Jahrhunderts*, Frankfurt am Main.
Rohbeck, Johannes (2004) *Geschichtsphilosophie. Eine Einführung*, Hamburg.
Rohbeck, Johannes (2000) *Technik – Kultur – Geschichte: Eine Rehabilitation der Geschichtsphilosophie*, Frankfurt am Main.
Rohbeck, Johannes (2012) Aufklärung und Geschichte, Berlin / Boston.
Rohbeck, Johannes (2020) *Integrative Geschichtsphilosophie in Zeiten der Globalisierung*, Berlin / Boston.
Rotry, Amélie Oksenberg / Schmidt, James (2009) Introduction: history as philosophy, in: *Kant's Idea for a Universal History with a Cosmopolitan. Aim A Critical Guide*, Cambridge, 1 – 8.
Rüsen, Jorn (1981) Geschichte als Aufklärung? Oder: Das Dilemma des historischen Denkens zwischen Herrschaft und Emanzipation, in: *Geschichte und Gesellschaft* (Bd. 7), 189 – 218.
Schelling, Friedrich Wilhelm (1856) *Werke 1792 – 1797* (Bd. 1), hg. v. Karl Friedrich August Schelling, Stuttgart.
Schiller, Friedrich (1788; 1979) Brief an Christian Gottfried Körner (7. Jan. 1788) in: *Schillers Werke Nationalausgabe* (Bd. 25), hg. v. Eberhard Haufe, Weimar.
Schegel, Friedrich (1796, 1966) Versuch über den Begriff des Republikanismus veranlaßt durch die Kantische Schrift zum ewigen Frieden, in: *Kritische Friedrich-Schlegel-Ausgabe, Erste Abteilung: Kritische Neuausgabe* (Bd. 7), München / Paderborn / Wien / Zürich, 11 – 25.
Schleier, Hans (1993) Epochen der deutschen Geschichtsschreibung seit Mitte des 18. Jahrhunderts, in: *Geschichtsdiskurs. Grundlagen und Methoden der Historiographiegeschichte* (Bd. 1), hg. v. Wolfgang Küttler / Jörn Rüsen / Ernst Schulin, Frankfurt am Main, 133 – 156.

Schleier, Hans (1994) Fragen zum Verwissenschaftlichungsprozeß der modernen Geschichtswissenschaft. Kommentar zur Horst Walter Blanke (1994) in: *Geschichtsdiskurs. Anfänge modernen Historischen Denkens* (Bd. 2), hg. v. Wolfgang Küttler / Jörn Rüsen / Ernst Schulin, Frankfurt am Main, 67 – 72.

Schlözer, August Ludwig v. (1772/73, 1997) *Vorstellung seiner Universal-Historie*, hg., eingeleitet und kommentiert von Horst Walter Blanke / Hartmut Spenner, Gotha.

Schönecker, Dieter / Wood, Allen W. (2002) *Kants „Grundlegung zur Metaphysik der Sitten"*, Paderborn.

Schulte, Christoph (1988) *Radikal Böse. Die Karriere des Bösen von Kant bis Nietzsche* München.

Schwartz, Astrid (1998) *Georg Forster (1754 – 1794) Zur Dialektik von Naturwissenschaft, Anthropologie, Philosophie und Politik in der deutschen Spätaufklärung. Kontinuität und Radikalisierung seiner Weltanschauung vor dem Hintergrund einer ganzheitlichen Werkinterpretation*, Aachen.

Sidgwick, (1874, 1981) *The Methods of Ethics*, Indianapolis / Cambridge.

Skinner, Quentin (2008) *Hobbes and Republican Liberty*, Cambridge.

Sloan, Philip R. (1979) Buffon, German Biology, and the historical Interpretation of Biological Species, in: *The British Journal of History of Science* (12), 109 – 153.

Sloan, Philipp R. (2002) Preforming the categories: Eighteenth-Century Generation Theory and the Biological Roots of Kants A Priori, in: *Journal of the History of Philosophy* (40, 2), 229 – 253.

Sloan, Philipp R. (2022) Kant's Prefomationism Revisited: Implications for Epistemology, 1 – 32 (Unveröffentlichtes Manuskript).

Srbik, Heinrich von (1959) *Geist und Geschichte. Vom deutschen Humanismus bis zur Gegenwart* (Bd. 1), München / Salzburg.

Stark, Werner (1993) *Nachforschungen zu Briefen und Handschriften Immanuel Kants*, Berlin.

Stark, Werner (2003) Historical Notes and Interpretive Questions about Kant's Lecture on Anthropology, in: *Essays on Kants Anthropology*, hg. v. Brian Jacobs / Partrick Kain, Cambridge, 15 – 37.

Stark, Werner (2013) Naturgeschichte bei Kant, in: *Akten des XI. Internationalen Kant-Kongress* (Bd. 5), hg. v. Bacin, Stefano et al., Berlin / Boston, 233 – 248.

Stollberg-Rilinger, Barbara (2000) *Europa im Jahrhundert der Aufklärung*, Stuttgart.

Sturm, Thomas (2009) *Kant und die Wissenschaften vom Menschen*, Münster.

Sturm, Thomas (2011) Freedom and the Human Sciences: Hume's Science of Man versus Kant's Pragmatic Anthropology, in: *Kant Yearbook (3): Anthropology*, 23 – 42.

Süßmilch, Johann Peter (1761/62) *Die göttliche Ordnung in den Veränderungen des menschlichen Geschlechts aus der Geburt, dem Tode und der Fortpflanzung desselben* (2 Teile), Berlin.

Thies, Christian (2011) Kants Geschichtsphilosophie aus heutiger Sicht, in: *Kant: l'anthropologie et l' historie*, hg. v. Olivier Agard / Francoise Lartillot, Paris, 35 – 49.

Thomasius, Christian (1705) *Fundamenta juris naturae et gentium*, Halle.

Timmermann, Jens (2007) Appendix F: The project of a metaphysics of morals, in: *Kant's Groundwork of the Metaphysics of Morals. A Commentary*, hg. v. ders., Cambridge, 168 – 172.

Troeltsch, Ernst (1904) *Das Historische in Kants Religionsphilosophie. Zugleich ein Beitrag zu den Untersuchungen über Kants Philosophie der Geschichte*, Berlin.

Toulmin, Stephan / Goodflield, Jane (1985) *Entdeckung der Zeit*, Frankfurt am Main.

Valera, Gabriella (1986) Statistik, Staatengeschichte, Geschichte im 18. Jahrhundert, in: *Aufklärung und Geschichte. Studien zur deutschen Geschichtswissenschaft im 18. Jahrhundert*, Göttingen, 119 – 143.

Van der Linden, Harry (1988) *Kant Ethics and Socialism*, Indianapolis.

Vierhaus, R. (1976) Geschichtsschreibung als Literatur im 18. Jahrhundert, in: *Historische Forschung im 18. Jahrhundert. Organisation, Zielsetzung, Ergebnisse*. Bonn, 416 – 431.

Vierhaus, R. (Hg.) (1985) *Wissenschaften im Zeitalter der Aufklärung*, Göttingen.
Vierhaus, R. (1986) Historisches Interesse im 18. Jahrhundert. in: *Aufklärung und Geschichte. Studien zur deutschen Geschichtswissenschaft im 18. Jahrhundert*, Göttingen, 264–275.
Voltarie (1751, 1887) *Das Zeitalter Ludwigs XIV.* (2 Bde.), übers v. Ribert Habs Leipzig.
Vorländer, Karl (1992) *Immanuel Kant der Mann und das Werk*, 3. Aufl., hg. v. Rudolf Malter, Hamburg.
Warda, Arthur (1922) *Immanuel Kants Bücher*, Berlin.
Wartenberg, Thomas E. (1992) Order Through Reason. Kant's Transcendental Justification of Science, in: *Kant-Studien* (70, 4), 409–424.
Wegelin, Jakob (1783) *Briefe über den Werth der Geschichte*, Berlin. http://reader.digitale-sammlungen.de/de/fs1/object/display/bsb10034288_00001.html, besucht am 12.12.2022.
Wehr, Marco (2000) *Hand. Geniestreich der Evolution. Ihr Einfluss auf Gehirn, Sprache und Kultur des Menschen*, Stuttgart.
Weingarten, Michael (1982) Menschenarten und Menschenrassen. Die Kontroverse zwischen Georg Forster und Immanuel Kant, in: *Georg Forster in seiner Epoche*, hg. v. Gerhardt Pickerodt, Berlin, 117–148.
Weyand, Klaus (1963) *Kant's Geschichtsphilosophie. Ihre Entwicklung und ihr Verhältnis zur Aufklärung, historisch Rekonstruktion der einzelnen Schriften*, Köln.
Willaschek, Marcus (1992) *Praktische Vernunft. Handlungstheorie und Moralbegründung bei Kant*, Stuttgart / Weimar.
Willaschek, Marcus (2005) Recht ohne Ethik? Kant über die Gründe das Recht nicht zu brechen, in: *Kant im Streit der Fakultäten*, hg. v. Volker Gerhardt, Berlin 188–204.
Williams, Garrath (2018) Kant's Account of Reason, in: *The Stanford Encyclopedia of Philosophy* (Summer 2018 Edition), hg. v. Edward N. Zalta. https://plato.stanford.edu/archives/sum2018/entries/kant-reason/, besucht am 12.12.2022.
Wood, Allen (1970) *Kant's Moral Religion*, Ithaca / London.
Wood, Allen (1991) Unsociable Sociability: The Anthropological Basis of Kantian Ethics, in:
Wood, Allen (1999) *Kant's Ethical Thought*, Cambridge.
Wood, Allen (2001) Practical Anthropology, in: *Akten des IX. Internationalen Kant-Kongress* (Bd. 4), hg. von Rolf Peter Horstmann / Volker Gerhardt, Berlin, 458–475.
Wood, Allen W. (2002) The final form of Kant's practical philosophy, in: *Kant's Metaphysics of Morals. Interpretative Essays*, hg v. Mark Timmons, Oxford, 1–22.
Wood, Allen W. (2003) Kant and the Problem of Human Nature, in: *Essays on Kants Anthropology*, hg. v. Brian Jacobs / Patrick Kain, Cambridge, 38–59.
Wood, Allen W. (2009) Arthur Ripstein, Force and Freedom: Kant's Legal and Political Philosophy, in: *Notre Dame Philosophical Reviews* (2009, 11). https://ndpr.nd.edu/news/force-and-freedom-kant-s-legal-and-political-philosophy/, besucht am 12.12.2022.
Yovel, Yirmiyahu (1980) *Kant and the Philosophy of History*, Princeton.
Zammito, John H. (2003) „This unscrutable principle of original organization": epigenesis and the looseness of fit in Kant's philosophy of science, in: Studies in History ans Philosophy of Science, Series A, 34, 73–109.
Zammito, John H. (2006) Policing Polygeneticism in Germany, 1775 (Kames,) Kant, and Blumenbach, in: *The German Invention of Race*, hg. v. Sara Eigen / Mark Larrimore, New York, 35–54.
Zammito, John H. (2008) Kant's „Naturalistic" History of Mankind? Some Reservations, in: *Journal of the Philosophy of History* 2(1), 29–62.

Zammito, John H. (2012) The Forster-Kant Controversy: The Provocations od interdisciplinarity, in: *Klopffechtereien – Missverständnisse – Widersprüche? Methodische und Methodologische Perspektiven auf die Kant-Forster -Kontroverse* (Laboratorium Aufklärung), München, 225 – 244.

Zammito, John H. (2016) Epigenesis in Kant: Recent reconsiderations, in: *Studies in History and Philosophy of Science Part A* (58), 85 – 97.

Zedler, Johann Heinrich (Hg.) (1732 – 1754) *Großes vollständiges Universal-Lexikon aller Wissenschaften und Künste* (64 Folio-Bände und 4 Supplementbände), Graz. http://www.zedler-lexikon.de/, besucht am 12.12.2022.

Zöller, Günter (1988). Kant on the generation of metaphysical Knowledge, in: *Kant: Analysen, Probleme, Kritik*, hg v. Hariolf Oberer / Gerhard Seel, Würzburg, 71 – 90.

Zuckert, Michael P. (1996). *The Natural Rights Republic. Studies in the Foundation of American Political Tradition*, Notre Dame.

Zumbach, Clark (1984) *The Transcendental Sciences: Kants's conception of biological methodology*, The Hague / Boston.

# Namensregister

Abbt, Thomas  10

Baumgartens, Alexander Gottlieb  5, 29, 34
Blumenbach, Johann Friedrich  10, 18
Bolingbroke, Viscount  9
Bolland, Jean  5
Buffon, Georges-Louis Leclere Comte de  7, 9f., 22
Büsch, Johann Georg  10

Campe, Joachim Heinrich  4
Cassirer, Ernst  1–3, 15, 28
Chladenius, Johann Martin  9f.
Crusius, Christian August  9

Droysen, Johann Gustav  17

Forster, Georg Heinrich  1, 3–8, 10–13, 15, 17f., 22f., 27
Forster, Johann Reinhold  1, 3–8, 10–13, 15, 17f., 22f., 27

Gatterer, Johann Christoph  4, 8, 10f., 15f., 18, 27
Girtanner, Christoph  2

Hamann, Johann Georg  5, 8, 25f.
Hartknoch, Johann Friedrich  25
Hegel, Georg Wilhelm Friedrich  1f., 7
Herder, Johann Gottfried  1–10, 13, 18, 22–32
Hobbes, Thomas  21, 28, 31, 34, 38f., 41
Hume, David  2f., 26, 28

Iselin, Isaak  2, 26

Jacobi, Friedrich Heinrich  5, 24
Jefferson, Thomas  34f.

Kames, Henry Home  3, 10, 23

Lamarcks, Jean-Baptiste  6
Linné, Carl von  8–10, 16–18
Locke, John  35, 37, 39

Mabillon, Jean  5
Miliar, John  26
Mrongovius, Christoph Cölestin  33

Newton, Isaac  6, 9, 22, 25
Nicolovius, Friedrich  24, 33
Niebuhrs, Barthold Georg  17

Papenbroch, Daniel  5
Pölitz, Karl Heinrich Ludwig  31
Pütterer, Johann Stephan  8, 16

Ranke, Leopold von  2, 16f.
Reinhold, Karl Leonhard  26
Robertson, William  26
Rousseau, Jean-Jacques  4, 6, 9, 38f.

Schelling, Friedrich Wilhelm Joseph  7
Schiller, Johann Christoph Friedrich  7, 27, 32
Schlözer, August Ludwig  5f., 10, 15f., 18
Soemmerring, Samuel Thomas  10
Spittler, Ludwig Timotheus  10, 16, 18
Stein, Karl Freiherr vom und zum  16f.
Süßmilch, Johann Peter  6

Tetens, Johann Nicolas  34
Thomasius, Christian  37

Voltaire  2, 11, 14, 22, 26

Walch, Johann Georg  34
Woltmann, Karl Ludwig  27

# Sachregister

Achtung  5, 11–13, 30, 45
Aggregat  5, 10, 20
– Distributiv  5, 20, 33
Anpassung  11
– Adaptionsmerkmal  18
Autonomie  2 f., 19, 27, 45

Begehrungsvermögen  5, 9, 34
Besitz  1, 26, 30–35, 44 f., 51
– Intelligibler Besitz  44
– Possessio noumenon  3, 26, 31, 44
– Possessio phaenomenon  26, 31
Bestimmungsgrund  10, 31
Böse  4, 6, 9
– Hang zum Bösen  1, 3 f., 12
– Radikal Böse  4 f.

Christentum  1, 3 f., 10

Denkungsart  3, 8, 26 f.
Determinismus  8

Enthusiamus  27, 29
Enthusiasmus  11, 25, 27–31
Epigenesis  9, 14, 18
Epigensis  9
Erziehung  4, 6, 8, 37
Exekutiv  18, 24, 37

Focus imaginarius  25
Fortpflanzungsgemeinschaft  4, 7, 9, 11, 24
Freiheit  1–14, 17, 19–35, 37–43, 46–48, 50–52
– Äußere F.  68, 87, 90–96, 99 f., 105 f., 108 f., 112 f., 116 f., 121, 156–158, 165, 179
– F. des Bratenwenders  74, 94
– Innere F.  68, 78, 95, 156, 165
– Transzendentale F.  74, 76 f., 88, 174
Fürwahrhalten  2, 6

Gattung  1–6, 8–14, 16 f., 19–22, 24 f., 28, 31, 34, 36, 40
– Naturgattung  4, 14

– Physische G.  28, 35, 50, 149, 168
– Schulgattung  4
– Sittliche G.  168
– Tiergattung  1 f.
Gelehrtenkenntnis  37
Gemeinwesen  7 f., 12, 47
– Ethische G.  158, 162
– Juridische G.  158, 162
Geschicklichkeit  4, 6 f., 15, 36 f.
Gesetz  2–12, 14–31, 33, 35–37, 39, 41, 43–45, 49 f., 52
– Erlaubnißgesetz (lex permissiva)  31 f.
– Grundgesetz  37
– Mechanische G.  40–43, 75
– Naturgesetz  1, 5, 8, 19 f., 28
Gewaltenteilung  41
Glaube  2, 6 f., 43, 49
– Doktrinale G.  156,
– Moralische G.  156
– Pragmatische G.  156
Glückseligkeit  3, 5, 7, 15, 34, 49
Gott  1, 3, 5–8, 11 f., 17, 22, 31, 43, 49

Handlung  1–5, 7, 10–12, 14, 18, 20, 23, 25–29, 31, 37, 43–45, 48–50, 52
– Äußere H.  94, 97, 115, 144
– H. aus Pflicht  164, 167,
– Pflichtgemäße H.  89, 165, 174
Historismus  2–4, 17, 22, 27
Höchste Gute  1, 3, 7
Hoffnung  1–3, 5–7, 10–12, 18, 29, 35
Homme de lettre  19 f., 23

Imperativ  1, 4, 6, 10, 12, 22, 26–29, 32, 36, 43 f., 46–48, 50
– Hypothetische I.  67, 76
– Kategorische I.  67, 76
Intuitives Symbol  8, 10–13, 15

Judikativ  18, 37
Jüngste Tag  10 f.

Keim  2, 7–9, 12–21, 23 f., 28–30

Klima   12, 15 f., 23 f.
Klugheit   36
Kontraktualismus   38
Krieg   1 f., 6, 8, 10 f., 17 f., 20 f.
Kultur   1, 5–7, 11, 15–19, 26, 28

Legislative   18, 24, 37
Leitfaden   1, 3 f., 7 f., 13, 16, 20–25, 27, 32, 42
Lokalschöpfung   22

Maximen   4, 16, 31, 36, 50
Mensch   1–42, 45, 48, 51
– Homo noumenon   4 f., 7 f., 10, 12–14, 24, 38
– Homo phaenomenon   1, 5, 8, 10, 12 f.
– Menschengeschlecht   1, 3, 5–8, 10–16, 19–21, 23 f., 26–28, 31 f.
– Menschenrasse   1, 3 f., 6, 11 f., 14, 17 f., 23 f., 26, 38
– Menschheit   1–8, 10, 12–16, 20, 23, 25–31, 33 f., 36 f., 41
– Naturwesen   1–4, 7 f., 12, 14 f., 19, 24, 38 f.
Merkmal   2, 4, 6–18, 21–24, 26, 31, 47
– Charakteristische M.   72
– Phänotypische M.   35, 37, 43
– Physische M.   49
Metapher   6–8, 10, 12
Monogenese   3, 7, 22 f.

Naturabsicht   1–3, 6, 8, 10–12, 15 f., 19 f., 28, 40
Naturbeschreibung   2, 6–8, 11, 16 f.
Naturgeschichte   1 f., 4, 6–9, 12, 14–17, 19, 21, 23–26, 30, 37 f.
Naturrecht   16, 21–23, 37, 41
Naturzustand   17 f., 31 f., 41
Naturzustandstheorie   38
Neigungen   2, 5, 9, 15 f., 20, 40

Öffentlichkeit   1 f., 10–12, 25, 27–30

Pflicht   2 f., 5, 9, 13, 20, 28, 30, 34, 36, 39, 41, 48
Polygenese   3, 22 f.
Postulate   5 f., 43, 45
Präformation   9, 14, 18
Pyrrhonismus historicus   9

Recht   2–4, 6–8, 10, 14–18, 20–24, 26–48, 50–52

– Einzige angeborene R.   90–93, 95–97, 99 f., 106, 109, 116 f., 127
– Universelle Prinzip des R.   93, 109 f., 112 f., 116
– Ursprüngliche R.   92, 94, 113, 117 f., 121
Reine Republik   1–3, 6–9, 11 f., 18 f., 21, 23–26, 28–30, 42, 52
Respublica noumenon   2, 17, 41
Revolution   1, 3 f., 7, 9–16, 18 f., 24–31, 39
– Französische R.   105, 142–144, 146–149, 169, 172–177, 180 f.
– R. der Denkungsart   74, 144 f., 153
– Revolutionsverbot   39 f.

Schöpfungsgeschichte   7
Schulsystem   8
Spontaneität   12

Teufel   16
Tier   1–4, 6–9, 13–16, 21, 24, 28–30, 32
Triebfeder   4 f., 12, 25 f., 44

Universalhistorie   17
Unsterblichkeit   1, 3 f., 6 f., 11 f.
Ursache   4, 6–13, 15–19, 21 f., 24, 26, 28, 30 f.
– Gelegenheits U.   42, 177
– Hervorbringende U.   42, 177
Urteilskraft   1 f., 5, 11, 15, 18–22
– Reflektierende U.   81, 137–140, 152, 167

Vererbungsprozess   12
Verfassung   2, 8–13, 15–20, 22, 24 f., 28, 30 f., 33–37, 40 f., 50, 52
Vernunft   1–22, 24, 26–29, 31–33, 37, 43, 46–48
– Pragmatische V.   69, 75, 86, 93, 171, 179
– Reine praktische V.   72, 97 f., 155, 171
Vernunftbedürfnis   3–8, 10–13, 18
– Vernunftinteresse   122–125, 125
Vernunftglaube   1, 3, 5 f.
Vernunftwesen   1–3, 9 f., 12–14, 16, 18 f., 36, 39
Völkerbund   11, 18–20
Volkswillen   35, 38 f., 41
Volk von Teufeln   3, 6, 11 f., 18, 36
Volonté générale   39

Weltbürger   37
Weltkenntnis   37 f.

## Sachregister

Weltrepublik 11, 19f.
Weltstaat 19 – 21
Wille 1f., 5f., 8 – 11, 13f., 18, 24, 29, 33, 35 – 37, 43, 47, 49
Willkür 4f., 7 – 10, 23, 26 – 28, 31f., 43, 47, 52
Würde 2 – 18, 20, 22 – 24, 26 – 28, 31f., 36, 42f., 45, 50f.

Zusammenpassung 14 – 17, 23

Zwang 3, 8, 12, 19f., 23, 27f., 33f., 37, 41 – 47, 49, 51
– Zwangsbefugnissen 32, 37, 41
Zweck 1, 3 – 10, 12 – 24, 27, 29 – 32, 34, 36, 38 – 40, 42, 47, 49
– Endzweck 1, 3 – 5, 7, 10, 14, 16 – 20
– Letzter Z. 7, 64, 67, 81f., 84f., 166f.
– Naturzweck 8, 17 – 20
– Zweckmäßigkeit 6, 15, 18, 21f., 29

www.ingramcontent.com/pod-product-compliance
Lightning Source LLC
Chambersburg PA
CBHW020231170426
43201CB00007B/390